新时代党的宣传工作实务

刘金田　丛　悦　王飞雪　编著

中国言实出版社

图书在版编目（CIP）数据

新时代党的宣传工作实务 / 刘金田，丛悦，王飞雪
编著. -- 北京：中国言实出版社，2021. 12
ISBN 978-7-5171-3988-1

Ⅰ.①新… Ⅱ.①刘… ②丛… ③王… Ⅲ.①中国共
产党-宣传工作-工作方法 Ⅳ.①D261. 5

中国版本图书馆 CIP 数据核字（2021）第 273103 号

新时代党的宣传工作实务

责任编辑：王战星
责任校对：代青霞

中国言实出版社发行
地址：北京市朝阳区北苑路 180 号加利大厦 5 号楼 105 室（100101）
编辑部：北京市海淀区花园路 6 号院 B 座 6 层（100088）
电话：64924853（总编室）　64924716（发行部）
网址：www. zgyscbs. cn
E-mail：zgyscbs@263. net

经销：新华书店
印刷：唐山楠萍印务有限公司
版次：2022 年 6 月第 1 版　2022 年 6 月第 1 次印刷
规格：710 毫米×1000 毫米　1/16　20 印张
字数：360 千字

定价：68. 00 元
书号：ISBN 978-7-5171-3988-1

前　言

　　宣传思想工作是党的一项极端重要的工作。为帮助广大干部深入学习贯彻落实习近平新时代中国特色社会主义思想特别是习近平总书记关于宣传思想工作的重要论述，系统掌握宣传思想工作的方针政策和业务知识，模范践行新时代宣传思想工作的使命任务，不断提高知识化、专业化水平，不断提高履职尽责的素质和能力，我们组织编写了《新时代党的宣传工作实务》一书。

　　作为宣传思想干部培训的基础性教材，本书围绕开创新时代宣传思想工作新局面，紧扣新时代宣传思想工作使命任务这个主题主线，全面概括总结我们党长期以来特别是党的十八大以来宣传思想工作积累的宝贵经验和积极探索。

　　随着新时代伟大实践和宣传思想工作的深化拓展，本书本身需要随之充实完善，恳请广大读者在阅读使用过程中提出宝贵意见。

编著者

2021 年 12 月

目　　录

第一章　党的宣传工作总论

第一节　新时代党的宣传工作的地位作用

宣传思想工作是党的一项极端重要的工作。我们党历来高度重视对宣传思想战线的领导，高度重视发挥宣传思想领域工作部门和宣传思想工作队伍的作用。党的十八大以来，以习近平同志为核心的党中央统揽伟大斗争、伟大工程、伟大事业、伟大梦想，把宣传思想工作摆在党和国家事业全局的重要位置，进一步加强对宣传思想工作的领导，先后召开一系列重要会议，作出一系列重要部署，实施一系列重要举措，推动宣传思想工作取得重大进展，开创了新时代宣传思想工作新局面。

中国共产党成立以来的长期实践表明，革命也好，建设也好，改革开放也好，要取得伟大的胜利，都须臾离不开宣传思想工作。党自身的发展壮大，也离不开宣传思想工作。高度重视宣传思想工作，充分发挥宣传思想工作强有力的作用，是我们党的优良传统和政治优势，也是一条基本经验。因此，全党同志都要高度重视宣传思想工作。

一、新时代宣传思想工作重要论述的丰富内涵

党的十八大以来，宣传思想工作之所以取得历史性成就、发生历史性变革，最根本的在于以习近平同志为核心的党中央坚强领导，在于习近平新时代中国特色社会主义思想科学指引。习近平总书记总揽全局，统筹中华民族伟大复兴战略全局和世界百年未有之大变局，以极大精力亲自谋划部署、亲自指导推动，提出一系列新思想新观点新论断，概括起来就是认真履行"举旗帜、聚民心、育新人、兴文化、展形象"的使命任务，始终做到"九个坚持"。

（一）坚持宣传思想工作"两个巩固"的根本任务

强调必须高举马克思主义、中国特色社会主义伟大旗帜，巩固马克思主义在意识形态领域的指导地位，巩固全党全国人民团结奋斗的共同思想基础，坚定理想信念，培植精神家园，激发全党全社会团结奋进的强大力量，建设具有强大凝聚力和引领力的社会主义意识形态。强调马克思主义是科学的理论、人民的理论、实践的理论、不断开放的发展的理论，是我们党和国家必须长期坚持的指导思想、是中国共产党人的"真经"。强调要坚持思想建党、理论强党，深入学习和掌握马克思列宁主义、毛泽东思想，深入学习和掌握中国特色社会主义理论体系，牢固树立辩证唯物主义和历史唯物主义世界观和方法论。强调把坚定"四个自信"作为建设社会主义意识形态的关键，宣传好社会主义现代化建设辉煌成就，讲清楚成就背后的理论逻辑、制度原因，增强干部群众对中国特色社会主义的信心和底气。强调党员干部特别是各级领导干部要发扬斗争精神，

坚持立破并举，在涉及大是大非和政治原则的问题上敢抓敢管、敢于亮剑，不做"骑墙派"和"看风派"，不做所谓"开明绅士"，不搞"爱惜羽毛"那一套。强调加强阵地建设和管理，注意区分政治原则问题、思想认识问题、学术观点问题，旗帜鲜明反对和抵制各种错误观点。

（二）坚持用习近平新时代中国特色社会主义思想武装全党、教育人民

强调推进马克思主义中国化时代化，加强理论武装，深化马克思主义理论研究和建设，构建中国特色哲学社会科学，推动新时代中国特色社会主义思想深入人心。强调习近平新时代中国特色社会主义思想是马克思主义中国化最新成果，是当代中国马克思主义、21世纪马克思主义，是中华文化和中国精神的时代精华，实现了马克思主义中国化的新飞跃，要深刻认识和领会其时代意义、理论意义、实践意义、世界意义，深刻理解其核心要义、精神实质、丰富内涵、实践要求，更好地把科学理论转化为认识世界、改造世界的强大力量，更好地统一全党全国各族人民的思想和行动。强调在常学常新中加强理论修养，在真学真信中坚定理想信念，在学思践悟中牢记初心使命，在细照笃行中不断修炼自我，在知行合一中主动担当作为。强调我们要进行伟大斗争、建设伟大工程、推进伟大事业、实现伟大梦想，仍然需要保持和发扬马克思主义政党与时俱进的理论品格，不断推进实践基础上的理论创新，不断开辟当代中国马克思主义、21世纪马克思主义发展新境界。

（三）坚持培育和践行社会主义核心价值观

强调弘扬共产主义远大理想和中国特色社会主义共同理想，加

强爱国主义、集体主义、社会主义教育，传承红色基因，弘扬英雄精神。强调注重落细落小落实，使社会主义核心价值观像空气一样无处不在、无时不有，成为百姓日用而不觉的行为准则。强调引导青少年"扣好人生第一粒扣子"，弘扬中华民族传统美德，弘扬时代新风，注重家庭家教家风，引导人们向往和追求讲道德、尊道德、守道德的生活，培养担当民族复兴大任的时代新人。强调广泛开展向先进模范学习宣传活动，营造"崇尚英雄、学习英雄、捍卫英雄、关爱英雄"的浓厚氛围，推动全社会形成见贤思齐的良好风气。强调把社会主义核心价值观的要求体现到宪法法律、法规规章和公共政策之中，转化为具有刚性约束力的法律规定。

（四）坚持文化自信是更基础、更广泛、更深厚的自信，是更基本、更深沉、更持久的力量

强调坚定中国特色社会主义道路自信、理论自信、制度自信，说到底就是坚定文化自信。强调中国特色社会主义文化，源自于中华民族5000多年文明历史所孕育的中华优秀传统文化，熔铸于党领导人民在革命、建设、改革中创造的革命文化和社会主义先进文化，根植于中国特色社会主义伟大实践。强调文化兴国运兴、文化强民族强，坚持中国特色社会主义文化发展道路，繁荣发展文化事业和文化产业，发挥文化引领风尚、教育人民、服务社会、推动发展的作用，激发全民族文化创新创造活力，提升国家文化软实力，建设社会主义文化强国。强调传承弘扬中华优秀传统文化，加强文物古籍保护、研究、利用，强化重要文化和自然遗产、非物质文化遗产系统性保护。强调坚持古为今用、推陈出新，实现中华优秀传统文化创造性转化、创新性发展。

（五）坚持提高新闻舆论传播力、引导力、影响力、公信力

强调新闻舆论工作是治国理政、定国安邦的大事，职责和使命是高举旗帜、引领导向，围绕中心、服务大局，团结人民、鼓舞士气，成风化人、凝心聚力，澄清谬误、明辨是非，联接中外、沟通世界。强调要坚持党性原则、坚持马克思主义新闻观、坚持正确舆论导向、坚持正面宣传为主、坚持党管媒体原则不动摇，坚持政治家办报、办刊、办台、办新闻网站，弘扬主旋律，传播正能量。强调党性和人民性从来都是一致的、统一的，要树立以人民为中心的工作导向，不断解决好"为了谁、依靠谁、我是谁"这个根本问题。强调改进文风永远在路上，坚决纠正"四风"特别是形式主义、官僚主义，在宣传报道中力求平实务实。强调媒体融合是一场自我革命，要推动传统媒体和新兴媒体深度融合，着力打造一批形态多样、手段先进、具有竞争力的新型主流媒体。强调要遵循新闻传播规律，把握好时度效，从而，增强新闻舆论工作主动权。

（六）坚持以人民为中心的创作导向

强调把创作生产优秀作品作为文艺工作的中心环节，把满足人民美好生活的精神文化需要作为文艺和文艺工作的出发点和落脚点，把人民作为文艺表现的主体，把为人民服务作为文艺工作者的天职。强调扎根人民、扎根生活开展文艺创作，用现实主义精神和浪漫主义情怀观照现实生活，用光明驱散黑暗，用美善战胜丑恶，让人们看到美好、看到希望、看到梦想就在前方。强调要讲品位、讲格调、讲责任，抵制低俗庸俗媚俗，坚持把社会效益放在首位，当社会效益和经济效益发生矛盾时，经济效益要服从社会效益。

（七）坚持营造风清气正的网络空间

强调互联网日益成为意识形态斗争的主阵地、主战场、最前沿，过不了互联网这一关，就过不了长期执政这一关。强调坚持正能量是总要求、管得住是硬道理、用得好是真本事，加强网络内容建设，做强网上正面宣传，坚决打赢网上舆论斗争，依法管网治网，落实"两个所有"（即：所有从事新闻信息服务、具有媒体属性和舆论功能的传播平台都要纳入管理范围，所有新闻信息服务和相关业务从业人员都要实行准入管理）要求，建设良好网络生态，使互联网这个最大变量变成事业发展的最大增量。强调推进全球互联网治理体系变革，坚持尊重网络主权、维护和平安全、促进开放合作、构建良好秩序的原则，推动构建网络空间命运共同体。

（八）坚持讲好中国故事、传播好中国声音

强调要重塑外宣业务、重整外宣流程、重构外宣格局，增强我国国际影响力和话语权。要主动讲好中国共产党治国理政的故事、中国人民奋斗圆梦的故事、中国坚持和平发展合作共赢的故事，让世界更好地了解中国。强调加强国际传播能力建设，打造具有较强国际影响的外宣"旗舰媒体"，加快提升话语权，推动中华文化走出去，展现真实、立体、全面的中国，提高国家文化软实力和中华文化国际影响力。强调世界不同文明交流互鉴，构建人类命运共同体。强调加强对外话语体系建设，研究国外不同受众的习惯和特点，采用融通中外的概念、范畴、表述，更加鲜明地展现中国理念、提出中国主张。

（九）坚持党对宣传思想工作的全面领导

强调各级党委要负起主要责任，党委（党组）主要负责同志要带头把方向、抓导向、管阵地、强队伍，旗帜鲜明坚持党管宣传、党管意识形态、党管媒体。强调宣传思想战线要以党的政治建设为统领，增强"四个意识"、坚定"四个自信"、做到"两个维护"，始终在政治立场、政治方向、政治原则、政治道路上同党中央保持高度一致。强调要按照增强脚力、眼力、脑力、笔力的要求，打造一支政治过硬、本领高强、求实创新、能打胜仗的队伍。强调坚持党性原则，把政治方向摆在第一位，履行好意识形态工作责任制，强化各级党委主体责任，增强意识形态领域主导权和话语权。

习近平总书记关于宣传思想工作的重要论述，内容丰富、内涵深刻，阐明了宣传思想工作的地位作用、目标任务、职责使命、实践要求，回答了宣传思想工作方向性、根本性、全局性、战略性重大问题，把我们党对宣传思想工作的规律性认识提升到一个新的高度，是习近平新时代中国特色社会主义思想的重要组成部分，为做好宣传思想工作指明了前进方向、提供了根本遵循。面对新时代新任务，我们必须学习好、运用好习近平总书记关于宣传思想工作的重要论述，推动新时代宣传思想工作不断开创新局面。

二、新时代党的宣传思想工作的根本遵循

党的十八大以来，以习近平同志为核心的党中央把宣传思想工作摆在全局工作的重要位置，作出一系列重大决策，实施一系列重大举措，党的理论创新全面推进，中国特色社会主义和中国梦深入

人心，社会主义核心价值观和中华优秀传统文化广泛弘扬，主流思想舆论不断巩固壮大，文化自信得到彰显，国家文化软实力和中华文化影响力大幅提升，全党全社会思想上的团结统一更加巩固。习近平总书记围绕党的宣传思想工作发表了一系列重要论述，提出了一系列新思想新观点新论断，为做好新时代党的宣传思想工作提供了根本遵循。认真学习这些重要论述，对于推动党的宣传思想工作更好承担起举旗帜、聚民心、育新人、兴文化、展形象的使命任务，建设社会主义文化强国，具有十分重要的意义。

（一）坚持党对意识形态工作的领导权

新时代做好意识形态工作，必须坚持和加强党对意识形态工作的全面领导，把意识形态工作领导权牢牢抓在手里，更好地巩固和发展主流意识形态，不断增强意识形态领域主导权和话语权，不断坚定广大干部群众的道路自信、理论自信、制度自信、文化自信，不断提升全党全国各族人民凝聚力、向心力。

充分认识新时代党的宣传思想工作的重要性。当前，社会上思想活跃、观念碰撞，互联网等新技术新媒介日新月异，我们党要团结带领人民实现党的战略目标，夺取中国特色社会主义新胜利，更加需要坚定自信、鼓舞斗志，更加需要同心同德、团结奋斗。我们要审时度势、因势利导，创新内容和载体，改进方式和方法，使精神文明建设始终充满生机活力。我们必须把人民对美好生活的向往作为我们的奋斗目标，既解决实际问题又解决思想问题，更好强信心、聚民心、暖人心、筑同心。我们必须既积极主动阐释好中国道路、中国特色，又有效维护我国政治安全和文化安全。我们必须坚持以立为本、立破并举，不断增强社会主义意识形态的凝聚力和引领力。我们必须科学认识网络传播规律，提高用网治网水平，使互联网这个最大变量变成事业发展的最大增量。要在基础性、战略性工作上下功夫，在关键处、要害处下功夫，在工作质量和水平上下功夫，为服务党和国家事业全局作出更大贡献。

牢牢掌握意识形态工作领导权。意识形态工作是党的一项极端重要的工作。历史和现实都警示我们，思想舆论阵地一旦被突破，其他防线就很难守得住。新形势下，意识形态领域斗争更加复杂尖锐。必须把意识形态工作的领导权、管理权、话语权牢牢掌握在手中，任何时候都不能旁落，否则就要犯无可挽回的历史性错误。所有宣传思想部门和单位，所有宣传思想战线上的党员、干部都要旗帜鲜明坚持党性原则。坚持党性，核心就是坚持正确政治方向，站稳政治立场，坚定宣传党的理论和路线方针政策，坚定宣传中央重大工作部署，坚定宣传中央关于形势的重大分析判断，坚决同党中央保持高度一致，坚决维护中央权威。党和政府的宣传阵地，必须姓党，必须抓在党的手里，必须成为党和人民的"喉舌""耳目"。各级党委要负起政治责任和领导责任，旗帜鲜明坚持党管宣传、党管意识形态，加强对宣传思想领域重大问题的分析研判和重大战略性任务的统筹指导，不断提高领导宣传思想工作能力和水平。宣传思想干部要不断掌握新知识、熟悉新领域、开拓新视野，不断增强脚力、眼力、脑力、笔力，做到政治过硬、本领高强、求实创新、能打胜仗。

坚持用习近平新时代中国特色社会主义思想武装全党、教育人民。回顾党的奋斗历程可以发现，我们党之所以能够不断历经艰难困苦创造新的辉煌，很重要的一条就是我们党始终重视思想建党、理论强党。坚持用科学理论武装广大党员、干部的头脑，使全党始终保持统一的思想、坚定的意志、强大的战斗力。习近平总书记在党的十九届一中全会上指出，在新时代的征程上，全党同志一定要弘扬理论联系实际的学风，紧密联系党和国家事业发生的历史性变革，紧密联系中国特色社会主义进入新时代的新实际，紧密联系我国社会主要矛盾的重大变化，紧密联系"两个一百年"奋斗目标和各项任务，自觉运用理论指导实践，把党的科学理论转化为万众一心推动实现"两个一百年"奋斗目标、实现中华民族伟大复兴中国梦的强大力量。在"不忘初心、牢记使命"主题教育总结大会等会议上，习近平总书记强调，要把学习贯彻党的创新理论作为思想武装的重中之重，同学习马克思主义基本原理贯通起来，同学习"党史、新中国史、改革开放史、社会主义发展史"结合起来，同新时代我们进行伟大斗争、建设伟大工程、推进伟大事业、实现伟大梦想的丰富实践联系起来，在解放思想中统一思想，在深化认识中提高认识，切实增强贯彻落实的思想自觉和行动自觉。

坚持宣传思想工作"两个巩固"的根本任务。宣传思想工作就是要巩固马克思主义在意识形态领域的指导地位，巩固全党全国人民团结奋斗的共同思想基础。在全国宣传思想工作会议、全国党校工作会议、哲学社会科学工作座谈会等重要会议上，习近平总书记反复强调，马克思主义是我们立党立国的根本指导思想。在坚持马克思主义指导地位这一根本问题上，我们必须坚定不移，任何时候任何情况下都不能有丝毫动摇。习近平总书记指出，学习马克思主义基本理论是共产党人的必修课。全党都要把系统掌握马克思主义基本理论作为看家本领，把读马克思主义经典、悟马克思主义原理当作一种生活习惯、当作一种精神追求，用经典涵养正气、淬炼思想、升华境界、指导实践。通过坚持不懈学习，坚定马克思主义、共产主义信仰，学会运用马克思主义立场、观点、方法观察和解决问题，扎扎实实做好每一项工作。面对社会思想观念和价值取向日趋活跃、主流和非主流同时并存、社会思潮纷纭激荡的新形势，要紧紧围绕党的中心工作展开党的思想理论研究，只有把一些重大问题从思想理论上搞清楚、弄明白了，才能做到"视而使之明，听而使之聪，思而使之正"。

（二）坚定文化自信，培育和践行社会主义核心价值观

2014 年 2 月 24 日，习近平总书记在主持十八届中央政治局第十三次集体学习时提出，要"增强文化自信和价值观自信"。此后，习近平总书记反复强调，增强文化自觉和文化自信，是坚定道路自信、理论自信、制度自信的题中应有之义。2016 年 5 月 17 日在哲学社会科学工作座谈会上，习近平总书记进一步指出，要坚定中国特色社会主义道路自信、理论自信、制度自信，说到底是要坚定文化自信。文化自信是更基本、更深沉、更持久的力量。在庆祝中国共产党成立 95 周年大会的讲话中，习近平总书记再次指出，文化自信，是更基础、更广泛、更深厚的自信。文化是一个国家、一个民族的灵魂。核心价值观是一个民族赖以维系的精神纽带，是一个国家共同的思想道德基础。当前，各种思想文化相互激荡，不同文明交流交融交锋更加频繁。如何提高整合社会思想文化和价值观念的能力，扩大主流价值观念的影响力，掌握价值观念领域的主动权、主导权、话语权，保持民族精神独立性，是必须解决好的重大课题。

坚定文化自信，是事关国运兴衰、事关文化安全、事关民族精

神独立性的大问题。习近平总书记指出，一个抛弃了或者背叛了自己历史文化的民族，不仅不可能发展起来，而且很可能上演一幕幕历史悲剧。站立在九百六十多万平方公里的广袤土地上，吸吮着五千多年中华民族漫长奋斗积累的文化养分，拥有十四亿多中国人民聚合的磅礴之力，我们走中国特色社会主义道路，具有无比广阔的时代舞台，具有无比深厚的历史底蕴，具有无比强大的前进定力。我们区别于其他国家和民族的根本特征，就是在中华文明五千多年绵延不断、经久不衰的长期演进过程中，形成了中国人看待世界、看待社会、看待人生的独特价值体系、文化内涵和精神品质，这也铸就了中华民族博采众长的文化自信。"国家之魂，文以化之，文以铸之。"没有高度的文化自信，没有文化的繁荣兴盛，就没有中华民族的伟大复兴。我们要坚持中国特色社会主义文化发展道路，立足中国，面向现代化、面向世界、面向未来，巩固马克思主义在意识形态领域的指导地位，发展社会主义先进文化，加强社会主义精神文明建设，把社会主义核心价值观融入社会发展各方面，推动中华优秀传统文化创造性转化、创新性发展，不断提高人民思想觉悟、道德水平、文明素养，不断铸就中华文化新辉煌。

用社会主义核心价值观凝魂聚力，更好构筑中国精神、中国价值、中国力量。实现"第二个百年"奋斗目标，需要全社会方方面面同心干，需要全国各族人民心往一处想、劲往一处使。如果一个社会没有共同理想，没有共同目标，没有共同价值观，整天乱哄哄的，那就什么事也办不成。我国有十四亿多人，如果弄成那样一个局面，就不符合人民利益，也不符合国家利益。培育和弘扬核心价值观，有效整合社会意识，是社会系统得以正常运转、社会秩序得以有效维护的重要途径，也是国家治理体系和治理能力的重要方面。我国是一个有着十四亿多人口、五十六个民族的大国，确立反映全国各族人民共同认同的价值观"最大公约数"，使全体人民同心同德、团结奋进，关乎国家前途命运，关乎人民幸福安康。在当代中国，我们的民族、我们的国家应该坚守的核心价值观，是倡导富强、民主、文明、和谐，倡导自由、平等、公正、法治，倡导爱国、敬业、诚信、友善。社会主义核心价值观，是当代中国精神的集中体现，凝结着全体人民共同的价值追求。要把培育和弘扬社会主义核心价值观作为凝魂聚气、强基固本的基础工程，作为一项根本任务，切实抓紧抓好，为中国特色社会主义事业提供源源不断的精神动力和道德滋养。

培育和践行社会主义核心价值观要以培养担当民族复兴大任的时代新人为着眼点。在全国高校思想政治工作会议、全国教育大会、学校思想政治理论课教师座谈会等会议上，习近平总书记从不同侧面深刻阐述了培养什么人、怎样培养人、为谁培养人这个根本问题，指出，宣传思想工作是做人的工作的，要把培养担当民族复兴大任的时代新人作为重要职责。重中之重是要以坚定的理想信念筑牢精神之基，坚定对马克思主义的信仰，对社会主义和共产主义的信念，对中国特色社会主义道路、理论、制度、文化的自信。要坚持立德树人、以文化人，弘扬民族精神和时代精神，加强爱国主义、集体主义、社会主义教育，引导人们树立正确的历史观、民族观、国家观、文化观。要大力弘扬时代新风，加强思想道德建设，深入实施公民道德建设工程，加强和改进思想政治工作，推进新时代文明实践中心建设，不断提升人民思想觉悟、道德水准、文明素养和全社会文明程度。

切实把社会主义核心价值观贯穿于社会生活方方面面。社会主义核心价值观，只有被普遍理解和接受，才能为人们自觉遵守奉行。通过教育引导、舆论宣传、文化熏陶、实践养成、制度保障等，使社会主义核心价值观内化为人们的精神追求，外化为人们的自觉行动。教育引导是培育和弘扬社会主义核心价值观的基础性工作。要区分层次、突出重点，在全社会广泛开展社会主义核心价值观宣传教育。一是榜样的力量是无穷的，二是要从娃娃抓起，三是要润物细无声。要注意把我们所提倡的与人们日常生活紧密联系起来，在落细、落小、落实上下功夫。坚持全民行动、干部带头，从家庭做起，从娃娃抓起。要抓住青少年价值观形成和确定的关键时期，引导青少年"扣好人生第一粒扣子"。要培育文明乡风、良好家风、淳朴民风，焕发乡村文明新气象。要把社会主义核心价值观的要求转化为具有刚性约束力的法律规定，用法律来推动核心价值观建设。

（三）始终坚持以人民为中心的工作导向，弘扬主旋律，传播正能量

宣传思想工作始终要树立以人民为中心的工作导向，把服务群众同教育引导群众结合起来，把满足需求同提高素养结合起来，多宣传报道人民群众的伟大奋斗和火热生活，唱响主旋律，传播正能量，做大做强主流思想舆论。

把握正确舆论导向，提高新闻舆论传播力、引导力、影响力、公信力。做好党的新闻舆论工作，营造良好舆论环境，是治国理政、定国安邦的大事。要坚持以正确舆论引导人，做到所有工作都有利于坚持中国共产党领导和我国社会主义制度，有利于推动改革发展，

有利于增进全国各族人民团结，有利于维护社会和谐稳定，这是最重要、最根本的导向。舆论导向正确，就能凝聚人心、汇聚力量，推动事业发展；舆论导向错误，就会动摇人心、瓦解斗志，危害党和人民事业。思想舆论领域大致有红色、黑色、灰色"三个地带"。"红色地带"是我们的主阵地，一定要守住；"黑色地带"主要是负面的东西，要敢于亮剑，大大压缩其地盘；"灰色地带"要大张旗鼓争取，使其转化为"红色地带"。在事关大是大非和政治原则问题上，必须增强主动性、掌握主动权、打好主动仗，帮助干部群众划清是非界限、澄清模糊认识。

充分发挥正面宣传鼓舞人、激励人的作用，关键是要提高质量和水平，把握好时、度、效。新闻媒体是社会舆论的发射器，也是社会舆论的放大器。要把握好时、度、效，用心用情，增强吸引力和感染力，让群众爱听爱看、产生共鸣。互联网是一个社会信息大平台，亿万网民在上面获得信息、交流信息，这会对他们的求知途径、思维方式、价值观念产生重要影响，特别是会对他们对国家、对社会、对工作、对人生的看法产生重要影响。人在哪儿，宣传思想工作的重点就在哪儿，网络空间已经成为人们生产生活的新空间，那就也应该成为我们党凝聚共识的新空间。正能量是总要求，管得住是硬道理，用得好是真本事。要加快推动媒体融合发展，使主流媒体具有强大传播力、引导力、影响力、公信力。要牢牢掌握舆论场主动权和主导权，做强网上正面宣传，营造风清气正的网络空间。要本着对社会负责、对人民负责的态度，依法加强网络空间治理，加强网络内容建设，培育积极健康、向上向善的网络文化。要在信息生产领域进行供给侧结构性改革，推进网上宣传理念、内容、形式、方法、手段等创新，构建网上网下同心圆，更好凝聚社会共识，巩固全党全国人民团结奋斗的共同思想基础。

把满足人民精神文化需求作为文艺和文艺工作的出发点和落脚点。人民既是历史的创造者、也是历史的见证者，既是历史的"剧中人"、也是历史的"剧作者"。文艺要反映好人民心声，就要坚持为人民服务、为社会主义服务这个根本方向。这是党对文艺战线提出的一项基本要求，也是决定我国文艺事业前途命运的关键。社会主义文艺，从本质上讲，就是人民的文艺。人民需要文艺，文艺需要人民，文艺要热爱人民。一切优秀文艺工作者的艺术生命都源于人民，一切优秀文艺创作都为了人民。要牢固树立马克思主义文艺观，要把人民作为文艺审美的鉴赏家和评判者，把为人民服务作为文艺工作者的天职。文艺创作方法有一百条、一千条，但最根本的方法是扎根人民。要扎根人民、扎根生活开展文艺创作，用现实主义精神和浪漫主义情怀观照现实生活，用光明驱散黑暗，用美善战胜丑恶，让人们看到美好、看到希望、看到梦想就在前方，从而，满足人民过上美好生活的新期待。

推动文化大发展大繁荣，加快建设社会主义文化强国。要弘扬社会主义先进文化，深化文化体制改革，推动社会主义文化大发展大繁荣，增强全民族文化创造活力，推动文化事业全面繁荣、文化产业快速发展，不断丰富人民精神世界、增强人民精神力量，不断增强文化整体实力和竞争力，朝着建设社会主义文化强国的目标不断前进。要完善公共文化服务体系，坚持政府主导、社会参与、重心下移、共建共享，提高基本公共文化服务的覆盖面和适用性，深入实施文化惠民工程，丰富群众性文化活动。要推动文化下乡，整合乡村文化资源，广泛开展农民乐于参与的群众性文化活动。要健全现代文化产业体系和市场体系，推动各类文化市场主体发展壮大，培育新型文化业态和文化消费模式，以高质量文化供给增强人们的文化获得感、幸福感。

（四）提高国家文化软实力和中华文化影响力，讲好中国故事、传播好中国声音

提高国家文化软实力，不仅关系我国在世界文化格局中的定位，而且关系我国国际地位和国际影响力。要讲好中国故事、传播好中国声音，向世界展现真实、立体、全面的中国。

传播好中国声音，把当代中国价值观念贯穿于国际交流和传播方方面面。我国要提高国家文化软实力，就必须使当代中国价值观念走向世界。我国成功走出了一条中国特色社会主义道路，实践证明我们的道路、理论体系、制度是成功的。我们现在有底气、也有必要讲好中国故事。要主动宣介习近平新时代中国特色社会主义思想，主动讲好中国共产党治国理政的故事、中国人民奋斗圆梦的故事、中国坚持和平发展合作共赢的故事。要加强提炼和阐释，拓展对外传播平台和载体。要全面贴近受众，实施融合传播，以丰富的信息资讯、鲜明的中国视角、广阔的世界眼光，讲好中国故事、传播好中国声音，让世界认识一个立体、多彩的中国。

努力展示中华文化独特魅力，让世界更好了解中国。中华文化是我们提高国家文化软实力最深厚的源泉，是我们提高国家文化软实力的重要途径。要把优秀传统文化的精神标识提炼出来、展示出来，把优秀传统文化中具有当代价值、世界意义的文化精髓提炼出来、展示出来。要提高对外文化交流水平，完善人文交流机制，创新人文交流方式，综合运用大众传播、群体传播、人际传播等多种方式展示中华文化魅力。要注重塑造我国的国家形象，重点展示中国历史底蕴深厚、各民族多元一体、文化多样和

谐的文明大国形象，政治清明、经济发展、文化繁荣、社会稳定、人民团结、山河秀美的东方大国形象，坚持和平发展、促进共同发展、维护国际公平正义、为人类作出贡献的负责任大国形象，对外更加开放、更加具有亲和力、充满希望、充满活力的社会主义大国形象。

推进国际传播能力建设，努力提高国际话语权。国际话语权是国家文化软实力的重要组成部分。落后就要挨打，贫穷就要挨饿，失语就要挨骂。长期以来，我们党带领人民就是要不断解决"挨打"、"挨饿"、"挨骂"这三大问题。经过几代人不懈奋斗，前两个问题基本得到解决，但"挨骂"问题还没有得到根本解决。争取国际话语权是我们必须解决好的一个重大问题。要加强对外话语体系建设，更加鲜明地展现中国思想，更加响亮地提出中国主张。努力打造具有强大引领力、传播力、影响力的国际一流新型主流媒体，形成同我国综合国力相适应的国际话语权，更好向世界介绍新时代的中国，更好展现真实、立体、全面的中国。

推动文明交流互鉴，夯实共建人类命运共同体的人文基础。中华文明是在中国大地上产生的文明，也是同其他文明不断交流互鉴而形成的文明。从历史上的佛教东传到近代以来的"西学东渐"、新文化运动、马克思主义和社会主义思想传入中国，再到改革开放以来全方位对外开放，中华文明始终在兼收并蓄中历久弥新。要推动中华文明创造性转化和创新性发展，激活其生命力，把跨越时空、超越国度、富有永恒魅力、具有当代价值的文化精神弘扬起来。文明交流互鉴是推动人类文明进步和世界和平发展的重要动力。文明交流互鉴要坚持相互尊重、平等相待，坚持美人之美、美美与共，坚持开放包容、互学互鉴，坚持与时俱进、创新发展。我们要加强世界上不同国家、不同民族、不同文化的交流互鉴，既要让本国文明充满勃勃生机，又要为他国文明发展创造条件，让世界文明百花园群芳竞艳，夯实共建人类命运共同体的人文基础。

习近平总书记关于党的宣传思想工作的重要论述，立意高远、思想深刻、内涵丰富。我们要深入学习贯彻习近平新时代中国特色社会主义思想，不断增强"四个意识"、坚定"四个自信"、做到"两个维护"，推动宣传思想工作不断强起来，为全面建设社会主义现代化国家、实现中华民族伟大复兴的中国梦提供坚强思想保证和强大精神力量。

第二节　新时代党的宣传工作的指导思想

一、党的宣传工作的历史性变革及成就

（一）党对宣传思想工作的领导全面加强

习近平总书记高度重视宣传思想工作，先后出席或主持两次全国宣传思想工作会议和文艺工作座谈会、全国党校工作会议、党的新闻舆论工作座谈会、网络安全和信息化工作座谈会、哲学社会科学工作座谈会、全国高校思想政治工作会议、全国文明家庭表彰大会、中国文联第十次全国代表大会、中国作协第九次全国代表大会等重要会议，亲切会见中国记协第九次理事会代表、全国精神文明建设表彰大会代表等，发表了一系列重要讲话。在党的十九大报告中，对加强党的思想理论建设和坚定文化自信、推动社会主义文化繁荣兴盛作出全面部署。党的十九大以来，习近平总书记出席全国网络安全和信息化工作会议、纪念马克思诞辰 200 周年大会、学校思想政治理论课教师座谈会、亚洲文明对话大会等重要会议，围绕《共产党宣言》及其时代意义、全媒体时代和媒体融合发展主持中央政治局集体学习，出席全国政协十三届二次会议文艺界、社科界委员联组会议，主持经济社会领域专家座谈会、教育文化卫生体育领域专家代表座谈会，发表一系列重要讲话。习近平总书记在调研考察、给有关方面回信贺

信中作出一系列重要指示批示，对宣传思想工作提出新的更高要求。党中央如此密集地召开会议、对宣传思想工作作出如此全面的部署，在我党的历史上是不多见的。党中央制定出台《中国共产党宣传工作条例》《党委（党组）意识形态工作责任制实施办法》《中国共产党党委（党组）理论学习中心组学习规则》等一批党内法规，将意识形态工作责任制落实情况纳入中央巡视范围，各级党委（党组）做好宣传思想工作的政治责任、领导责任进一步压紧压实，宣传工作科学化、规范化、制度化建设迈上新台阶。各级党委（党组）和宣传思想战线在党中央坚强领导下，不断提高政治站位，强化责任担当，认清风险挑战，明确红线底线，把方向、抓导向、管阵地、强队伍，有力维护了意识形态安全和政治安全，推动了社会主义文化繁荣兴盛。

（二）党的理论创新全面推进

把学习、宣传、贯彻习近平新时代中国特色社会主义思想作为宣传思想工作的首要政治任务。按照学懂、弄通、做实的要求，坚持平实务实、高质高效，抓好党委（党组）理论学习中心组学习、干部教育培训、基层理论宣讲，推动党的理论创新成果更加深入人心。《习近平谈治国理政》等经典著作广为传播，《习近平新时代中国特色社会主义思想学习纲要》《习近平新时代中国特色社会主义思想三十讲》等权威读物广受好评，主题宣传有声有色，唱响学思想、用思想的时代最强音。充分发挥马克思主义理论研究和建设工程、习近平新时代中国特色社会主义思想研究中心（院）、全国重点马克思主义学院、国家高端智库、国家社科基金等理论工作平台的牵引带动作用，注重促进深化、推动转化，在大众化、分众化上下功夫，推出一大批高质量的研究成果。建设新时代文明实践中心和"学习强国"学习平台，探索创新引导干部群众学理论、用理论的方法路径，推动习近平新时代中国特色社会主义思想进入千家万户。

（三）主流思想舆论不断巩固壮大

坚持团结稳定鼓劲、正面宣传为主，高扬主旋律、振奋精气神，统筹网上网下、内宣外宣，发改革奋进时代之强音，立主流思想舆论之强势，有效扭转了一段时间以来主流思想主导地位遭受侵蚀的状况。大力宣传党中央大政方针和决策部署，充分反映党中央治国理政的高超智慧和卓越能力。精心组织开展中国人民抗日战争暨世界反法西斯战争胜利 70 周年、中国共产党成立 95 周年、长征胜利 80 周年、香港回归 20 周年、建军 90 周年、改革开放 40 周年、新中国成立 70 周年、澳门回归 20 周年、抗击新冠肺炎疫情、抗美援朝出国作战 70 周年、中国共产党成立 100 周年等重大主题宣传，在全社会唱响了爱党爱国爱社会主义的主旋律。认真做好“一带一路”建设、京津冀协同发展、长江经济带发展、粤港澳大湾区建设等重大宣传，广泛开展创新驱动发展、保障改善民生、脱贫攻坚等方面成就宣传，充分展示了新时代新气象新作为。积极、稳妥、有效做好社会热点问题引导和突发公共事件报道。积极推动传统媒体和新兴媒体深度融合，扎实推进县级融媒体中心建设，有效增强了引导群众、服务群众的能力。

（四）社会主义核心价值观和中华优秀传统文化广泛弘扬

把培育和践行社会主义核心价值观作为铸魂工程，着力在贯穿结合融入、落细落小落实上下功夫。广泛开展宣传普及，综合运用理论阐释、新闻宣传、文艺作品、网上传播、公益广告等方式，推动社会主义核心价值观“24 个字”家喻户晓。广泛开展群众性主题教育活动，推动诚信建设制度化和学雷锋志愿服务制度化，深入开展文明城市、文明村镇、文明单位、文明家庭、文明校园等群众性精神文明创建活动。着力推动社会主义核心价值观入法入规，围绕见义勇为、诚实守信等推动立法或释法行动。推出一大批时代楷模、道德模范、最美人物等先进典型，产生良好示范效应。以中华优秀传统文化传承发展工程为总抓手，推进文物保护利用改革，提升非物质文化遗产保护传承水平，统筹实施"中华文化资源普查工程""中华传统村落保护工程""中华古籍保护计划""中华文化广播电视传播工程"等，深入实施"地方戏曲振兴计划"、中国京剧"像音像"工程，推动中华优秀传统文化创造性转化、创新性发展。

（五）文艺创作持续繁荣

坚持以人民为中心的创作导向，实施中国当代文学艺术创作工程，规划一批重点作品、重点项目，推出一大批精品力作。组织精神文明建设"五个一工程"，推出一批优秀电影、电视剧、戏剧、歌曲和图书。加强改进文艺评论评奖，推进全国性文艺评奖制度改革，大幅压缩评奖数量，提升权威性公信力。推动国有文艺院团深化改革、加快发展，夯实艺术发展阵地，加强文艺队伍建设，组织作家、艺术家到一线采风创作。加强文艺领域行风建设，深化影视业综合改革，治理天价片酬、"阴阳合同"、偷逃税等，整治豪华文艺晚会，综合治理电视综艺节目和网络直播、网络视听节目等，对涉黄赌毒的劣迹艺人禁演禁播，使健康清朗的文艺生态正在形成。

（六）文化事业和文化产业快速发展

将满足人民美好生活需要作为出发点和落脚点，繁荣发展文化事业和文化产业。以标准化均等化建设为抓手，推动现代公共文化服务体系建设取得积极进展，覆盖城乡的六级公共文化服务网络逐步完善，公共文化机构服务效能不断提高，公共文化产品供给水平得到提升，公共数字文化服务加快发展，群众性文化活动丰富多彩，公共文化服务覆盖面和适用性进一步增强。文化产业发展取得显著成效，我国文化产业总量规模稳步增长，产业结构逐步优化升级，市场主体持续发展壮大，文化产品和服务更加优质丰富，人民群众文化消费日趋活跃，重点文化产业门类均呈现良好发展势头，文化产业对国民经济增长的贡献率不断上升，已经成为经济增长的新动能和新引擎。

（七）互联网建设管理运用不断完善

把互联网作为宣传思想工作的主阵地，加快完善互联网管理体制，在管网治网上出重拳亮利剑，有效扭转了网上乱象丛生的状况。坚持巩固壮大主流思想舆论，实施网络内容建设工程，发展积极向上的网络文化，改进创新网上宣传，形成网上正面舆论强势。深入开展网上舆论斗争，针对网上有害信息和网络乱象开展专项治理，有效管控突发和热点敏感网上舆情。坚持依法治网、依法办网、依法上网，完善网络信息服务、网络安全保护、网络社会管理等方面的法律法规，推动互联网在法治轨道上健康运行，使互联网这个最大变量正在成为事业发展的最大增量。

（八）国家文化软实力和中华文化影响力大幅提升

精心组织重大主题外宣，围绕习近平总书记出访和出席重大国际活动，以及我国重大主场外交活动等精心策划。推进国际传播能力建设，加强对外话语体系建设。有效开展国际舆论引导和斗争，针对人权、涉疆、涉藏、涉台等西方对我国长期进行抹黑攻击的问题，围绕"南海仲裁案"、中美经贸摩擦、香港"修例风波"等问题，围绕讲好中国抗击新冠肺炎疫情的故事，主动设置议题，积极引导国际舆论，有效维护国家主权、安全和发展利益。积极推动中华文化走出去，深入开展国际文化交流合作，新建一批海外中国文化中心、中国馆，"感知中国""中国文化年""欢乐春节"等品牌活动在国际上越来越受欢迎，图书、影视剧、纪录片、动画片、电视节目、网络文学、网络文化产品等在一些国家和地区受到热捧，国际影响力不断增强，国家文化软实力进一步提升。

（九）宣传思想工作队伍"四个意识"更加鲜明、"四个自信"更加坚定、"两个维护"更加坚决

强化理论武装，推动广大宣传思想干部在抓好面向全党全社会学习宣传贯彻的同时，把抓好自身理论学习作为重中之重，深入学习习近平新时代中国特色社会主义思想，增强"四个意识"、坚定"四个自信"、做到"两个维护"，在思想上政治上行动上同以习近平同志为核心的党中央保持高度一致。严明纪律规矩要求，把讲政治作为第一位的要求，把忠诚可靠作为第一位的标准，始终坚持正确政治方向、舆论导向、价值取向。圆满完成宣传文化领域机构改革任务，党对宣传思想工作的全面领导进一步加强。扎实开展增强"脚力、眼力、脑力、笔力"教育实践活动，以提高政治能力为根本，以增强专业本领为关键，以锐意创新创造为紧要，以培养优良作风为基础，努力打造一支"政治过硬、本领高强、求实创新、能打胜仗"的宣传思想工作队伍。

二、新时代宣传思想工作面临的形势

中国特色社会主义进入新时代，宣传思想工作必须立足新方位、找准新坐标，抓住历史机遇，应对风险挑战，把统一思想、凝聚力量作为宣传思想工作的中心环节，肩负起新时代赋予的使命任务。当前，我国发展形势总体很好，做好宣传思想工作具有坚实的理论基础、实践基础、物质基础、民心基础。越是取得成绩的时候，越是要有如履薄冰的谨慎，越是要有居安思危的忧患。要坚持底线思维，保持战略定力，深刻认识和有效应对各种可以预见和难以预见的风险挑战。

（一）从国内看，实现中华民族伟大复兴正处于关键时期，统一思想、凝聚力量任务之艰巨前所未有

当前，实现中华民族伟大复兴正处于关键时期。当前和今后一个时期，我国发展仍然处于重要战略机遇期，但机遇和挑战都有新的发展变化。随着我国社会主要矛盾深刻变化、经济社会深刻变革、利益格局深刻调整，各种深层次矛盾和问题不断显现，收入分配、就业、教育、社会保障、医疗、住房、环境治理、养老、食品药品安全等各类社会热点问题易发多发频发，并表现出许多新的特点。如新冠肺炎疫情给我国经济社会发展带来前所未有的冲击，也深刻影响着人们的思维方式和心理心态。对于这些矛盾和问题，如果不能正确加以引导疏解，就可能被一些别有用心的人利用，酿成舆情事件甚至群体性事件。民心是最大的政治，是我们党执政的政治基础。必须把人民对美好生活的向往作为我们党的奋斗目标，既解决实际问题又解决思想问题，更好地强信心、聚民心、暖人心、筑同心。

（二）从国际看，世界正经历百年未有之大变局，增强国际话语权、提升国家文化软实力任务之艰巨前所未有

当今世界正经历百年未有之大变局，新一轮科技革命和产业变革深入发展，国际力量对比深刻调整，和平与发展仍然是时代主题，人类命运共同体理念深入人心，同时国际环境日趋复杂，不稳定性不确定性因素明显增加。我国日益走近世界舞台中央，国际社会的目光空前聚焦中国。同时，一些西方国家在经贸、科技、人员交往等诸多领域不断对中国设限打压。在党中央的坚强领导下，我国国际传播能力建设整体推进，中华文化影响力大幅提升，中国故事传

播更广。一些西方国家借新冠肺炎疫情等大肆抹黑中国，一些西方媒体仍然在"唱衰"中国，国际社会对我们的误解也不少。现在国际舆论格局总体是"西强我弱"，我们往往"有理说不出"，或者"说了传不开"，这表明我国发展优势和综合实力还没有转化为话语优势。在这样的形势下，尤其需要统筹中华民族伟大复兴战略全局和世界百年未有之大变局，着眼于构建人类命运共同体，扩大中华文化影响，推进国际传播能力建设，讲好中国故事，向世界展现真实、立体、全面的中国。

（三）从意识形态领域看，思想文化相互激荡、价值观念多元多样，建设具有强大凝聚力和引领力的社会主义意识形态任务之艰巨前所未有

当前，我国意识形态领域形势发生全局性、根本性转变。同时要看到，意识形态领域仍不平静，面对的形势依然错综复杂，面临的风险挑战依然严峻，意识形态斗争和较量有时十分尖锐。社会思想意识复杂多样、相互交织，一些错误思想思潮特别是西方"宪政民主"、"普世价值"、新自由主义、历史虚无主义等伺机冒头，妄图挑战马克思主义指导地位，攻击否定党的领导和我国政治制度、发展道路，竭力争夺意识形态话语权。社会主流价值遭遇市场逐利性的挑战，拜金主义、享乐主义和极端个人主义在一定范围内滋长蔓延，道德失范行为和唯利是图、低俗庸俗媚俗等现象屡屡突破底线，对弘扬社会主流思想道德和价值观念产生了消极影响。敌对势力加紧对我渗透遏制，通过不断调整策略、变换手段，加紧对我实施"西化""分化"图谋，进行意识形态渗透，同我们争夺群众、争夺人心。与意识形态领域面临的新形势新要求相比，宣传思想工作还

有不少短板和不足。必须保持"乱云飞渡仍从容"的政治定力，坚决履行和落实意识形态工作责任制，不断增强做好意识形态工作的能力本领，着力做好稳预期、稳思想、稳人心工作，更好统一思想、凝魂聚力。

（四）从信息化发展及趋势看，新一轮科技革命带来传播格局深刻变革，改进创新宣传思想工作任务之艰巨前所未有

5G、大数据、云计算、物联网、区块链、人工智能等技术快速发展，移动应用、社交媒体、问答社区、网络直播、聚合类平台、个人账号和公众号等新应用新业态不断涌现，在更广范围内推动着思想、文化、信息的传播和共享，媒体格局和舆论生态正在重塑。现在，国际国内、线上线下、虚拟现实、体制外体制内等界限愈益模糊，构成了越来越复杂的大舆论场，更具有自发性、突发性、公开性、多元性、冲突性、匿名性、无界性、难控性等特点。主流媒体主导作用受到极大冲击，网络往往成为负面舆情发酵、错误思想产生的策源地和放大器，大大增加了舆论引导和内容管理的难度。必须科学认识网络传播规律，准确把握网上舆情生成演化机理，不断推进工作理念、方法手段、载体渠道、制度机制创新，提高用网治网水平，使互联网这个最大变量变成事业发展的最大增量。

三、新时代宣传思想工作的根本任务和使命任务

《中国共产党宣传工作条例》鲜明概括了宣传思想工作的根本任务，就是高举中国特色社会主义伟大旗帜，巩固马克思主义在意识形态领域的指导地位，巩固全党全国人民团结奋斗的共同思想基础，

建设具有强大凝聚力和引领力的社会主义意识形态，建设具有强大生命力和创造力的社会主义精神文明，建设具有强大感召力和影响力的中华文化软实力。"一个高举""两个巩固""三个建设"，聚焦于"宣传工作为什么、干什么"这个根本问题，对宣传思想工作进行了全局性、战略性、长远性的深刻考量，集中反映着党中央的重托、新时代的要求、人民群众的期盼，体现了宣传思想工作方向、目标和重点、着力点的有机统一，是我们党关于宣传思想工作的重大理论和制度创新成果。

高举中国特色社会主义伟大旗帜。中国特色社会主义是改革开放以来党的全部理论和实践的主题。实践中，要高举中国特色社会主义伟大旗帜，广泛开展理想信念教育，深化中国特色社会主义和中国梦宣传教育，弘扬民族精神和时代精神，引导干部群众进一步坚定道路自信、理论自信、制度自信、文化自信，凝聚起全面建设社会主义现代化国家、夺取新时代中国特色社会主义伟大胜利的磅礴力量。

巩固马克思主义在意识形态领域的指导地位，巩固全党全国人民团结奋斗的共同思想基础。如今，宣传思想工作的环境、对象、范围、方式发生了很大变化，必须牢牢把握"两个巩固"的要求，用党的理论创新成果武装全党、教育人民、推动工作；营造积极健康向上的思想舆论氛围，传递正能量；努力创作生产更多优秀作品，推动社会主义文艺繁荣发展；持续培育和践行社会主义核心价值观，进一步弘扬崇德向善的新风正气。

建设具有强大凝聚力和引领力的社会主义意识形态。这是新时代坚持和发展中国特色社会主义的一个重大命题。意识形态是思想上层建筑的核心部分，起着保证社会团结统一的"水泥作用"和引领社会发展进步的"旗帜作用"。推进意识形态建设，就是要始终鲜明社会主义的性质属性，为国家立心、为民族立魂，确保红旗永不落地、政权永不变色。

建设具有强大生命力和创造力的社会主义精神文明。这是中国特色社会主义事业的重要特征和重要内容。在社会主义现代化建设中，党中央一直强调"两个文明"协调发展，就是着眼于保证物质文明建设和经济社会发展始终坚持社会主义方向，克服西方社会那种金钱至上、资本主宰一切的错误倾向，促进人的自由全面发展。推进精神文明建设，就是要坚持正确的发展方向和价值取向，润物无声、久久为功，着力培养时代新人、弘扬时代新风。

建设具有强大感召力和影响力的中华文化软实力。这体现了中国日益走近世界舞台中央、适应和引领百年未有之大变局的高度自觉。推进文化软实力建设，就是要以文化自信为本，大力发展中国特色社会主义文化，在与世界文化交流交融交锋中展现中华文化独特魅力，占据道义制高点、增强国际话语权和主动权。

四、做好新时代宣传思想工作的指导思想和方针原则

一、宣传思想工作的指导思想

《中国共产党宣传工作条例》规定，宣传思想工作坚持以马克思列宁主义、毛泽东思想、邓小平理论、"三个代表"重要思想、科学发展观、习近平新时代中国特色社会主义思想为指导，增强"四个意识"、坚定"四个自信"、做到"两个维护"，担当"举旗帜、聚民

心、育新人、兴文化、展形象"的使命任务，促进全体人民在理想信念、价值理念、道德观念上紧紧团结在一起，为夺取新时代中国特色社会主义伟大胜利、实现中华民族伟大复兴的中国梦提供思想保证、舆论支持、精神动力和文化条件。

二、宣传思想工作的方针原则

1. 坚持党的全面领导。旗帜鲜明坚持党管宣传、党管意识形态、党管媒体，坚持政治家办报、办刊、办台、办新媒体，在政治方向、舆论导向、价值取向上立场坚定。

2. 坚持以人民为中心。把服务群众同教育引导群众结合起来，把满足需求同提高素养结合起来，多宣传报道人民群众的伟大奋斗和火热生活，多宣传报道人民群众中涌现出来的先进典型和感人事迹，丰富人民精神世界，增强人民精神力量，满足人民精神需求。

3. 坚持解放思想、实事求是。坚决克服经验主义、主观主义，时刻警惕滑入唯心主义，始终保持思想的开放度、敏锐度，把实事求是作为基本的思想方法、工作方法，认识新事物，研究新问题，拓展新视野，以思想上的朝气锐气创造工作上的新局新貌。

4. 坚持围绕中心、服务大局。胸怀大局、把握大势、着眼大事，坚定宣传党的理论和路线方针政策，坚定宣传党中央重大工作部署，坚定宣传党中央关于形势的重大分析判断，找准工作切入点和着力点，做到因势而谋、应势而动、顺势而为。

5. 坚持团结稳定鼓劲、正面宣传为主。正确认识主流和支流、成绩和问题、全局和局部的关系，集中反映社会健康向上的本质，客观展示发展进步的全貌，调动各方面积极性、主动性、创造性，激发全党全社会团结奋进、攻坚克难的强大力量。

6. 坚持固本培元、守正创新。始终高举马克思主义、中国特色社会主义的旗帜，在坚守正道中发展事业，在改革创新中巩固事业，让宣传思想工作始终充满旺盛的生机活力，更好地适应新时代、符合新要求、展现新气象、实现新作为。

7. 坚持重在建设、立破并举。紧扣党和国家的发展目标、中心任务、战略部署，加强正面建设，唱响主旋律，弘扬正能量。发扬斗争精神，增强斗争本领，旗帜鲜明坚持真理，立场坚定批驳谬误，以战斗的姿态、战士的担当，积极投身宣传思想领域斗争一线。

8. 坚持统筹兼顾、整体推进。树立大宣传的工作理念，动员各条战线各个部门一起来做，把宣传思想工作同各个领域的行政管理、行业管理、社会管理更加紧密地结合起来，压紧压实各级党委（党组）主体责任，努力把宣传思想工作做得更好。

第三节　新时代党的宣传工作的工作方法

依靠群众法。群众路线是我们党的根本工作路线，也是我们基本的工作方法。党的宣传工作必须坚持从群众中来，到群众中去，取得人民群众的理解、支持。要关心群众生活，了解群众心理，反映群众意愿，注意把解决思想问题同解决实际问题结合起来。要以人民拥护不拥护、人民赞成不赞成、人民高兴不高兴、人民答应不答应作为检验宣传工作成效的基本依据。

有的放矢法。宣传工作要因人、因事制宜，注意针对性，做到有的放矢。组织理论学习，对领导干部、一般干部和群众应有不同的安排。开展思想教育，要按照不同对象确定相应的内容，把先进性的要求与广泛性的要求结合起来。不分层次，脱离实际，往往会流于形式，失去吸引力。

规划实施法。发展社会主义先进文化事业，建设社会主义精神文明，做好新形势下的基层宣传工作，是一项系统工程，任务艰巨。要组织协调各方力量，深入调查研究，制订发展规划，既要有长远目标和总体计划，又要有阶段性目标和分步实施的具体要求。要把战略和战术结合起来，避免用战略性口号去处理战术性问题。

重在落实法。做好基层宣传工作，不能停留在一般原则要求上，一定要重在落实，要有措施，有载体，有办法，使工作抓得住，效果看得见。各项工作都要制订具体的实施方案，注重操作性。工作目标和任务要切实可行，工作要求和措施要具体实在，力戒空洞无味的套话、不着边际的大话、不可操作的空话。组织活动、召开会议、调查研究、制定文件都要着眼于解决问题，防止形式主义、做表面文章。任务确定后，要量化分解，责任到人，明确时限。

以点带面法。任何工作任务，如果没有一般的、普遍的号召，就不能动员广大群众行动起来。但如果只限于一般号召，而领导人员没有具体地直接地对若干组织所号召的工作深入实施，突破一点，取得经验，然后利用这种经验去指导其他单位，就无法考验自己想出的一般号召是否正确，也无法证实一般号召的内容，就有使一般号召落空的危险。党的基层宣传工作同样如此。在工作重点上，要抓好理论建设、舆论导向、思想教育、繁荣文化和队伍建设。在工作布局上，要充分发挥基层文化站、广播站的作用，抓好当地有说服力、有代表性的典型。工作重点一经确定，就要抓住重点，加大力度，一抓到底，并保持工作的连续性，务求实效。

　　携手共进法。宣传工作和精神文明建设，需要党的领导、政府重视、社会各方面参与和支持，携手共进。要动员和依靠社会的力量，共同做好基层宣传文化工作，切实搞好小区文化、村镇文化、企业文化、校园文化、家庭文化建设，充分发挥各种文化设施和教育场所的作用。要利用各种节日、纪念日以及习俗、礼仪活动，更好地弘扬民族优良传统，激发民族自尊心和自豪感。要努力把我们倡导的思想观念、道德情操融于各行各业的管理制度之中，使思想道德教育同良好行为的培养有机结合起来。

　　增进团结法。党的基层宣传工作者，既要加强同上级宣传文化部门的纵向联系，又要注意同当地有关部门、单位的领导处理好关系，这是做好基层宣传工作的必要条件。要重视同理论、文艺、新闻等各界代表人士交朋友，这是尊重知识、尊重人才的具体体现，是改进工作作风和工作方法的重要内容。既要与意见相同的人交朋友，也要与意见不同的人交朋友；既要交老年朋友，也要交中青年朋友。交朋友要坦诚相见，虚怀若谷，信任尊重，关心支持，方式宜多种多样，气氛需轻松活泼。

　　组织活动法。党的基层宣传工作要根据不同时期形势任务的要求，根据各自的特点，结合工作和党员群众思想和生活的实际，组织开展好有重大教育意义的宣传活动，形成阶段性的宣传战役，做到相互配合，相映成辉，形成合力，以此扩大党的基层宣传工作的影响，增强基层党组织的凝聚力、战斗力、吸引力。当前要充分利用基层党校、职工夜校、市民学校、农民夜校、小区文化活动中心等宣传文化阵地，加强对党员、干部和群众进行党的基本理论、基本路线、基本纲领、基本经验等知识的学习培训；进行党的路线、方针、政策、形势教育，进行科技文化法律知识的辅导，努力提高广大党员群众的思想道德和科学文化素质。

言传身教法。宣传工作者是人类灵魂的工程师。打铁必须自身硬。宣传工作者对自己要高标准，严要求，以身作则，言行一致。身教重于言教，既是要求，也是方法。要自觉树立良好形象，增强基层宣传工作的说服力和感染力。

心理疏导法。党的十九大报告指出："加强和改进思想政治工作，深化群众性精神文明创建活动。"这一要求，体现了思想政治工作以人为本的宗旨，也是宣传思想文化工作的重要方法。随着社会主义市场经济的深入发展，社会分化程度加大、利益格局深入调整，人们的工作和生活节奏明显加快，由此导致人们生活和工作压力增大，各种心理障碍和精神疾病大幅增加，从而给宣传思想文化工作增加了难度。面对这种形势，既要善于把握总体，又要重视个体；既要善于引导教育，又要注重人文关怀。要贯彻"尊重人、理解人、关心人、引导人"的原则。强调宣传思想文化工作注重人文关怀，就是要尽量做到潜移默化、润物无声，怀着对人民群众的深厚感情去做工作。尊重人，从内心里理解人，从行动上关心人，把大道理化于细微之中，才能达到引导人的目的。如是，尊重人，人们才能接受你；理解人，人们才能理解你；关心人，人们才能信任你；引导人，才能把自身价值的实现与他人价值的实现、社会价值的实现统一起来。

要把加强心理健康教育作为重要内容。一要在全社会倡导和谐理念，培育和谐精神，引导人们用和谐的方法、和谐的思维方式认识事物、处理问题，正确对待自己、他人和社会，正确对待困难、挫折和荣誉；引导人们树立公平竞争、共同发展的理念，培育乐观、豁达、宽容的心态，培养自尊自信、理性平和、健康向上的精神。二要着力丰富社会文化生活，满足人们的精神文化需求，用健康丰富的文化生活陶冶人们的情操、调节人们的情感和心理，消除忧郁感、孤独感、失落感，让人们不仅生活上富裕，而且精神上愉快。三要通过专业的心理疏导，解决人们在社会生活中出现的心理困惑，减少焦虑、抑郁、恐慌及其他不良心理隐患，以良好的心理状态应对各种压力和挑战。

注重人文关怀要落到实处，离不开机制。应建立健全一套良好的机制，从根本上促进宣传思想文化工作注重人文关怀。比如，可以建立健全社会心态监测和预警机制，对社会情绪、社会共识、社会价值观进行及时的跟踪研究，把握社会心态这个"风向标"和"晴雨表"，及时发现一些影响面比较大的不良社会心态。建立健全利益表达机制，使人民群众的利益诉求能有通畅的表达管道，使社会成员的想法要求得到及时回馈。建立健全心理疏导机制，加强组织与成员、成员与成员之间的交流沟通。宣传思想文化工作还要在方式方法上改进创新，既要善于进行教育引导，又要善于促进自我完善。要充分尊重人的主体性和个性特点，注意运用民主讨论、双向交流等方法，激发人的主观能动性，调动积极参与的愿望，引导人们把教育内容内化为自我要求，在改造客观世界的过程中改造主观世界。同时，要善于抓住情感的切入点，以调动人们情绪，在思想上得到升华。

入情入理法。宣传工作是一门科学，也是一门艺术。要坚持科学性和艺术性的有机统一，晓之以理，动之以情，如春风细雨，润物无声。情是艺术，理是科学。坚持入情入理，情理结合，就会受到欢迎，收到实效。在情与理的交融中，在潜移默化的过程中达到培养和教育的目的。

调查总结法。调查研究是了解情况、深化认识、正确决策、推进工作的基础。调查研究必须深入实际，有题目，有目的，带着问题下去，找到办法回来。总结经验要善于举一反三，注意把零星的认识上升为系统的认识，把感性的认识上升为理性认识。既要总结成功的经验，又要吸取失误的教训，不断探索和把握宣传工作规律，提高工作水平。调查研究、总结经验要勤奋学习，善于思考，学习和思考要紧密联系，不断提高分析问题、解决问题的能力。

善用传媒法。报刊、广播、电视、图书、互联网等大众传媒，覆盖面广、影响力强，对人们的思想、行为有重要的导向、牵引作用。党的基层宣传工作者要主动同有关方面联系、沟通，提供准确的、有价值的宣传信息，充分发挥新闻媒体在宣传工作中的重要作用。

典型宣传法。榜样的力量是无穷的。充分发挥先进典型的示范、激励引导作用，是宣传工作的一个好方法。先进典型要有深厚的群众基础，富有时代特色。宣传典型要注重介绍精神实质和基本经验。对待典型要实事求是，不能降低标准，也不能人为拔高。要满腔热情地帮助典型在实践中更好成长，不断前进。注意总结和推广不同层次、不同类型的典型，使示范、激励和引导作用辐射社会生活的各个领域和不同的群体。

吸收借鉴法。发展社会主义宣传文化事业，要继承发扬中华民族的优秀文化传统，也要吸收借鉴外国的有益文化和科学管理方法。党的基层宣传工作者要在总结当地经验，弘扬地域优秀文化成果的同时，积极研究、吸收、借鉴区外、省外、国外有益的文化及其现代管理手段和方法。要学习吸收但不能照抄照搬，要结合当地实际，为我所用。

坚持和加强党对宣传思想工作的领导

"加强党对宣传思想工作的全面领导，旗帜鲜明坚持党管宣传、党管意识形态"。在全国宣传思想工作会议上，习近平总书记再次强调各级党委的政治责任和领导责任，对宣传思想战线加强党的领导和党的建设提出明确要求，深刻阐明了新形势下宣传思想工作的方向所在、力量所在、优势所在。日前召开的我省宣传思想工作会议，坚决贯彻全国宣传思想工作会议精神，在坚持和加强党对宣传思想工作的全面领导方面进行了部署，把党的领导贯穿宣传思想工作全过程，确保宣传思想工作领导权牢牢掌握在党的手中。

意识形态工作是党的一项极端重要的工作，是为国家立心、为民族立魂的工作，事关党的前途命运，事关国家长治久安，事关民族凝聚力和向心力。只有让党的旗帜在宣传思想战线高高飘扬，才能让主旋律更加响亮、正能量更加强劲，才能激发全党全社会团结奋进的强大力量。

要旗帜鲜明把政治建设摆在首位。以政治建设为统领，增强"四个意识"，坚定"四个自信"，做到"两个维护"，始终在政治立场、政治方向、政治原则、政治道路上同以习近平同志为核心的党中央保持高度一致。严守党的政治纪律和政治规矩，增强政治敏锐性和鉴别力，始终头脑清醒、立场坚定。严守党的宣传纪律，用政治家的头脑思考问题、观察社会，用政治家的眼光办报、办台、办网，始终做政治上的明白人、老实人。要压紧压实政治责任和领导责任。结合抓好中央巡视整改，推动我省宣传思想战线全面从严治党向纵深发展，把讲政治体现到制定政策、部署任务、推进工作的各方面各环节。

要压紧压实政治责任和领导责任。掌握思想领导是掌握一切领导的第一位。我省各级党委（党组）要负起政治责任和领导责任，把宣传思想工作摆在全局工作的重要位置，压紧压实党委（党组）主体责任、主要负责同志第一责任人责任、分管领导同志直接责任和班子成员"一岗双责"，层层传导压力，推动责任落地。做好宣传思想工作，不只是宣传部门的事，要坚持全党动手、齐抓共管，动员各条战线、各个部门支持参与，完善宣传思想工作协调机制，建立健全大宣传工作格局，形成做好我省宣传思想工作的合力。

要不断加强宣传思想工作队伍建设。做好新时代我省宣传思想工作，关键靠人才、靠队伍。宣传思想干部要召之即来，来之能战，战之能胜。这就要求干部自身政治上要过硬，同时要加强学习，不断掌握新知识、熟悉新领域、开拓新视野，增强本领能力；要创新工作方式方法，加强调查研究，不断增强脚力、眼力、脑力、笔力；要持之以恒深入推进作风纪律专项整治，深入贯彻中央八项规定和省委九项规定，坚决清除"四风"，特别是官僚主义、形式主义痼疾顽症，不做表面文章；要精准发力，务求实效，不照搬照抄，避免大水漫灌，突出"实"、力戒"虚"；要进一步端正学风、改进文风，注重转变话语体系。

众力并则万钧举。让我们在宣传思想战线高扬党的旗帜，积极履职尽责、勇于担当作为、锐意改革创新，推动我省宣传思想工作开创新局面、迈上新台阶。

（刊于《黑龙江日报》2021 年 10 月 7 日）

第二章　党的理论宣传工作

　　理论工作是宣传思想工作的重要组成部分，主要包括理论教育、理论宣传、理论研究以及哲学社会科学等，主要任务是组织引导广大党员干部学习、掌握并运用马克思列宁主义、毛泽东思想、邓小平理论、"三个代表"重要思想、科学发展观、习近平新时代中国特色社会主义思想武装全党、教育人民、推动工作，不断提高全党的马克思主义理论水平。

　　列宁曾经强调："没有革命的理论，就没有革命的行动。"深刻指出了理论的重要性。坚持以科学理论引领、用科学理论武装，是马克思主义政党区别于其他政党的本质特征，是我们党团结带领人民取得革命、建设、改革伟大胜利的思想基础，也是党在新时代迎接新挑战、完成新使命的根本保证。

　　做好理论工作是推进党的建设新的伟大工程的必然要求。思想建党、理论强党是中国共产党管党治党的一项重要经验。习近平总书记在庆祝中国共产党成立95周年大会上指出："中国共产党之所以能够完成近代以来各种政治力量不可能完成的艰巨任务，就在于始终把马克思主义这一科学理论作为自己的行动指南，并坚持在实践中不断丰富和发展马克思主义。"有了正确的理论指导，全党就能始终保持统一的思想、坚定的意志、协调的行动、强大的战斗力。

进入新时代，我们党肩负着实现民族复兴、人民幸福的伟大使命，同时依然面临着"四大考验""四种危险"，各种弱化党的先进性、损害党的纯洁性的因素依然存在，党所面临的"赶考"远未结束。以习近平同志为核心的党中央提出全面从严治党的战略任务，强调全面从严治党必须首先从严肃党内政治生活抓起。理论武装是党内政治生活的重要内容，只有用党的最新理论成果武装头脑才能始终坚持正确的政治方向，坚定对马克思主义的信仰、对社会主义和共产主义的信念，才能掌握强有力的思想武器，深刻认识问题，科学分析问题，有效解决问题，确保党始终成为中国特色社会主义事业的坚强领导核心。

2021年7月1日，在庆祝中国共产党成立100周年大会上，习近平总书记代表党和人民庄严宣告，经过全党全国各族人民持续奋斗，我们实现了第一个百年奋斗目标，在中华大地上全面建成了小康社会，历史性地解决了绝对贫困问题，正在意气风发向着全面建成社会主义现代化强国的第二个百年奋斗目标迈进。我们比历史上任何时期都更接近中华民族伟大复兴的目标，比历史上任何时期都更有信心、更有能力实现这个目标。正如习近平总书记所说的那样，我们现在所处的，是一个船到中流浪更急、人到半山路更陡的时候，是一个愈进愈难、愈进愈险而又不进则退、非进不可的时候。越是接近民族复兴中国梦的实现，越需要全党心往一处想、劲往一处使，更加自觉地用党的创新理论统一思想、凝聚力量，更加主动地向党中央看齐，向党的理论和路线、方针、政策看齐，更加自觉地把习近平新时代中国特色社会主义思想贯彻到现代化建设各领域，体现到党的建设各方面，落实到改造客观世界和主观世界全过程。

第一节　用党的理论创新成果武装干部群众

2015 年 12 月 11 日，习近平总书记在全国党校工作会议上指出："我们党历来高度重视理论建设和理论教育，运用马克思主义基本原理指导中国的事情是我们的看家本领。"必须加强马克思主义理论武装，加强理论学习，掌握和运用辩证唯物主义和历史唯物主义，掌握贯穿其中的立场、观点、方法，深入认识共产党执政规律、社会主义建设规律、人类社会发展规律。

一、以领导干部为重点抓好党委（党组）理论学习中心组学习

党委（党组）理论学习中心组学习，是各级党委（党组）领导班子和领导干部在职理论学习的重要组织形式，是严肃党内政治生活、强化党性修养的重要内容，是加强各级领导班子思想政治建设的重要制度，是建设学习型服务型创新型的马克思主义执政党、提高党的执政能力和领导水平的重要途径。应该重点抓好以下三项工作。

1. 学什么

2017 年颁布的《中国共产党党委（党组）理论学习中心组学习规则》明确规定："党委（党组）理论学习中心组学习以政治学习为根本，以深入学习中国特色社会主义理论体系为首要任务，以深入学习贯彻习近平总书记系列重要讲话精神为重点，以掌握和运用马克思主义立场、观点、方法为目的，坚持围绕中心、服务大局，坚

持知行合一、学以致用，坚持问题导向、注重实效，坚持依规管理、从严治学。"具体来讲，学习内容主要包括：马克思列宁主义、毛泽东思想、邓小平理论、"三个代表"重要思想、科学发展观、习近平新时代中国特色社会主义思想；党章党规党纪和党的基本知识；党的路线、方针、政策和决议；国家法律法规；社会主义核心价值观；党的历史、中国历史、世界历史和科学社会主义发展史；推进中国特色社会主义事业所需要的经济、政治、文化、社会、生态、科技、军事、外交、民族、宗教等方面知识；改革发展实践中的重点、难点、热点问题等，同时，对于党中央和上级党组织要求学习的其他重要内容也要纳入学习范围。

2. 怎么学

各级党委（党组）理论学习中心组应当将集体学习研讨作为学习的主要形式，把重点发言和集体研讨、专题学习和系统学习结合起来，深入开展学习讨论和互动交流。同时，根据形势任务的要求，结合工作需要和本人实际开展自学，应当把理论学习与专题调研结合起来，深入基层、深入群众，扎实开展调查研究，深化理论学习。此外，要不断创新学习形式，适当组织专题讲座，积极参加学习讲坛、读书会、报告会等学习活动，利用网络平台拓展学习渠道，不断增强学习的吸引力。

3. 注意什么

在学习主题方面，各级党委（党组）理论学习中心组要把学习习近平新时代中国特色社会主义思想作为第一要务，紧紧围绕这一主线开展学习，坚持学原文、读原著、悟原理，坚持全面系统学、联系实际学、及时跟进学，切实用这一重要思想武装头脑、指导实践、推动工作；在学习成果转化方面，要大力弘扬马克思主义优良学风，始终坚持问题导向，着力解决思想上的问题、实践中的问题以及能力不足的问题，注重学习实效，把学习成果转化为做好本职工作、推动改革发展的实际本领；在阵地管理方面，要加强对党委中心组的管理和督导，建立中心组学习巡听旁听制度，把中心组学习纳入党建工作责任制，纳入意识形态工作责任制，绝不给错误思想言论提供可乘之机。

二、以全体党员为重点抓好经常性教育培训

党员干部教育培训是建设高素质干部队伍的基础性、战略性工程，是加强党的长期执政能力建设、先进性和纯洁性建设的重要途径，也是强化理论武装、加强理论教育的重要抓手。习近平总书记和党中央高度重视党员教育培训工作，作出一系列重要论断、重大部署，指出"在新时代坚持和发展中国特色社会主义，要求全党来一个大学习"，强调"增强党员教育管理针对性和有效性"，为党员干部教育培训指明了方向。

1. 以党支部为基本单位，以党的组织生活为基本形式，通过"三会一课"制度，系统开展理论教育

具体来讲，就是要按照统一安排，结合基层党组织和党员的实际，有计划、有针对性地定期开展集体学习，深入学习贯彻习近平新时代中国特色社会主义思想以及党中央决策部署。同时，要组织开展专题讨论，确保理论学习抓在日常、严在经常。

2. 依托各级党校（行政学院）、干部学院、社会主义学院以脱产培训、网络培训等形式开展政治理论教育和党性教育

领导干部到党校学习，主要任务是学习党的理论、接受党性教育。政治理论教育主要包括开展马克思列宁主义、毛泽东思想、邓小平理论、"三个代表"重要思想、科学发展观、习近平新时代中国特色社会主义思想教育培训，加强党的路线方针政策、社会主义核心价值观、党史国史、国情形势等教育培训，引导干部坚定共产主义远大理想和中国特色社会主义共同理想，增强中国特色社会主义道路自信、理论自信、制度自信、文化自信，提高运用马克思主义立场、观点、方法分析解决实际问题的能力，增强领导改革开放和社会主义现代化建设的本领。党性教育重点开展党章、党的宗旨、党规党纪、党的优良传统、党风廉政建设等教育培训，引导党员干部增强党的意识、宗旨意识、执政意识、大局意识、责任意识、规矩意识，做到对党忠诚、个人干净、敢于担当。总之，政治理论教育和党性教育作为党员干部教育培训的主要内容，必须牢牢抓在手上。

三、以青年学生为重点抓好学校思想政治课创新

青少年阶段是人生的"拔节孕穗期"，最需要精心引导和栽培，思想政治课是落实立德树人根本任务的关键课程，是培养一代又一代社会主义建设者和接班人的重要保障，也是加强对青少年理论教育的重要途径。党的十八大以来，以习近平同志为核心的党中央高度重视思政课建设，2016 年召开了全国高校思想政治工作会议，2019 年召开了学校思想政治理论课教师座谈会，作出一系列重大决

策部署。

办好思想政治理论课，最根本的是要全面贯彻党的教育方针，解决好培养什么人、怎样培养人、为谁培养人这个根本问题。要坚持党对思想政治课建设的全面领导，把加强和改进思想政治课建设摆在突出位置，坚持思想政治课建设与党的创新理论武装同步推进，全面推动习近平新时代中国特色社会主义思想进教材进课堂进学生头脑，把社会主义核心价值观贯穿国民教育全过程。

1. 要加强思想政治课内容建设

思想政治课首先要突出政治性，要始终坚持用习近平新时代中国特色社会主义思想铸魂育人，以政治认同、家国情怀、道德修养、法治意识、文化素养为重点，以爱党、爱国、爱社会主义、爱人民、爱集体为主线，坚持爱国和爱党爱社会主义相统一，系统开展马克思主义理论教育，系统进行中国特色社会主义和中国梦教育、社会主义核心价值观教育以及法治教育、劳动教育、心理健康教育、中华优秀传统文化教育。

2. 要打造高素质思想政治课教师队伍

办好思想政治课关键在教师，关键在发挥教师的积极性、主动性、创造性。习近平总书记在学校思想政治理论课教师座谈会上提出了"政治要强、情怀要深、思维要新、视野要广、自律要严、人格要正"的思想政治课教师队伍建设标准。政治要强，就是让有信仰的人讲信仰，善于从政治上看问题，在大是大非面前保持政治清醒；情怀要深，就是要保持家国情怀，心里装着国家和民族，在党和人民的伟大实践中关注时代、关注社会，汲取养分、丰富思想；

思维要新，要学会辩证唯物主义和历史唯物主义，创新课堂教学，给学生深刻的学习体验，引导学生树立正确的理想信念、学会正确的思维方法；视野要广，要有知识视野、国际视野、历史视野，通过生动、深入、具体的纵横比较，把一些道理讲明白、讲清楚；自律要严，做到课上课下一致、网上网下一致，自觉弘扬主旋律，积极传递正能量；人格要正，要有堂堂正正的人格，用高尚的人格感染学生、赢得学生，用真理的力量感召学生，以深厚的理论功底赢得学生，自觉做为学为人的表率，做让学生喜爱的园丁。

3. 要推动思想政治课改革创新

推动思想政治理论课改革创新，要不断增强思想政治课的思想性、理论性和亲和力、针对性。主要是做到"七个统一"：要坚持政治性和学理性相统一，以透彻的学理分析回应学生，以彻底的思想理论说服学生，用真理的强大力量引导学生；要坚持价值性和知识性相统一，寓价值观引导于知识传授之中；要坚持建设性和批判性相统一，传导主流意识形态，直面各种错误观点和思潮；要坚持理论性和实践性相统一，用科学理论培养人，重视思想政治课的实践性，把思想政治小课堂同社会大课堂结合起来，教育引导学生立鸿鹄志，做奋斗者；要坚持统一性和多样性相统一，落实教学目标、课程设置、教材使用、教学管理等方面的统一要求，又因地制宜、因时制宜、因材施教；要坚持主导性和主体性相统一，思想政治课教学离不开教师的主导，同时要加大对学生的认知规律和接受特点的研究，发挥学生主体性作用；要坚持灌输性和启发性相统一，注重启发性教育，引导学生发现问题、分析问题、思考问题，在不断启发中让学生水到渠成得出结论；要坚持显性教育和隐性教育相统一，挖掘其他课程和教学方式中蕴含的思想政治教育资源，实现全员全程全方位育人。

第二节　推动马克思主义中国化时代化

理论宣传承载着推进马克思主义中国化时代化的重要使命，肩负着推动习近平新时代中国特色社会主义思想往实里走、往深里走、往心里走的重要任务，对于做大做强主流思想舆论具有重要意义。

一、聚焦中心任务，让党的创新理论飞入寻常百姓家

1. 组织集中性理论宣传

集中性理论宣传主要是针对学习贯彻中央重要会议精神开展，具有大规模、大场面、高频次的特点，有助于在全社会迅速兴起学习贯彻中央决策部署的热潮。每逢党的重要会议召开，中央和地方几乎都要组织宣讲团，进行集中性宣讲。比如，党的十九届五中全会召开以后，中央以及各级地方党委分别成立宣讲团，由宣传部门牵头，从讲师团、党校、社科院、高校、企业等抽调专家学者分层次、分行业、分地区、分类别开展巡回宣讲；各大报刊网络平台开辟专题专栏，对会议精神进行深入解读，把党的最新决策部署迅速送到广大干部群众手中，迅速形成规模、形成声势，营造良好的学习氛围。此外，在重大时间节点，围绕重大历史事件、重大纪念活动也要适时开展理论宣传，引导广大干部群众知古鉴今，增强重大主题宣传的理论深度。

2. 做好常态化理论宣传

常态化理论宣传与集中性理论宣传相辅相成、互为补充，是推动党的创新理论深入基层干部群众，打通基层理论宣传"最后一公里"的有效途径。常态化理论宣传过程中，要全面准确及时解读习近平总书记最新重要讲话、重要指示批示精神，开展习近平新时代中国特色社会主义思想的宣传普及工作，引导基层广大干部群众掌握这一重要思想的核心要义、精神实质和实践要求，不断增强人民群众对这一重要思想的政治认同、思想认同、情感认同；要聚焦基层干部群众关心的热点难点问题开展宣讲，进行有针对性、有说服力的回答，科学解读党和政府采取的政策措施，深入阐明对群众的相关利益安排，既讲怎么看又讲怎么办，既解理论之渴又解思想之惑，有效引导预期、理顺情绪、凝聚共识；要以活动为抓手推动常态化宣传，抽调专家学者组建宣讲队伍，与"新时代文明实践中心"等基层理论宣讲阵地联合开展宣讲活动，推动形成理论下基层的长效机制。

3. 开展理论政策专题性宣传

理论政策专题性宣传主要是针对中央近期作出的重大决策部署分专题开展阐释解读，比如围绕"新发展理念""供给侧结构性改革""乡村振兴战略""新旧动能转换"等，组织专家学者深入解读、开展宣讲，引导广大干部群众了解重大决策部署出台的背景、内涵、意义，迅速吃透弄懂中央精神，形成工作合力，确保中央决策部署落实到位。理论政策专题宣传专业性较强，要组织相关领域专家学者深入研究，时刻与中央决策部署对标对表，确保理论宣传的准确性全面性。

二、紧跟时代步伐，不断创新理论宣传方式方法

随着互联网技术的发展，媒体格局、受众对象、舆论生态均发生深刻变革，对巩固宣传思想文化阵地，壮大主流思想舆论提出了新的挑战。加强理论宣传工作，必须紧跟时代变化，贴近受众需求，在语言转换、形式创新、阵地建设等方面同时发力，切实增强工作创造性，提高理论宣传实效性。

1. 语言要活

要持续改进文风和话风，提倡短、实、新，反对假、长、空，不断增强理论宣传的通俗性和生动性，开展分众化、对象化理论宣传。针对普通群众，要把学术语言换成群众语言，在准确的基础上鲜活，用群众身边的例子、通俗易懂的话语阐释马克思主义理论，让高大上的理论有温度、有人情味、有烟火气；针对知识分子要注意宣传的深度，言之有理、言之有物、言之有情；针对青年学生要深入研究如何适应"新生代"的话语体系，学会使用网言网语，拉近理论与网民的距离，不断增强理论宣传的亲和力、吸引力、感染力。

2. 形式要新

理论宣传创新就是要以更加开放的视野、创新的理念、灵活的方法，让党的理论宣传工作始终保持旺盛的生机和活力。最重要的就是要牢固树立守正创新的理念。必须要根据现代传播规律不断创新理论宣传形式，运用小品、相声、三句半等群众喜闻乐见、易于

接受的曲艺形式开展理论宣讲，寓教于乐。要深入研究如何在互联网新技术条件下创新宣讲方式方法，大胆尝试开展工作的新载体新路数，主动适应受众对象碎片化接收信息的习惯，通过动漫、H5、微视频等形式生动活泼地传播党的创新理论。

3. 阵地要立体

20 世纪 60 年代之前，谁掌握了纸质媒体，谁就有话语权；20 世纪 90 年代之前，谁掌握了电视媒体，谁就拥有更多的话语权；而进入 21 世纪以后，谁掌握了互联网为代表的新媒体，谁就拥有最大的话语权。纸质媒体、电视媒体都是传统的理论宣传阵地，依然占据十分重要的地位，关键时刻具有一锤定音的作用。因此，在巩固好传统阵地的同时，必须建设包括"报、刊、网、微、端"在内的全方位理论阵地，在纸上、网上、掌上、点上不断抢占理论宣传制高点，推动党的创新理论进企业、进学校、进军营、进机关、进农村、进社区、进网络。

三、整合各方资源，建设高素质理论宣讲队伍

1. 要充分发挥各级党委讲师团理论宣讲"轻骑兵"作用

党委讲师团是各级党委面向党员干部群众组织实施马克思主义理论和形势政策教育的重要组织形式，是深化党的理论武装工作、加强党的意识形态建设的重要力量，承担着组织宣讲党的创新理论特别是习近平新时代中国特色社会主义思想的重大任务，是长期活跃在理论宣讲战线的一支专业队伍，在基层理论宣讲方面积累了丰

富经验。要充分发挥各级党委讲师团在组织理论宣讲方面的重要作用，及时总结理论宣讲的经验做法，加大对宣讲规律的研究力度，不断探索创新理论宣讲方式方法，把党委讲师团打造成一支召之即来、来之能战、战之必胜的"宣讲铁军"。

2. 要统筹力量打造理论宣传大格局

理论宣传不能仅仅依靠宣传思想文化战线，必须建立涵盖多层次、多领域、多行业的宣讲队伍，形成工作合力。要组建理论宣讲专家库，吸纳党校、高校、社科院、社科联等社科研究机构各个专业、各个学科的专家学者，发挥各自特长，为理论宣讲提供智力支持；要将基层群众、先模人物、"五老"人员、青年学生纳入宣讲队伍，逐步构建专家学者讲理论、领导干部讲政策、普通百姓讲故事、先模人物讲事迹的宣讲格局。与此同时，要加强对基层理论宣讲骨干的培训力度，不断提升政治素养和理论水平，确保把党的创新理论成果讲透彻、讲准确。

第三节　回答新时代重大理论和现实问题

理论研究是做好理论教育、理论宣传的基础，必须始终坚持马克思主义在理论研究领域的指导地位，引导社科工作者用马克思主义的立场、观点和方法来研究和阐释现实问题，为宣传思想文化工作提供有力的理论支撑。

一、聚焦"三个重大"深入开展理论研究

1. 把研究重大理论问题作为首要任务

理论研究的首要任务就是要阐释马克思列宁主义、毛泽东思想、邓小平理论、"三个代表"重要思想、科学发展观，特别是要把研究阐释习近平新时代中国特色社会主义思想这一党的最新理论创新成果作为重中之重，分领域、分学科深入解读这一重要思想的精神实质、核心要义和丰富内涵，推出理论研究成果，帮助广大干部群众掌握其精髓要义、指导实践发展。此外，要研究人们关注的深层次思想理论问题，加强对各种社会思潮的分析研判和辨析引导，帮助人们厘清是非界限、提高鉴别能力。

2. 把研究重大现实问题作为主攻方向

理论研究的生命力在于观照现实，必须始终坚持问题导向。要紧密结合党和国家发展实际，围绕党中央重大决策部署，围绕经济社会发展的难题深入开展研究，着力破解关系全面深化改革和社会主义现代化建设的实践问题，为党和国家事业发展积极建言献策。要加强对人们关心关注的热点问题的研究，比如，住房、就业、医疗、教育、食品安全、生态环境等，加强政策解读、合理引导预期。

3. 把研究重大实践经验总结作为重要职责

改革开放以来尤其是党的十八大以来，党和国家事业发展取得了举世瞩目的辉煌成就，中华民族迎来了从站起来、富起来到强起来的伟大飞跃，科学社会主义在 21 世纪的中国焕发出强大生机活

力，我们党对执政规律、社会主义建设规律、人类社会发展规律的认识不断深化。要以此为契机深入研究总结中国之治背后的"制度密码"，总结提炼各地区各部门推进改革发展的新经验新进展，引导人们深刻认识中国共产党为什么"能"、马克思主义为什么"行"、中国特色社会主义为什么"好"，从而，不断增强道路自信、理论自信、制度自信、文化自信。

二、建好用好思想理论工作平台

思想理论工作平台是理论工作的主阵地，是深化马克思主义理论研究、加强党的思想理论工作的重要保障。主要包括习近平新时代中国特色社会主义思想研究中心（院）以及马克思主义理论研究和建设工程、中国特色社会主义理论体系研究中心、马克思主义学院、报刊网络理论工作"四大平台"。

1. 要充分发挥习近平新时代中国特色社会主义思想研究中心（院）在研究党的创新理论成果方面的先锋作用

研究和阐释习近平新时代中国特色社会主义思想这一马克思主义中国化最新成果、21世纪马克思主义、当代中国马克思主义既是一项重要的政治任务，也是一项重大的时代课题。2017年，经党中央批准，在中央党校、教育部、中国社会科学院、国防大学、北京市、上海市、广东省、北京大学、清华大学和中国人民大学成立10家习近平新时代中国特色社会主义思想研究中心（院），为做好这一重要思想的研究宣传工作搭建了更好的平台。各中心（院）借助不同的优势，利用其雄厚的研究实力，多学科、多角度研究和阐释习近平新时代中国特色社会主义思想的丰富内涵、精神实质与科学体系，不断推出研究成果、创新传播方式，不断推动新时代马克思主义中国化、大众化和时代化。这也是时代赋予宣传思想工作者的一个重任，必须从政治和大局的高度，全力以赴，全力推进，高起点、高水平地建设好习近平新时代中国特色社会主义思想研究中心（院）。

2. 要充分发挥马克思主义理论研究和建设工程在思想理论建设中的龙头作用

马克思主义理论研究和建设工程是思想理论建设的生命工程、基础工程、战略工程，是党中央立足于坚持和发展中国特色社会主义战略全局作出的重大决策。自 2004 年这一工程实施以来，在马克思主义经典著作编译和基本观点研究、党的创新理论成果学习研究宣传、哲学社会科学体系和教材体系建设、理论人才队伍建设等方面，取得了一系列重要成果，为巩固马克思主义指导地位、繁荣哲学社会科学，为促进改革发展稳定、推动党和国家事业发展作出了重要贡献。必须不断深化马克思主义基本原理研究，深化经典著作编译工作，加强对重大理论问题、重大现实问题、重大实践经验总结的研究，不断拓展研究的广度与深度，推出更多高水平研究成果。

3. 要充分发挥中国特色社会主义理论体系研究中心在研究阐释党的创新理论成果上的排头兵作用

其主要任务是深入研究阐释中国特色社会主义理论体系，围绕习近平新时代中国特色社会主义思想研究推出一批观点鲜明、思想深刻的理论阐释文章。要主动设置议题，组织精干力量，加强对马克思主义中国化成果的研究阐释，加强对中央最新精神的宣传解读，在重要时间节点、重要关头，推出观点鲜明、思想深刻的理论文章，抢占舆论制高点，不断提升中心的综合实力和社会影响力。

4. 要充分发挥马克思主义学院在理论人才培养上的基础作用

马克思主义学院是马克思主义理论教学、研究、宣传和人才培养的重要阵地，是党的思想理论建设和意识形态工作的重要阵地。自 2004 年中央实施马克思主义理论研究和建设工程以来，各高等院校、社科院、党校相继成立了一大批马克思主义学院（研究院、所），凝聚了一支马克思主义理论教育与研究的专门人才队伍，培养了一批理论大家，推出了一批继承创新的研究成果，为推动党的创新理论成果武装头脑、指导实践发挥了不可替代的重要作用。2015 年，中央实施重点马克思主义学院建设工程，建设一批集马克思主义理论学习教育、研究宣传、人才培养于一体的高水平马克思主义学院，使之成为办好高校思想政治理论课的坚强战斗堡垒。截至 2019 年，全国已建成三批共 37 所全国重点马克思主义学院。必须充分利用马克思主义学院专家学者集中、基础理论研究扎实、与教学联系紧密等优势，在加强思想政治理论课教学的同时，着力强化理论人才培养，为马克思主义理论事业源源不断输送新鲜血液。

5. 要充分发挥报刊网络理论宣传阵地在思想理论引导上的主渠道作用

报刊网络理论宣传阵地，是党的思想理论建设的重要载体，是传播马克思主义中国化最新成果的重要平台，是维护党的政治安全和意识形态安全的重要阵地，对深化拓展马克思主义理论研究和宣传教育、加强党的思想理论工作具有重要意义。把报刊网络理论宣传阵地作为"四大平台"之一，就是为了把传统媒体的内容优势和新媒体的传播优势结合起来，必须始终坚持正确的政治导向，加强传播内容、传播渠道、传播队伍、传播机制建设，推动网上网下各个阵地深度融合、资源共享，巩固壮大主流思想理论阵地。

习近平新时代中国特色社会主义思想研究中心（院）以及理论工作"四大平台"建设是一项重大的系统工程，既要充分发挥各个平台的优势，又要强化"一盘棋"思维，注重一体联动，打通理论工作的内容建设、人才队伍建设、传播渠道建设，更好发挥整体效应。

第四节　扎实做好新时代的哲学社会科学工作

一个国家的发展水平，既取决于自然科学发展水平，也取决于哲学社会科学发展水平。哲学社会科学是人们认识世界、改造世界的重要工具，是推动历史发展和社会进步的重要力量，其发展水平反映了一个民族的思维能力、精神品格、文明素质，体现了一个国家的综合国力和国际竞争力。坚持和发展中国特色社会主义过程中，有许多亟待解答的问题。其中，加快构建中国特色哲学社会科学，不断总结中国实践经验，破解中国经济社会发展难题，提升中国的国际话语权。这对于我国哲学社会科学长远发展、对于中国特色社会主义事业全局具有重大意义。

一、加快构建中国特色哲学社会科学

2016 年 5 月 17 日，习近平总书记在哲学社会科学工作座谈会上的重要讲话中，首次明确提出了"加快构建中国特色哲学社会科学"的重大论断和战略任务，明确提出要按照"立足中国、借鉴国外、挖掘历史、把握当代、关怀人类、面向未来"的思路，着力构建中国特色哲学社会科学，在指导思想、学科体系、学术体系、话语体系等方面充分体现中国特色、中国风格、中国气派。2017 年，中共中央印发了《关于加快构建中国特色哲学社会科学的意见》，对构建中国特色哲学社会科学进行顶层设计，为新时代我国哲学社会科学事业的发展指明了前进方向，提供了根本遵循。

1. 加快构建中国特色哲学社会科学学科体系

我国哲学社会科学学科体系已基本确立，但还存在一些亟待解决的问题，主要是一些学科设置同社会发展联系不够紧密，学科体系不够健全，新兴学科、交叉学科建设比较薄弱。必须巩固马克思主义理论一级学科基础地位，加强哲学社会科学各学科领域马克思主义相关学科建设；努力构建全方位、全领域、全要素的哲学社会科学体系，既要加快完善对哲学社会科学具有支撑作用的学科，重点布局一批对文明传承有重大影响、同经济社会发展密切相关的学科，又要发展具有重要现实意义的新兴学科和交叉学科，同时要支持具有重要文化价值和传承意义的濒危学科、冷门学科；要加强教材建设规划，建立健全高校教材编审机制，创新教材编写、推广、使用的体制机制，调动学者、学校、出版机构积极性。①

2. 加快构建中国特色哲学社会科学学术体系

要坚持不忘本来、吸收外来、面向未来，在提升学术原创能力和水平、推动学术理论中国化、建立激发科研活力的体制机制、构建具有自身特质的学术评价体系上下功夫。具体来讲，要扎根中国大地，突出时代特色，积极吸收借鉴国外有益的理论观点和学术成果，融通各种资源，不断推进知识创新、理论创新、方法创新，提升学术原创能力和水平，推动学术理论中国化；要建立激发科研活力的体制机制，落实社会科学领域财政科研项目资金管理改革政策，统筹管理好重要人才、重要阵地、重大研究规划、重大研究项目、重大资金分配；要构建具有自身特质的学术评价体系，坚持正确的学术导向，以学术质量、社会影响、实际效果为衡量标准，建立科研信用管理、评价结果公布等制度，建立健全分类评价机制，科学设置考核周期，引导教学研究人员潜心钻研、铸造精品。

3. 加快构建中国特色哲学社会科学话语体系

要着力推动党的创新理论成果的学理化、哲学社会科学话语体系大众化、中国话语国际化。具体来讲，要将党的理论创新成果的核心思想、关键话语体现到各学科领域，形成党的创新理论的学理性阐释；要用生动的形式、鲜活的语言开展形式多样的普及活动；要善于提炼标识性概念，打造易于为国际社会所理解和接受的新概念、新范畴、新表述，引导国际学术界展开研究和讨论，推动中国

---

① 《中共中央印发〈关于加快构建中国特色哲学社会科学的意见〉》，人民网，2017年5月17日。

学术走出去。

4. 加快建设种类齐全、梯队衔接的哲学社会科学人才队伍

必须要牢固树立人才资源是第一资源的理念，深入实施哲学社会科学人才工程，着力发现、培养、集聚一批有深厚马克思主义理论素养、学贯中西的思想家和理论家，一批理论功底扎实、勇于开拓创新的学科带头人，一批年富力强、锐意进取的中青年学术骨干，构建种类齐全、梯队衔接的哲学社会科学人才体系；要完善哲学社会科学领域职称评定和人才遴选制度，建立规范的奖励体系，完善收入分配激励机制；要营造风清气正、互学互鉴、积极向上的学术生态，教育引导哲学社会科学工作者树立良好学术道德，遵守学术规范。

坚持以马克思主义为指导，是当代中国哲学社会科学区别于其他哲学社会科学的根本标志。[①] 要把马克思主义理论作为必修课，组织广大党员、干部特别是领导干部学习和研读经典著作，用习近平新时代中国特色社会主义思想这一马克思主义中国化最新成果，武装头脑、凝心聚魂，为续写当代中国马克思主义新篇章提供有力的学理支撑。各级党委（党组）要把哲学社会科学工作摆在重要位置，加强政治领导和工作指导，及时解决实际问题。领导干部要以科学的态度对待哲学社会科学，尊重哲学社会科学工作者的辛勤付出和研究成果，主动同专家学者打交道、交朋友，认真贯彻党的知识分子政策，加强哲学社会科学优秀人才使用。要加强相关领域立法，加大宣传力度，营造"尊重学术、尊重人才、崇尚科学、追求真理"的良好氛围。

---

① 中共中央宣传部：《习近平新时代中国特色社会主义思想学习纲要》，学习出版社、人民出版社 2019 年版，第 142 页。

二、充分发挥国家社科基金示范引导作用

国家社科基金由全国哲学社会科学工作办公室管理。《国家社会科学基金管理办法》规定，其主要用于资助哲学社会科学研究和培养哲学社会科学人才，重点支持关系经济社会发展全局的重大理论和现实问题研究，支持有利于推进哲学社会科学创新体系建设的重大基础理论问题研究，支持新兴学科、交叉学科和跨学科综合研究，支持具有重大价值的历史文化遗产抢救和整理，支持对哲学社会科学长远发展具有重要作用的基础建设等。

自 1986 年经党中央批准设立以来，国家社科基金坚持以经济社会发展中的全局性、战略性、前瞻性重大理论和现实问题为主攻方向，高度重视并大力促进成果转化应用，为党和政府决策发挥了重要参谋和咨询作用，不断推进学术观点、学科体系、科研方法和科研组织管理创新，对于繁荣中国特色哲学社会科学，培养社科理论专家人才队伍具有重要意义。

各省（自治区、直辖市）哲学社会科学工作办公室要做好本地区本系统国家社科基金项目申请和管理工作，积极引导协助社科理论工作者申报国家社科基金项目。与此同时，根据本地区本系统特点，围绕中心工作，聚焦破解困扰经济社会发展的难题设置相关研究专项，开展理论研究工作，为经济社会发展提供智力支持。

三、建设中国特色新型智库

党的十八届三中全会明确提出建设中国特色新型智库的任务，

这是以习近平同志为核心的党中央从坚持和发展中国特色社会主义、实现中华民族伟大复兴的战略高度作出的一项重大战略决策部署。

1. 深刻认识建设中国特色新型智库的意义

首先，中国特色新型智库是党和政府科学、民主、依法决策的重要支撑。随着全面深化改革的深入推进，我们面对的困难和挑战不断增多，无论是把握我国发展重要战略机遇期，适应经济发展新常态、贯彻落实新发展理念，还是建设社会主义现代化强国，实现中华民族伟大复兴，都对党和国家的决策水平提出了更高要求，必须充分发挥智库的决策咨询作用，为党和政府决策提供有力的智力支持。

其次，中国特色新型智库是国家治理体系和治理能力现代化的重要内容。纵观当今世界各国现代化发展历程，智库在国家治理中发挥着越来越重要的作用，日益成为国家治理体系中不可或缺的组成部分，是国家治理能力的重要体现。坚持和发展中国特色社会主义制度，推进国家治理体系和治理能力现代化，必须充分发挥智库在治国理政中的重要作用。

最后，中国特色新型智库是国家软实力的重要组成部分。国家崛起不仅是硬实力的提升，也必然伴随着以思想文化为代表的软实力的提升。智库作为国家软实力的重要载体，在谋划国家战略、促进国际交流、影响国际舆论等方面发挥着重要作用。伴随着我国日益走近世界舞台的中央，积极参与全球治理、推动中华文化走出去、树立良好的国际形象等都迫切需要发挥智库的重要作用，服务国家对外总体战略。

2. 构建中国特色新型智库发展新格局

2015 年中共中央办公厅、国务院办公厅印发了《关于加强中国特色新型智库建设的意见》明确指出，中国特色新型智库是以战略问题和公共政策为主要研究对象、以服务党和政府科学民主依法决策为宗旨的非营利性研究咨询机构。同时，对构建中国特色新型智库发展新格局提出了明确要求，主要包括促进社科院和党校行政学院智库创新发展、推动高校智库发展完善、建设高水平科技创新智库和企业智库、规范和引导社会智库健康发展、实施国家高端智库建设规划、增强中央和国家机关所属政策研究机构决策服务能力六个方面，对各类智库的主要功能、重点工作作出了整体规划，绘就了中国特色新型智库发展新格局的蓝图，为各类智库的发展指明了方向。

3. 充分发挥中国特色新型智库在服务党和国家决策上的引领作用

智库具有咨政建言、理论创新、舆论引导、社会服务、公共外交等功能，必须找准角色定位，加强自身建设，以主动适应国家战略需要。一方面要始终坚持正确的政治方向。智库具有政治属性，建设中国特色新型智库必须始终坚持党的领导，始终坚持中国特色社会主义方向，要立足中国国情，体现中国风格、中国气派。另一方面要定位高端，突出专业特色。我国智库数量较多，但是具有国际知名度的高端智库较少，必须始终坚持高起点、高水平，着力打造国内外影响力大的高端智库。此外，必须坚持鲜明的问题导向，研以致用。要自觉站在全局和战略的高度来思考和谋划，聚焦经济社会发展中的战略问题和政策性问题，抓住既具有真正决策参考价值又兼具社会普遍价值意义的问题，基于扎实的理论基础和科学的研究方法进行深入分析和研判，为党和政府的决策提供强有力支撑。

第三章 党的新闻舆论工作

党的新闻舆论工作是党的一项重要工作。新闻舆论处在意识形态领域前沿，同人民群众的思想、工作和生活联系密切，对社会舆论和社会生活产生广泛而深刻的影响。做好新闻舆论工作，要适应国内外形势发展，坚持党的领导，坚持正确政治方向，坚持以人民为中心的工作导向，尊重新闻传播规律，创新方法手段，切实提高党的新闻舆论传播力、引导力、影响力、公信力，更好地强信心、聚民心、暖人心、筑同心，为夺取全面建设社会主义现代化国家新胜利、实现中华民族伟大复兴的中国梦提供强有力的舆论支持。

第一节 新闻舆论工作的地位作用和职责使命

一、新闻舆论工作的地位作用

2016 年 2 月 19 日，习近平总书记在党的新闻舆论工作座谈会上强调："党的新闻舆论工作是党的一项重要工作，是治国理政、定国安邦的大事；做好党的新闻舆论工作，事关旗帜和道路，事关贯彻落实党的理论和路线方针政策，事关顺利推进党和国家各项事业，事关全党全国各族人民凝聚力和向心力，事关党和国家前途命运。"

这"一项重要工作""一件大事""五个事关",深刻阐明了新闻舆论工作在党和国家工作全局中的重要地位,在党和人民事业发展中不可替代的重大作用,把我们党对新闻舆论工作重要性的认识提升到了一个新的高度。

舆论历来是影响社会发展的重要力量。新闻舆论作为一种宣传、教育、动员人民群众的特殊形式,具有强大的社会动员能力和引导能力。马克思曾形象地把报刊比作社会舆论的流通"纸币","经常而深刻地影响舆论"。随着信息技术日新月异,我国传媒形态极大丰富,新闻舆论的力量与日俱增,因而,做好新闻舆论工作的重要性更加凸显。

重视新闻舆论工作,是我们党的优良传统。在烽火连天的革命岁月,在热火朝天的建设年代,在波澜壮阔的改革时期,党的新闻舆论工作都形成了"唤起工农千百万,同心干"的强大力量。党的十八大以来,习近平总书记着眼党和国家事业长远发展,对加强和改进党的新闻舆论工作作出一系列重大决策,提出一系列富有创见的新思想新观点新论断,深刻回答了一系列事关新闻事业长远发展的根本性、战略性、全局性重大问题,为做好新闻舆论工作指明了前进方向、提供了根本遵循。新闻战线深入宣传贯彻党中央决策部署和工作要求,全面反映统筹推进"五位一体"总体布局和协调推进"四个全面"战略布局的进展成效,深入宣传广大干部群众团结奋斗的精神风貌,有力激发了全党全国各族人民团结奋斗的信心和力量。现在,我们党正团结带领全国人民为全面建设社会主义现代化国家而努力奋斗。伟大事业需要凝聚伟大力量。引领正确方向、记录时代风云、汇聚奋进力量,新闻舆论工作可谓使命重大、责无旁贷。

二、新闻舆论工作的职责使命

习近平总书记指出："在新的时代条件下，党的新闻舆论工作的职责和使命是，高举旗帜、引领导向，围绕中心、服务大局，团结人民、鼓舞士气，成风化人、凝心聚力，澄清谬误、明辨是非，联接中外、沟通世界。"这六个方面、48字，对党的新闻舆论工作职责使命作出了最集中最鲜明的概括，体现了时代和形势发展对新闻舆论工作提出的新要求，指明了新时代新闻舆论工作的努力方向。

高举旗帜、引领导向，就是要坚持马克思主义指导地位，高举中国特色社会主义伟大旗帜，以正确的舆论引导人，做到"四个有利于"，即：所有工作都要有利于坚持中国共产党领导和我国社会主义制度，有利于推动改革发展，有利于增进全国各族人民团结，有利于维护社会和谐稳定。

围绕中心、服务大局，就是要认真贯彻党中央决策部署，紧紧围绕经济建设这个中心，自觉服从服务于党和国家工作大局，坚持在大局下思考、在大局下行动，把握好新闻舆论工作的导向、基调和重点任务，更好地为中心任务助力、为全局工作添彩。

团结人民、鼓舞士气，就是要坚持团结稳定鼓劲、正面宣传为主，坚持以人民为中心的工作导向，弘扬主旋律、传播正能量，激发全党全社会团结奋进、攻坚克难的精气神，调动各方面积极性、主动性、创造性。

成风化人、凝心聚力，就是要积极培育和践行社会主义核心价值观，扬社会之善、褒正气之举、鞭丑恶之行，教育人、感化人、影响人，推动形成良好党风政风民风家风，汇聚起向上向善、改革发展的强大力量。

　　澄清谬误、明辨是非，就是要旗帜鲜明、传播真理，析事明理、激浊扬清，敢于直面问题，敢于触及矛盾，敢于交锋亮剑，用真理的力量说服人，用生动的事实教育人，更好地统一思想、扩大共识。

　　联接中外、沟通世界，就是要坚持国家站位、全球视野，讲好中国故事，传播好中国声音，阐释好中国特色，增强国际话语权，向世界展现真实、立体、全面的中国。

　　"48 字"职责使命，涵盖了党的新闻舆论工作方方面面，体现了思想性、理论性和实践性、指导性的统一，体现了继承传统与开拓新的统一，是相辅相成、相得益彰的有机整体。

第二节　新闻舆论工作的方针原则

　　做好新闻舆论工作，必须坚持长期以来形成的一系列重要方针和原则。这些方针原则是党的新闻舆论工作经验的宝贵总结，是做好新闻舆论工作的根本保证。

　　1. 牢牢坚持党性原则。党性原则是党的新闻舆论工作的根本原则。坚持党性原则，必须增强"四个意识"、坚定"四个自信"、做到"两个维护"，坚定自觉地在思想上政治上行动上同以习近平同志为核心的党中央保持高度一致，坚决维护党中央权威、维护党的团结。坚持党性原则，最根本的是坚持党对新闻舆论工作的领导。党和政府主管主办的媒体是党和政府的宣传阵地，必须姓党，必须牢牢抓在党的手里。无论时代如何发展、媒体格局如何变化，党管媒体的原则和制度决不能变。坚持党性原则，必须坚持党性和人民性相统一，牢固树立以人民为中心的工作导向，把体现党的主张和反映人民心声统一起来，不断巩固党的群众基础和执政基础。

2. 牢牢坚持马克思主义新闻观。新闻观是新闻舆论工作的灵魂。马克思主义新闻观是马克思主义世界观、人生观、价值观在新闻传播领域的具体体现，是马克思主义对于新闻现象和新闻传播活动的规律性认识。党的新闻舆论工作必须挺起精神脊梁。要深入开展马克思主义新闻观教育，把马克思主义新闻观作为新闻舆论工作的"定盘星"，引导广大新闻工作者做党的政策主张的传播者、时代风云的记录者、社会进步的推动者、公平正义的守望者。坚持用马克思主义的立场观点方法认识问题、分析问题、反映问题，认清西方所谓"新闻自由"的本质，自觉抵制西方新闻观等错误观点的影响。

3. 牢牢坚持正确舆论导向。任何新闻报道都有导向，报什么、不报什么、怎么报，都体现着立场、观点、态度。舆论导向正确，就能凝聚人心、汇聚力量，推动事业发展；舆论导向错误，就会动摇人心、瓦解斗志，危害党和人民事业。党的新闻舆论工作要以传达正确的立场、观点、态度为己任，把"四个有利于"作为最重要、最根本的导向，贯穿新闻采集、撰写、编排、发布各个环节，落实到采写人员、编辑人员、审核人员、分发人员身上。完善坚持正确导向的舆论引导工作机制，构建网上网下一体、内宣外宣联动的主流舆论格局。无论是传统媒体还是新兴传播平台，都要坚持讲导向不含糊、抓导向不放松，一把尺子量到底，不能搞双重标准、形成"两个舆论场"。

4. 牢牢坚持正面宣传为主。团结稳定鼓劲、正面宣传为主，是党的新闻舆论工作必须遵循的基本方针。一方面，我国社会正面的事物是主流，消极负面的东西是支流。坚持正面宣传为主，才能正确把握主流和支流的关系，才能客观反映国家发展进步的面貌，反映社会健康向上的本质。另一方面，我们正在进行具有许多新的历史特点的伟大斗争，面临的挑战和困难前所未有，必须坚持正面宣传为主，激发全社会团结奋斗、攻坚克难的强大力量。坚持正面宣传为主，涉及怎样看待真实性这个重大问题。真实性是新闻的生命，事实是新闻的本源。要根据事实来描述事实，处理好个别真实和总体真实的关系，既准确报道个别事实，又从宏观上把握和反映事件或事物的全貌。

第三节　新闻舆论工作的主要内容

一、突出做好习近平新时代中国特色社会主义思想宣传

突出做好习近平新时代中国特色社会主义思想的宣传，是当前和今后新闻舆论工作的首要政治任务和重大政治使命。要全面深入宣传阐释习近平总书记重要思想，生动讲述习近平总书记心系人民、推进改革、惩治腐败、对外交往等各方面故事，坚持"贴着思想做、贴着新闻做、贴着受众做"，推动全党全社会增强政治认同、思想认同、理论认同、情感认同。

1. 贴着思想做。紧紧围绕习近平新时代中国特色社会主义思想的精髓要义和丰富内涵，紧紧围绕人们的深层次思想认识问题和不同群体关心关切，持续推出系列重点理论评论文章和系列专题报道，

充分体现政治高度、理论深度、思想温度，引导广大干部群众更好地学懂、弄通、做实。充分发挥各级各类媒体特色和优势，同向发力、协同联动，形成全方位、多层次、多声部宣传党的创新理论的传播矩阵。

2. 贴着新闻做。紧密结合重大活动和重要节点，及时深入宣传阐释习近平总书记重要讲话精神、重要指示批示精神，生动讲述习近平总书记在重要会议、考察调研、外事外交等活动中的精彩细节和感人故事。

3. 贴着受众做。针对社会关注点兴奋点，把握人民群众的视角和心理，通过可视化呈现、艺术化表达、全媒化传播等方式，运用介入式、嵌入式宣传等手段，把透彻的思想讲透彻，把鲜活的理论讲鲜活，增强宣传阐释的吸引力感染力。强化精品意识，坚持质量第一、效果第一，全力打造一批精彩生动、传播广泛的重头文章和"现象级"精品，不断提升宣传报道到达率。

二、及时准确做好形势政策宣传

做好形势政策宣传，有利于引导广大干部群众把思想统一到中央对形势的分析判断上来，把力量凝聚到贯彻落实中央各项决策部署上来。

1. 及时全面准确。及时、全面、准确阐释中央重大方针政策，科学分析判断世情、国情、党情、民情，做到理论与实践、宏观与微观、历史与现实的结合，引导人们形成正确认识。如实展示发展成果，客观反映发展中存在的问题，准确体现发展趋势，使宣传报道更好符合人的切身感受。涉及国计民生的重要政策，要与有关主管部门沟通核实，确保解读权威、准确、到位。

2. 体现专业水准。深入学习掌握中央决策部署和重大政策举措，全面理解政策出台的背景和主要精神，准确运用相关专业理论、数据进行解析和报道，努力揭示经济社会发展的内在逻辑和规律。准确使用术语、概念，不说外行话。

3. 力求通俗易懂。善于从小角度切入，将报道题材具象化、生活化、故事化，找准政策措施与群众利益、百姓关注的结合点，深入浅出地把政策讲清楚、把道理讲明白、把疑点讲透彻。根据受众关切和接受习惯创新话语表达，多用具体事例、典型个案、翔实数据讲述，多用群众喜闻乐见的形式说话，把文件报告转化为通俗语言。

三、精心组织重大主题宣传

重大主题宣传是围绕党和国家的重大战略思想、重要决策部署，分专题分领域开展的集中深入的宣传报道，时间长、容量大，有声势、有规模，是壮大主流舆论的重要方式。

1. 加强宣传策划。重大主题宣传持续时间长、涵盖面广，做好宣传策划至为关键。要增强策划意识，把策划工作做在前面、贯穿始终，既有整体规划布局，也有阶段性设计和专题策划。紧扣宣传主题和舆论关注点，精心设计报道重点、主打选题和互动话题，形成渐次推进、精彩纷呈、高潮迭起的宣传态势。

2. 务求鲜活平实。贴近火热生活，走进群众心坎，深入挖掘基层创新实践，充分报道群众身边事例，以小故事诠释大主题，以小切口反映大时代，拉近宣传报道与人民群众的距离。坚持实事求是、客观准确，大大方方讲成绩，从容坦诚讲不足，不说过头话，不人为拔高，增强宣传报道说服力。

3. 强化统筹协同。统筹对内对外和网上网下宣传，综合运用各种宣传资源和传播平台，进行多媒体报道、多样化展示、多终端推送，形成规模声势和聚合效应。充分发挥各类媒体特色和优势，针对不同目标人群提供新闻产品，丰富宣传层次和报道视角，实现分众化差异化传播。

四、深入做好典型宣传

做好典型宣传，发挥榜样力量，对弘扬社会良好风尚、培育和践行社会主义核心价值观具有重要作用。

1. 体现时代精神。先进典型是一个时代的精神标杆。宣传先进典型，要通过寻访他们的工作、生活轨迹，撷取其在时代发展大潮中的奋斗历程，从新时代的先进典型身上见信仰信念、见人格风骨、见家国情怀，更好地弘扬民族精神和时代精神。

2. 丰满典型形象。人物形象越丰满立体，先进典型越有生命力影响力。要带着深厚感情采访报道典型，深入挖掘先进典型的动人故事和感人细节，生动塑造有血有肉的个体和群体形象，把先进人物写活，把先进事迹写实，把先进经验写透，让典型报道满含真挚情感、洋溢生活气息。对先进典型要准确评价，事迹不编造、经验不作假、思想不拔高，经得起时间和实践检验。

3. 注重面向基层。基层典型具备可亲可信可学特点，更容易引发共鸣。要真正深入一线、深入群众，体察百姓生活，将笔端和镜头对准基层，讲述普通劳动者爱岗敬业、恪尽职守的感人故事，讴歌一线先进人物实干奋斗、甘于奉献的优秀品质，真实记录当代中国人的时代群像，生动展示当代中国人的精神面貌。

五、稳妥做好热点引导

热点易发多发是当前舆论环境的一个显著特征，开展热点引导已经成为一项常态化工作。要深入研究移动互联时代舆论的生成、演变规律，对社会舆情和心理变化保持高度敏感，把握正确政治方向和舆论导向，讲求引导艺术，提高引导能力，积极引导、正确引导、有效引导，切实画好同心圆、掌握主导权。

1. 保持舆情敏感。经济增速、物价走势、股市债市楼市等经济热点，就业就学、社会保障、生态环保等民生热点，国企改革、教改医改、司法体制改革等改革热点，与广大群众切身利益密切相关，很容易牵动社会神经。要完善舆情收集体系，加强对境内境外、网上网下舆情的实时监测，及时掌握热点舆情动向和社会心理变化，做到耳聪目明、心中有数。加强舆情分析研判，建立健全舆情会商机制，搞清楚热点舆情影响范围、发酵路径和发展趋势，有针对性地开展引导处置。

2. 积极主动引导。高度重视议题设置，把党和政府想说的、媒体关注的、公众关心的话题有机结合起来，精准有效引导社会舆论。针对社会关切和群众疑惑，及时发布权威信息，全面准确做好解读，讲清楚党委和政府采取的政策措施，讲清楚群众利益诉求和工作进展，既阐明"怎么看"又回答"怎么办"，解疑释惑、疏导情绪。多请主管部门、权威专家出来说话，加强与受众的交流互动，引导人们看本质、看趋势、看主流，在多样中谋共识、在多元中立主导。

3. 完善工作机制。现实是第一性的，舆论是第二性的，经济社会热点反映的是现实存在的矛盾问题和各方的利益诉求。舆论引导工作必须同实际工作结合起来，既"做好"又"说好"。健全党委政府统一领导、实际工作部门分工负责、宣传部门组织协调、新闻媒体积极参与、社会各方协调配合的舆论引导体系，确保实际工作和舆论引导有机衔接、协同推进。

六、积极做好突发公共事件新闻报道和舆论引导

做好突发公共事件新闻报道，是关系人心安定、社会稳定的一项重要工作。要坚持"及时准确、公开透明、有序开放、有效管理、正确引导"方针，健全重大舆情和突发公共事件舆论引导机制，不断提高对突发热点舆情的发现力、研判力和处置力，正确引领舆论走向，维护社会和谐稳定。

1. 加强舆情监测预警。及时全面掌握舆情信息，是做好新闻报道和舆论引导工作的前提。现在社会舆论纷繁复杂，舆情走势瞬息变化，更需要增强舆情意识，把舆情作为谋划工作的"第一信号"，建立健全舆情监测预警体系，增强工作的预见性、有效性。

2. 强化权威信息发布。信息发布是突发公共事件引导处置的核心环节。信息发布关键是突出一个"快"字，第一时间发出权威声音，先声夺人、首发定调。同时，根据事件处置进展，持续跟进信息发布，充分展示党委和政府的态度，及时反映事件处置的措施和进展，做到"快讲事实、重讲态度、慎讲原因、多讲措施"，防止出现"信息真空"导致舆情发酵升级。国务院办公厅印发的《〈关于全面推进政务公开工作的意见〉实施细则》明确规定：对涉及特别重

大、重大突发事件的政务舆情，要快速反应，最迟在 5 小时内发布权威信息，在 24 小时内举行新闻发布会。通过提供新闻稿、召开新闻发布会或吹风会、组织现场采访活动、接受媒体采访、组织专家解读、用好官方各类信息平台等多种方式，及时、充分、权威发布相关信息。

3. 做好媒体服务管理。按照"总量控制、持证进入、划区采访、依法管理"的原则，提供及时充分的权威信息和必要的交通、通信等服务保障，根据实际情况设立应急新闻中心，把服务与管理有机结合起来，寓管理于服务之中。除涉及国家安全、国家秘密等特殊情况外，负责事件处置的地方和部门应当允许媒体记者按照有关规定和程序进入现场采访。

4. 提高应急处置能力。建立健全突发公共事件应急新闻协调机制，统筹协调信息发布、新闻报道和舆论引导工作，指导推动涉事地方和部门单位妥善处理问题，及时发布信息，制定完善应急舆论引导工作预案，使各项工作有章可循、有据可依。加强应急新闻业务培训，通过专家授课、交流研讨、模拟演练等多种方式，提高领导干部和新闻从业人员的应急新闻工作水平。

七、正确开展舆论监督

舆论监督是社会主义民主的重要形式，是健全党和国家监督制度的重要内容。做好舆论监督工作是社会发展的要求、人民群众的愿望、党和政府改进工作的手段，也是新闻舆论工作者的重要职责。要完善舆论监督制度，加强和改进舆论监督，坚持科学监督、依法监督、建设性监督，更好地为党和国家工作大局服务、为人民群众服务。

科学监督，就是要服务大局、科学选题，抓住群众关注、党和政府重视、有普遍意义的问题开展监督，把握好时度效，做到真实、准确、可靠，防止以偏概全、炒作渲染、片面追求轰动效应。

依法监督，就是判断是非、评价事物要以宪法、法律法规和有关政策为标准，尊重公民、法人及其他组织的合法权益，遵守宣传纪律，通过合法途径和正当方式获取新闻素材，做到内容合法、手段合法、程序合法。不得采取非法和不道德的手段进行采访报道，不得干扰和妨碍司法机关依法独立办案，不得借舆论监督搞新闻敲诈、牟取不正当利益。

建设性监督，就是着眼于解决问题、推动工作，实现舆论监督揭露问题、部门地方正面回应、采取措施解决问题的良性循环，真正起到扶正祛邪、激浊扬清的作用。

各级领导干部应当正确看待舆论监督，支持媒体开展正常的舆论监督，善于借助舆论监督推动解决人民群众最关心、最直接、最现实的利益问题，密切党和政府同人民群众的血肉联系。

八、坚决开展舆论斗争

当前，国际国内形势复杂多变，舆论场杂音噪音不时出现，要发扬斗争精神，提高斗争本领，旗帜鲜明反对和抵制各种错误思想观点。精准有效发力，围绕我立场主张和社会关切，针对各种谬论和攻击抹黑，主动设置议题，精准引导，有力批驳。加强权威引领，用好主流媒体权威性、公信力优势，加强权威信息发布和解读，发挥其"风向标""定音鼓"作用。加强统筹协调，全面立体发声，用好媒体、专家智库、社会知名人士等多元发声主体，用好各类媒体传播平台，打造多点多渠道的发声矩阵。讲究策略，体现专业理性，既有义正词严的发声"亮剑"，又有深入细致的引导辨析，更好地凝聚民心民气，占领道义制高点，赢得舆论主动权。

九、做好涉港澳台舆论工作

做好涉港澳台舆论工作，要准确把握坚持"一国两制"和推进祖国统一的基本方略，着眼于推进香港、澳门"一国两制"实践行稳致远，推进两岸关系和平发展和祖国统一，主动适应新形势新变化，组织做好宣传报道，营造有利舆论氛围，增强港澳台同胞的国家认同、民族认同、情感认同、文化认同，维护国家主权、安全、发展利益。

第四节   新闻舆论工作的基本方法

一、把握好时度效

时度效是检验新闻舆论工作水平的标尺。无论是主题宣传、典型宣传、成就宣传，还是突发公共事件报道、热点引导、舆论监督，都要从时度效着力、体现时度效要求。

1.掌握时机节奏。准确把握新闻报道的最佳时机，有效回应公众关切，实现最佳报道效应。传播学中有个"首发效应"，即首发信息会对受众造成"第一印象"，再要改变过来就很难。新闻媒体要在真实准确的前提下，第一时间介入并发布权威信息，特别是在新媒体海量传播的条件下，失去时效就会陷入被动。此外，什么问题立即报道、什么问题看看后续进展再报道，以什么名义、什么方式报道，都要精心谋划、谋定而后动。

2. 把握分寸力度。新闻报道该突出的要突出，该有力度的要有力度，但不能为取悦受众而"失向"、因盲目介入而"失准"、为吸引眼球而"失真"、因过分渲染而"失范"、为刻意迎合而"失态"。要因事制宜、因时制宜，精准研判、精准发力，恰如其分掌握舆论引导的密度和尺度。什么问题适宜在什么范围内报道，什么问题强化报道、什么问题淡化报道，都要认真研究，掌握火候。

3. 讲求实际效果。抓住涉及治国理政的战略问题、广大群众关注的现实问题、国内外发生的热点问题，找准思想认识共同点、情感交流共鸣点、利益关系交汇点、化解矛盾切入点，不断提高工作实效。讲求艺术、改进方法，注重联系实际阐释理论、围绕关切解读政策、针对问题解疑释惑，增强说服力、亲和力、感染力。

二、增强工作针对性

当前，舆论环境、媒体格局、传播方式发生深刻变化，赢得新闻舆论主动权，必须根据形势发展需要，增强工作针对性。

1. 适应分众化、差异化传播趋势。新技术新应用新业态持续涌现，推动新闻生产方式、传播渠道、呈现形态等不断更新，"人找信息"逐渐变为"信息找人"。同时，受众信息需求日趋多样，参与意识日渐增强，思想观念愈发多元。在此情况下，传播关系从"一对众"转向以互动分享为主要特征的分众化、差异化传播。要积极适应这一趋势，结合自身特色，将有价值的思想、观念、内容，通过生动的形式、多样的手段表达出来，形成全方位、多层次、多声部的主流舆论矩阵，加快构建舆论引导新格局。

2. 增强宣传报道吸引力和感染力。舆论宣传应当用心用情，让群众爱听爱看，不能搞假大空、喊口号，不能套用一个模式。要深入研究正面宣传和舆论引导规律，创新报道角度和手段，用事实、数据、典型说话，以小见大、由点及面、以事喻理。善于把思想理论、政策论述、文件语言转换为新闻表达，多用群众的鲜活语言、基层的生动实践、百姓的切身感受来表现、诠释重大主题，使报道更加贴近实际、直抵人心。

3. 提高议题设置能力和水平。舆论议题有的是自然产生的，有的是人为设置的。引导社会舆论，关键在于设置议题。要主动设置议题，让该热的热起来，该冷的冷下去，该说的说到位。提高议题设置能力和水平，既要紧扣新闻事实，善于挖掘事实，也要善于提出概念、形成标识；既要面向普通人群，也要影响"关键少数"。要接地气、讲实效，通过准确事实、正确道理和耳目一新、引人入胜的表达激发受众兴趣，取得理想传播效果。

三、坚持改革创新

改革创新是新闻舆论工作保持旺盛生机的不竭动力，应从理念内容、方法手段、体制机制等方面进行全方位创新。

1. 创新理念。一切创新的基础与前提在于理念和观念创新。要解放思想，打破传统思维定式，以思想认识新飞跃打开工作新局面。树立融合意识、用户意识、竞争意识，把握好市场运作规律，把握好不同用户的需求特点，创造更好的阅读和观赏体验，在市场竞争中增强整体实力。增强品牌意识，打造核心传媒品牌，增强行业竞争力，不断提升品牌的公信力和忠诚度，提升主流媒体话语权、主动权。

2. 创新内容。内容创新是根本，是媒体的核心竞争力。当前，受众对内容的需求发生巨大变化，要推进内容创新，着力于内容生产供给侧结构性改革，努力提升内容品质、丰富内容表达、拓展内容呈现，更加适应时代要求、更加契合受众需求。适应互联网传播特点和新媒体发展规律，多设计融思想性、艺术性于一体的好栏目，多创办脍炙人口、寓教于乐的好节目，多推出有思想、有温度、有品质的好作品，不断增强宣传报道的吸引力、感染力。

3. 创新方法手段。将新技术新应用充分运用到新闻信息采集、生产、传播、呈现、反馈当中，占领信息传播制高点。善于以做广告的创意、拍电影的手法、搞营销的理念开展新闻报道，打造更多群众喜爱、刷屏热传的"现象级"产品，运用主流价值驾驭的"算法推荐"精准触达用户。

4. 创新体制机制。顺应全媒体时代要求，破除妨碍媒体发展的思想观念和体制机制弊端，构建系统完备、科学规范、运行有效的制度体系。整合各类资源，调整生产流程，理顺各种关系，构建采编管理新模式，提高媒体适应市场需求的能力。深化媒体人事管理制度改革，完善人才培养、激励、保障机制，提高新闻工作者的积极性主动性创造性，激发媒体生机与活力。

四、提高同媒体打交道的能力

新闻媒体是党和政府联系人民群众的纽带和桥梁，是重要的执政资源。运用媒体宣传真理、动员群众、传播经验、指导工作，应成为领导干部的一项基本功。

尊重规律，提高素养。新闻舆论工作专业性强，新闻媒体运行、新闻生产传播有其客观规律。领导干部同新闻媒体打交道，首先要知媒体、懂媒体，了解互联网、新媒体，掌握媒体工作特点，提高媒介素养。

善待媒体，善用媒体。尊重新闻媒体的采访报道权，支持和保障媒体正常的采访活动。主动与新闻媒体建立良性互动关系，善于运用媒体宣讲政策主张、了解社情民意、发现矛盾问题、引导社会情绪、动员人民群众、推动实际工作。在重要政策出台、重点工作推进、重大事件发生时，领导干部要带头接受媒体采访，做好"第一新闻发言人"，承担起信息发布者、权威定调者、自觉把关者的"第一责任人"角色。

第五节　融媒体发展历程

一、媒体融合发展的时代背景

当前，一场前所未有的信息革命推动整个世界进入信息化社会和全媒体时代，出现了全程媒体、全息媒体、全员媒体、全效媒体，信息无处不在、无所不及、无人不用，舆论生态、媒体格局、传播方式发生深刻变化，给意识形态工作和新闻舆论工作带来全方位、深层次影响。

推动媒体融合发展是应对全媒体时代机遇挑战、实现新闻媒体新旧动能转换的迫切需要。互联网是新闻信息传播的重要平台，对传统媒体的优势地位形成持续、重大冲击。主流媒体要转变思想观念，强化互联网思维，加快融合步伐，坚持"正能量是总要求、管得住是硬道理、用得好是真本事"的方针，积极进行自我革命，壮大自身实力，着力打造一批具有影响力、竞争力的新型主流媒体。

推动媒体融合发展是应对日益复杂严峻的网络意识形态斗争形势，牢牢掌握思想领域主动权、主导权的重大举措。当前，网络舆论生态日益复杂，网上各种力量交织，杂音噪音不断。西方敌对势力把意识形态渗透的重点转向互联网，千方百计通过网络对我加紧实施"西化""分化"战略，同我争夺群众、争夺人心。推动媒体融合发展，用主流声音引领网络舆论，牢牢掌握思想领域主动权、主导权，是确保意识形态安全的重要措施。

推动媒体融合发展是夯实党执政的社会基础、群众基础，使互联网这个最大变量变成事业发展最大增量的战略抉择。新闻舆论工作是做引导人的工作的，人在哪儿重点就应该在哪儿，新闻舆论阵地就应该在哪儿。互联网已成为重要的宣传思想文化阵地和做好群众工作的载体。推动媒体融合发展，对于加强党的执政能力建设，推进国家治理体系和治理能力现代化，确保国家政治安全、文化安全、意识形态安全具有重要战略意义。

二、媒体融合发展的基本历程

党的十八大以来，以习近平同志为核心的党中央深刻把握时代发展大势和媒体发展规律，作出了推动传统媒体和新兴媒体融合发展的战略部署。经过几年不懈努力，媒体融合发展探索有力、推进有序，正在从相"加"阶段向相"融"阶段跨越。

酝酿出台。2013 年 8 月，习近平总书记在全国宣传思想工作会议上强调，要适应社会信息化持续推进的新情况，加快传统媒体和新兴媒体融合发展，充分运用新技术新应用创新媒体传播方式，占领信息传播制高点。2013 年 11 月，党的十八届三中全会提出，要整合新闻媒体资源，推动传统媒体和新兴媒体融合发展。2014 年 4 月，中央宣传部推动媒体融合发展座谈会在北京召开，强调要着眼巩固宣传思想文化阵地、壮大主流思想舆论，积极推动媒体融合发展。2014 年 8 月，习近平总书记主持召开中央全面深化改革领导小组第四次会议，审议通过了《关于推动传统媒体和新兴媒体融合发展的指导意见》。

全面推进。2016 年 2 月，习近平总书记主持召开党的新闻舆论工作座谈会，强调融合发展关键在融为一体、合而为一，着力打造一批新型主流媒体。2017 年 1 月，中央宣传部推进媒体深度融合工作座谈会在北京召开，强调要重点突破采编发流程再造，推动形成以中央媒体为引领、省级媒体为骨干的融合传播布局。2018 年 8 月，习近平总书记在全国宣传思想工作会议上提出，要扎实抓好县级融媒体中心建设，更好地引导群众、服务群众。9 月，中央宣传部在上海召开媒体深度融合现场推进会，在浙江长兴召开县级融媒体中心建设现场推进会。11 月，中央全面深化改革委员会第五次会议审议通过《关于加强县级融媒体中心建设的意见》。2019 年 1 月 1 日，中央宣传部主管主办的"学习强国"学习平台正式上线，这是推进融媒体平台建设的重要标志性举措。

纵深发展。2019 年 1 月，习近平总书记在十九届中央政治局第十二次集体学习时强调，要运用信息革命成果，推动媒体融合向纵深发展，做大做强主流舆论。2019 年 10 月，党的十九届四中全会通过的《中共中央关于坚持和完善中国特色社会主义制度、推进国家治理体系和治理能力现代化若干重大问题的决定》提出，建立以内容建设为根本、先进技术为支撑、创新管理为保障的全媒体传播体系。2020 年 6 月，习近平总书记主持召开中央全面深化改革委员会第十四次会议，审议通过《关于加快推进媒体深度融合发展的指导意见》。9 月，中办、国办印发《关于加快推进媒体深度融合发展的意见》，提出推动媒体融合向纵深发展，打造一批具有强大影响力和竞争力的新型主流媒体，构建全媒体传播体系。10 月，党的十九届五中全会通过的《中共中央关于制定国民经济和社会发展第十四个五年规划和二〇三五年远景目标的建议》提出，推进媒体深度融合，实施全媒体传播工程，做强新型主流媒体，建强用好县级融媒体中心。此外，2019 年 1 月，中央宣传部和国家广电总局联合发布《县级融媒体中心建设规范》，对县级融媒体中心建设作出全面部署。2 月，中央宣传部在京召开媒体深度融合工作推进会，强调要深入贯彻落实习近平总书记关于推动媒体融合发展、做大做强主流舆论的重要论述，推进媒体融合向纵深发展。

三、媒体融合发展的原则方向

对于主流新闻媒体，习近平总书记要求推动媒体融合向纵深推进。他强调，"正能量是总要求，管得住是硬道理，用得好是真本事"。这是推动媒体融合向纵深发展的大方向、总原则，必须深刻理解、牢牢把握、全面落实。

1. 坚持正确方向。坚持党性原则，把党管宣传、党管意识形态、党管媒体贯彻始终，管建同步、管建并举，确保媒体融合发展沿着正确方向推进。坚持公益属性，坚守社会责任，坚持把社会效益放在首位、社会效益和经济效益相统一。

2. 坚持一体发展。通过流程优化、平台再造，实现各种媒介资源、生产要素有效整合，实现信息内容、技术应用、平台终端、人才队伍、管理手段共融互通，催化融合质变，放大一体效能，使传统媒体和新兴媒体迭代发展、优势互补，充分发挥媒体融合整体优势。

3. 坚持移动优先。把握移动化趋势，坚持移动优先策略，充分利用移动传播技术，打造与主流媒体品格和气质相一致的精品内容。建设好自己的移动传播平台，管好用好商业化、社会化的互联网平台，让主流媒体牢牢占据舆论引导、思想引领、文化传承、服务人民的传播制高点。

4. 坚持科学布局。鼓励各地区和各级各类媒体立足实际，大胆探索媒体融合发展模式和路径，在信息内容、技术应用、平台终端等方面做出特色、体现优势。优化调整媒体布局，逐步解决功能重复、内容同质、力量分散问题，推动媒体集约化、差异化、高效率发展。

5. 坚持改革创新。全面把握媒体融合发展趋势和规律，突出问题导向，发扬"敢为人先、敢啃硬骨头"的精神，强化理念观念、内容技术、体制机制、管理方式创新，以深化改革推进深度融合，进一步激发媒体活力，释放新闻生产力。

四、媒体融合发展的重点工作

1. 加快主力军进入主战场步伐。紧跟时代发展要求和技术发展趋势，把更多优质内容、先进技术、专业人才、项目资金等向互联网主阵地汇集，向移动端倾斜。打造自主可控、传播力强的新型传播平台，丰富政务、民生信息和服务功能，提升主流媒体的内容生产能力、信息聚合能力和技术引领能力。积极占领新兴传播阵地，处理好主流媒体与商业传播平台的关系。

2. 走好全媒体时代群众路线。坚持以人民为中心的工作导向，深刻认识新闻舆论工作本质上是群众工作，始终坚持一切为了群众、一切依靠群众，从群众中来、到群众中去，把党的优良传统和新技术新手段结合起来，持之以恒"走基层、转作风、改文风"，大兴"开门办报"之风，生动记录群众生产生活，及时报道基层创造的鲜活经验，反映百姓所思所想所盼，有效回应群众关心关切，充分发挥全媒体时代党和政府联系群众的桥梁纽带作用。

3. 用好信息革命成果。突出先进技术的引领作用，紧盯前沿、瞄准趋势，加强 5G、大数据、云计算、人工智能、物联网以及 VR、AR、MR、短视频等技术在新闻传播领域的研究与应用，依靠先进技术重塑采编流程、完善平台终端、提升管理水平、优化内容生产、丰富传播形式，为主流价值传播插上先进技术的翅膀。

4. 加快内容领域供给侧结构性改革。保持内容定力，发挥内容优势，增强对象意识，不断加大优质内容供给。坚持思想领先、精品主导原则，广泛吸引用户参与新闻信息生产传播，力求以精准、高效的传播手段将优质内容准确、及时送达用户。

5. 深化媒体融合的体制机制改革。重构采编流程，建立全媒体指挥调度、协同联动、融通共享的采编机制，优化全媒体内容管理、传播效果监测反馈系统。围绕全媒体生产传播，改革组织机构、优化人员配备，建好用好融媒体中心，整合采编力量，强化技术研发、产品设计、数据分析、品牌推广等支撑能力。发挥市场机制作用，主动参与市场竞争，规范与社会力量的技术、经营合作，创新融资政策和途径，不断增强主流媒体市场竞争能力。

6. 建立全媒体人才队伍。优化人才引进政策，发挥资源、平台、品牌优势。加强人才队伍培养，着重培养"一专多能"全媒人才。完善人才队伍结构，围绕采编播管、技术研发、产品运营合理配置人才资源，并通过各项人事制度改革措施，施以更加合理的绩效考核机制，不断激发人才队伍积极性、主动性、创造力。

7. 加大政策支持保障力度。各级管理部门要坚持一手抓发展、一手抓管理，发挥监督执法职责，健全管理方法手段，提高科学管理水平，规范网络传播秩序，保护新闻作品版权，确保媒体融合发展方向正确、依法依规。各级党委和政府要发挥财政资金引导带动作用，统筹各类专项资金、基金支持重点融合项目建设。各级有关职能部门要积极配合，在涉及媒体融合发展关键环节、关键领域给予强有力的政策支持。

五、媒体融合发展的结构布局

推动媒体融合发展，必须统筹处理好传统媒体和新兴媒体、中央媒体和地方媒体、主流媒体和商业平台、大众化媒体和专业性媒体的关系，不搞"一刀切""一个样"，着力形成"资源集约、结构合理、差异发展、协同高效"的全媒体传播体系。

有基础、有实力的中央媒体要加快媒体融合国家重点实验室规划建设，实现关键核心技术创新突破，打造有影响力的自主传播平台，尽快建成新型主流媒体"航母"和"旗舰"。其他中央媒体和行业类媒体要找准自身定位，发挥资源优势，不断深化改革，增强内生动力、激发创业活力，立足本领域本行业精耕细作，努力扩大品牌覆盖面和影响力。省级、地市级媒体要在媒体融合发展的时代背景下谋划工作，重点建设省级技术平台和区域性传播平台，打造各具特色的新媒体品牌，大力推进"新闻＋政务服务商务"，做强文化产业，更好服务地方党委和政府中心工作、满足本地群众信息需求。

加强县级融媒体中心建设是巩固拓展基层宣传文化阵地、夯实党的意识形态工作根基的重大举措。按照统一部署，2018年起，各地全面推进县级融媒体中心建设，到2020年年底基本实现在全国的全覆盖。县级融媒体中心要坚持正确政治方向、舆论导向、价值取向，整合县域内各类媒体资源、生产要素，实施移动优先战略，积极推动"媒体＋政务""媒体＋服务"，建设成为面向基层的主流舆论阵地、综合服务平台和社区信息枢纽。有条件的地方要结合实际，积极探索县级融媒体中心增强自我"造血"功能的路径、模式。

第六节　新闻舆论的宏观管理

一、加强新闻舆论宏观管理的重要意义

新闻舆论的宏观管理就是紧紧围绕新闻舆论工作职责使命，从党和国家工作大局、人民群众根本利益出发，遵循党的方针政策，依据国家法律法规，落实意识形态责任制，对新闻舆论工作进行组织、指导、协调和监督，积极支持和发展正确健康的舆论，坚决抵制和克服消极有害的舆论，确保主流舆论的主导地位。加强新闻舆

论宏观管理是完善坚持正确导向的舆论引导工作机制的重要体现，是坚持党管宣传、党管意识形态、党管媒体的重要方面，关系党对意识形态的影响力控制力，关系党的执政地位，关系党和国家事业的兴衰成败，对于做好新时代党的新闻舆论工作具有重要意义。

近年来，新闻事业迅猛发展，媒体数量不断增长，新闻传播形式日益多样，新闻从业人员结构日益复杂，舆论生态、媒体格局、传播方式发生深刻变化，对新闻舆论宏观管理提出更高的要求。加强新闻舆论宏观管理主要就是"立规矩、定制度、建机制、抓导向"，从而更好服务党和国家工作大局。

二、新闻舆论宏观管理的主要职责

全面落实意识形态工作责任制，将导向管理要求覆盖网上网下所有媒体空间和传播载体，建立完善新闻舆论工作责任机制、运行机制和应急机制，全面准确了解舆论态势，及时发现苗头性、倾向性问题并依法依规稳妥处置，做到"守土有责、守土负责、守土尽责"。

紧紧围绕党和政府中心工作，结合群众关注关切，组织开展主题宣传、形势宣传、政策宣传、成就宣传和典型宣传等，组织协调重要会议、重大活动宣传报道等，组织做好热点引导和突发公共事件应急新闻报道。

根据党中央关于新闻舆论工作的重大决策部署，深入各级各类新闻单位采编一线开展调查研究，全面掌握工作动态，就制约新闻事业发展的重大问题，研究制定有关法规条例、管理规范、工作意见等。

落实建设高素质专业化干部队伍要求，培养造就一支"政治坚定、业务精湛、作风优良、党和人民放心"的新闻舆论工作队伍，确保党的新闻舆论工作领导权牢牢掌握在忠于党和人民的人手里。

三、完善管理体系和制度

在党中央统一领导下，中央宣传部负责新闻舆论工作的宏观管理，统筹中央地方、网上网下、内宣外宣媒体管理。在中央宣传部的宏观指导下，中央网信办、国家广电总局根据职责分工，各司其职、各负其责。中央各部委、国家机关各部委党组（党委）根据"谁主管、谁主办、谁负责"的原则对本部门的新闻媒体进行指导和管理。各省、自治区、直辖市党委宣传部在党委领导下指导和管理本地区新闻舆论工作。

新闻出版单位实行主管主办制度。新闻出版单位与主管单位、主办单位之间是隶属关系，主管主办单位负责监督和推动所属新闻出版单位贯彻落实党的路线方针政策、遵守国家法律法规和党的宣传纪律，负责考核并任免所属新闻单位负责人，确定其经营管理国有资产的责任并监督其各项经营活动。各级党委宣传部门以及网信、广播电视等行政管理部门要切实履行属地管理、分级管理的职责，依法依规做好对本行政区域内各类新闻单位的监督管理。

四、健全管理方式和手段

1. 建立健全宣传管理制度。积极探索运用法律手段加强和改进新闻舆论宏观管理。坚持积极推进与稳妥把握相结合，使新闻舆论宏观管理进一步做到有法可依、有章可循，逐步走上法制化、规范化、制度化轨道。

2. 加强行政管理和社会管理。新闻出版、广播电视、网信等行政管理部门发挥各自作用，综合运用法律、经济、技术等手段，完善审批登记、准入退出、年检抽检等制度，加强传媒领域管理，加大执法检查力度。充分发挥社会监督作用，健全群众投诉、举报制度，延伸管理触角，完善管理网络。

3. 充分发挥记协行业组织作用。记协组织是党和政府联系新闻界的桥梁纽带，要增强记协组织的政治性、先进性和群众性，强化政治引领、开展行业自律、做好媒体服务、加强对外联络，维护新闻工作者合法权益，推动行业自律与依法管理、行政管理和社会监督有机结合，更好地团结引领广大新闻工作者。

4. 全面落实"两个所有"。把党管媒体原则贯彻到新媒体领域，所有从事新闻信息服务、具有媒体属性和舆论动员功能的传播平台都要纳入管理范围，对所有新闻信息服务和相关业务从业人员都要实行准入管理。实行严格的退出管理，建立全国联网的不良记录征信制度，对违纪违法人员依纪依法处置。

5. 全面实施新闻阅评制度。落实新闻阅评工作相关规定，各级宣传管理部门和各新闻单位建立完善新闻阅评工作制度，针对公开传播的新闻类文字、图像、音视频等，通过阅看、评析，肯定成绩、总结经验、发现问题、纠正差错。形成媒体自评、媒体之间互评、专门队伍重点评"三位一体"的工作体系，实现对传统媒体、新兴媒体和商业平台发布内容全覆盖，坚持正确舆论导向，推进守正创新和队伍建设。

五、规范新闻采编行为

1. 严格新闻从业人员准入管理。健全新闻从业人员资格准入制度，严格落实《新闻记者证管理办法》，推动符合条件的新闻网站采编人员逐步纳入新闻记者证制度统一管理，建立健全新闻单位和记者管理档案，依法依规及时处置违法违规记者和单位。完善新闻从业人员职业资格制度建设，持续加大新闻采编人员继续教育培训力度，不断提升持证记者的业务素质。

2. 规范新闻从业人员职务行为信息管理。按照《新闻从业人员职务行为信息管理办法》等有关法律法规，推动新闻单位落实主体责任，加强对新闻从业人员教育管理，确保新闻从业人员职务行为信息使用科学合理、规范有序，切实规范新闻传播秩序。

3. 切实加强稿件审核把关。新闻单位必须持之以恒抓好新闻报道的审核把关，坚持用"一个标准、一把尺子、一条底线"，统一管理各类媒体平台及其采编人员，切实执行编辑、部门负责人、总编辑三级审稿制度，坚持实地采访、现场采访、直接采访，建立新闻消息来源核实核准机制。坚持实施责任追究制度，对违规刊播新闻报道的，依法依规追究相关人员和单位责任。

4. 严格执行采编经营"两分开"。新闻单位要严格执行采编经营两分开的"制度红线"，防止经营活动影响和干预新闻报道，保持新闻采编活动的独立性。

5. 加大新闻界突出问题治理力度。保持打击新闻敲诈高压态势不放松，有效治理新媒体领域存在的虚假新闻，巩固拓展新闻单位驻地方机构清理整顿成果，严格落实主管主办和属地管理职责，综合运用年度核验、约谈提醒等手段强化日常监管，及时查办违法违规案例，加大向社会曝光力度。

第四章　出版工作

出版工作承担着传播真理、传承文明、引领风尚、教育人民、服务社会的重要责任。做好新时代出版工作，对于坚持马克思主义在意识形态领域指导地位，巩固壮大主流思想舆论，满足人民精神文化需求，增强人民精神力量，坚定文化自信，提高国家文化软实力和中华文化影响力，建设社会主义文化强国具有重要作用。

第一节　出版工作的性质和基本任务

一、出版工作的性质

出版工作是党的宣传思想文化工作的重要组成部分，是一项涉及政治、经济、科技、文化、教育等领域的综合性工作。

1. 出版工作具有鲜明的意识形态属性。出版物反映和传播意识形态，影响人们的理想信念、价值理念、道德观念，关系党和国家工作大局，关系社会政治稳定和文化安全。要在政治方向、出版导向、价值取向上立场坚定，充分体现党的意志、反映党的主张，坚持在大局下思考、在大局下行动，善于把政治原则、政治要求体现到出版工作之中。

2. 出版工作具有鲜明的文化属性。出版物是传承文化、传播知识、传递信息的重要载体，出版工作是不断提升国民整体科学文化素质和思想境界、增强精神力量的重要途径，是思想理论转化为社会实践的重要渠道。

3. 出版工作具有经济属性。出版业在文化产业中居于重要地位，绝大多数出版物作为商品在市场上流通，通过销售获得经济效益，支撑行业可持续发展。同时，出版业作为内容产业，对上下游产业以及许多相关产业具有重要的拉动作用。出版工作要遵循市场规律，通过市场发挥作用、体现社会价值。

出版工作的意识形态属性、文化属性、经济属性往往是同时具备的。因此，在制定政策规划、促进行业发展、加强宏观管理时，要通盘考虑，以保证出版业的健康发展。

二、出版工作的基本任务

1. 宣传科学理论，推动习近平新时代中国特色社会主义思想深入人心、落地生根。用习近平新时代中国特色社会主义思想武装全党、教育人民，是出版战线最重要的政治责任，也是必须坚持不懈抓好的重大任务。做到深入人心，就要加强理论读物出版，推动广大干部群众对这一科学理论从广泛认知到高度认同，再到融通内化；做到落地生根，就要坚持学思用贯通、知信行统一，增强理论读物的针对性实效性，推动这一科学理论转化为人们的自觉行动，转化为生动的社会实践。

2. 坚持立德树人，用社会主义核心价值观培根铸魂。充分发挥出版成风化人、滋养涵养的功能，以培养担当民族复兴大任的时代新人为着眼点，大力弘扬以爱国主义为核心的"民族精神"和以改革创新为核心的"时代精神"，筑牢信仰之基、补足精神之钙，不断提升人民思想觉悟、道德水准、文明素养和全社会文明程度，促进全体人民在理想信念、价值理念、道德观念上紧密团结在一起。要把社会主义核心价值观渗透到出版、创作、生产、传播各环节，内化为人们的精神追求，外化为人们的自觉行动。

3. 传播科学文化，为现代化建设提供强大精神动力和智力支持。出版工作是开启民智、传承文明的重要手段，要立足中国现实，植根中国大地，做科学文化精华的传播者和传承者，做科学文化创新的推动者和引导者。认真出版好有关科技、经济、教育、民主法治、思想道德建设和文化建设等各方面的出版物，不断提高全民族思想道德素质、科学文化素质，在全社会努力形成尊重文化、崇尚科学、鼓励创新、反对封建迷信和伪科学的良好氛围。

4. 满足阅读需求，促进人的全面发展。出版物是满足人民精神文化生活需要的重要产品。出版工作要顺应人民群众对精神文化生活的新期待，增强出版物的吸引力、感染力和影响力，努力出版内容积极向上、健康有益、人民群众喜闻乐见的出版物，保障人民文化权益，不断丰富人们的精神世界，提高人们的审美情趣，陶冶人们的道德情操。

5. 传播中国声音，提高中华文化国际话语权和影响力。出版"走出去"是讲好中国故事、展示国家形象、增强文化软实力的有效途径。要充分发挥出版优势特长，采用融通中外的概念、范畴、表述，讲好中国故事，展现真实、立体、全面的中国，把中国理念、中国精神、中国价值更好地推出去、传播开。

6.保护知识产权，维护文化安全。创新创造是出版的第一动力，要通过著作权法保护激励作品生产，促进作品的使用和传播，使其转化为现实生产力和文化软实力。大力清除包括侵权盗版在内的各类非法出版物，打击各类非法出版活动，有力规范出版秩序，维护意识形态安全和文化安全。

第二节　出版工作的基本原则

1.坚持正确政治方向。增强"四个意识"，坚定"四个自信"，坚决做到"两个维护"，不断巩固马克思主义在意识形态领域的指导地位，巩固全党全国人民团结奋斗的共同思想基础。

2.坚持以人民为中心。顺应人民群众对精神文化生活的新期待，把服务群众和教育引导群众结合起来，促进满足人民文化需求和增强人民精神力量相统一，增强出版物吸引力、感染力和影响力，努力为人民群众提供更加丰富、更加优质的出版产品和服务。

3.坚持把社会效益放在首位。坚持以社会主义核心价值观为引领，牢记化人育人的出版使命，注重出版的社会效益，自觉讲品位、讲格调、讲责任，抵制低俗、庸俗、媚俗，弘扬主旋律，传播正能量。在坚持社会效益第一的前提下，实现社会效益与经济效益相统一。

4.坚持质量第一。树立精品意识，提高原创能力，着力打造思想精深、艺术精湛、制作精良相统一的精品力作，优化出版供给，提升出版品质，推动出版业加快向高质量、高水平发展阶段迈进。

5. 坚持改革创新。突出问题导向，不断创新内容载体、方法手段、业态形式、体制机制，确保出版业始终与时代同向同步，焕发新的生机活力。

6. 坚持党管出版。坚持和加强党对出版工作的全面领导，不断完善党领导出版工作的体制机制。严格落实意识形态工作责任制，坚持主管主办和属地管理原则，确保党对出版工作的领导权落到实处。

第三节　出版工作的主要内容

一、做强主题出版，唱响主旋律

做好主题出版工作是唱响主旋律、传播正能量，服务大局、服务群众的有效途径和工作抓手，是新时代赋予出版工作者的崇高使命。

1. 加强党的理论创新成果的出版传播。把综合性研究和分领域研究结合起来，既从宏观视角和理论体系上进行整体把握、系统解读，又注意细分领域，分门别类进行专题研究，尤其要对习近平总书记提出的一系列新思想新观点新论断进行深入研究和理论阐释，把政治话语转化为学术话语、大众话语。重视加强习近平新时代中国特色社会主义思想学习读物的网络出版传播，让党的理论创新成果传得更开、传得更广、传得更深入。

通俗理论读物是面向广大党员干部群众普及科学理论、宣传党的路线方针政策、加强理想信念教育的有效载体。做好通俗理论读物出版工作，是出版战线唱响主旋律、传播正能量、提振精气神，推动主流意识形态不断巩固壮大、更好服务党和国家工作大局的有效途径和重要抓手。要围绕宣传阐释中央精神和重大决策部署，积极回答干部群众普遍关注的问题，聚焦重点、解析难点、引导热点，更好地强信心、聚民心、暖人心、筑同心。

2. 加强弘扬中华民族精神、讲好当代中国故事读物的出版传播。着眼培养担当民族复兴大任的时代新人，加强"党史、新中国史、改革开放史、社会主义发展史"教育，加强爱国主义、集体主义、社会主义教育，弘扬社会主义核心价值观，弘扬党和人民在各个历史时期奋斗中形成的伟大精神，积极宣传英雄模范的事迹和精神，传承弘扬中华优秀传统文化，引导人们树立正确的历史观、民族观、国家观、文化观，对内对外讲好中国共产党治国理政和担当使命的故事、中国特色社会主义新时代的故事、中国人民勤劳吃苦奋斗圆梦的故事，讲好中国坚持和平发展合作共赢的故事，充分展示我国改革开放和社会主义现代化建设取得的伟大成就，充分阐释成就背后的宝贵经验、根本原因、制度优势，彰显故事背后的伟大创造精神、伟大奋斗精神、伟大团结精神、伟大梦想精神，更好凝聚起新时代全国人民团结奋斗的精神力量。坚持创造性转化、创新性发展，更好传播中华文化，展现新时代风采。

3. 加强促进人的全面发展、社会全面进步作品的出版传播。出版更多反映各领域各学科最新成果的学术著作，教育引导青少年健康成长的少儿读物，弘扬科学精神、普及科学知识的科普读物，陶冶情操、益智修身的大众读物。助力乡村文化振兴战略，推出更多培育"文明乡风、良好家风、淳朴民风"的优秀出版物。满足人民群众多层次、多方面、多样化的阅读需求，出版更多普及各方面知识的健康有益读物，着力提高全民族思想道德素质和科学文化素质。

二、实施精品战略，多出优秀出版物

精品出版物是指代表国家出版水平，思想性、艺术性、可读性高度统一，深受人民群众欢迎的优秀出版物。实施精品战略是出版业坚持社会效益第一原则的必然要求，是带动出版繁荣的有效抓手。出版界要紧紧围绕"多出优秀作品"这一中心环节，不断提高各类出版物的质量和水平。

1. 大力加强原创出版。原创反映着一个国家、一个民族的文化创造力，也是衡量我国出版业繁荣发展的重要标志。出版工作者要加强选题调研策划，深入现实生活，深入学术研究前沿，研究新形势下读者阅读需求的新变化、新需要，切实增强出版的针对性，开发具有自主知识产权和核心竞争能力的优质产品，努力打造体现中国风格、民族特色、地域风貌的原创作品和知名品牌。把发现和培育新人作为激发原创的突破口，善于培养优秀作者队伍，不断丰富出版创作资源。资金扶持、评奖推优都要向原创倾斜，营造尊重原创、鼓励原创、积极投身原创的浓厚氛围。

2. 规划引导出版物创作生产。各级出版管理部门要精心组织实施国家重点出版物规划、年度选题计划、主题出版重点选题计划等，特别是围绕重点时间节点和重大纪念事件，精心做好重点工程出版物的规划引导、组织协调工作。突出抓好优秀现实题材出版工作，把当代中国发展进步和当代中国人精彩生活表现好展示好，把中国精神、中国价值、中国力量展现好，为时代画像、为时代立传、为时代明德，推出更多讴歌党、讴歌祖国、讴歌人民、讴歌劳动、讴歌英雄的精品力作。落实国家古籍规划，推动挖掘整理和编辑出版一批重要文化典籍宝库。

3. 把精品意识贯穿出版各个环节。坚持品牌战略、质量优先，严格执行"三审"制度、责任编辑制度、责任校对制度等，增强从业人员的质量意识，对出版物的思想性、科学性、艺术性、知识性、可读性等做到全面把关，强化内容统筹、编辑加工、装帧印刷等环节的质量管理，精细打磨、精雕细琢、精益求精，打造传世精品。

4. 发挥评奖评论推荐的示范引领作用。我国出版领域的重大评奖推荐项目主要有精神文明建设"五个一工程"图书评选、"中国出版政府奖"、"中华优秀出版物奖"等。精神文明建设"五个一工程"图书评选由中央宣传部组织实施，重点评选体现社会主义核心价值观要求，展现正确的世界观、人生观和价值观，反映国家发展、社会进步、人民创造、时代风尚，具有良好思想内涵和精神追求的优秀图书。"中国出版政府奖"由中央宣传部（国家新闻出版署）开展评选，旨在表彰和奖励国内出版界优秀出版物、先进出版单位和优秀出版人物。"中华优秀出版物奖"由中国出版协会组织评选，分图书奖、音像电子和游戏出版物奖、出版科研论文奖 3 个类别。加强出版物推荐和评论工作是重要的引导手段。要继续做好中国好书、报纸精品栏目、期刊主题宣传好文章、优秀网络出版物、数字出版精品等推荐活动，组织好优秀通俗理论读物出版工程、优秀青少年读物出版工程、优秀现实题材文学出版工程。充分发挥行业协会、专家学者和媒体作用，加大出版物评介力度，推荐出版精品，引导行业出版方向。加强对各类推荐指导书目及排行榜发布的规范管理，确保推荐书目和排行榜导向正确、质量上乘。组织做好主题出版重点出版物的宣传推介和集中展示展销活动等。

三、进一步推进出版业高质量发展

不断满足人民日益增长的美好生活需要，必须深入贯彻新发展理念，推进出版业供给侧结构性改革，着力解决好出版发展不平衡不充分的问题，加强优秀内容供给，实现从数量规模扩张为主向质量效益提升为主的转变。在发展中要牢牢把握正确导向，在坚守主业基础上推动经营多元化，做到重市场而不唯市场、重产业发展更重文化影响力，努力实现社会效益和经济效益双丰收。

1. 聚焦出版主业，着力构建把社会效益放在首位、社会效益和经济效益相统一的体制机制。出版企业是文化企业，文化属性是第一位的。要在国有企业改革大框架下，充分体现文化企业例外要求，形成体现文化特点、符合市场规律的现代出版企业制度。

建立健全突出出版主业的发展模式。出版产业多元化能够壮大产业规模和实力，为助推出版业发展发挥积极作用，但要避免盲目扩张、"唯 GDP"的不良倾向。出版单位要牢记主业始终是出版，把坚守主业、做强主业作为核心任务，尊重出版作为创意产业的特点和规律，适应内容建设的内在要求，积极推进产品生产管理，确保内容生产成为企业运营的中心环节。管理部门要制定科学合理的出版企业评价标准，突出出版主业的比重和分量，不简单以经济规模排队站位，确保出版企业"谋出版""做出版"。

建立党委领导与法人治理结构相结合的管理模式。企业党委成员以双向进入、交叉任职的方式进入董事会、监事会和经营管理层，党委书记兼任董事长，保证党委对出版导向、重要人事和资产配置的决策权，董事会要把党委的决定贯彻到企业的运营和管理之中。健全以内容生产为中心的运营机制，出版集团和上市公司都要设置总编辑，建立健全编辑委员会统筹重大选题策划，组织重点产品生产，履行内容把关终审职责。

进一步完善出版单位社会效益评价考核办法。这是深化出版改革的一项基础性制度安排，目的是克服经济效益考核硬、社会效益考核软的问题，切实把社会效益第一、实现两个效益相统一的要求融入企业的经营理念、企业章程和各项规章制度。明确出版单位社会效益考核指标权重占综合性考核 50％以上，社会效益考核与领导班子薪酬挂钩，积极探索出版单位工资总额更好体现社会效益的具体办法，引导出版单位聚焦内容生产、坚守社会责任。

2.加快推进出版业深度融合发展。出版业要继续在全媒体时代发挥主渠道、主阵地作用，必须把融合发展作为战略支撑，提高融合发展本领，打造新型主流出版阵地。特别是面对 2020 年突如其来的新冠肺炎疫情，数字出版发挥优势、积极担当，出版业经受了考验，融合发展的任务更加迫切。要深入贯彻落实党中央《关于加快推进媒体深度融合发展的意见》要求，结合出版业实际，按照统筹规划、分类指导、政府推动、市场运作的总体思路，运用互联网思维，坚持导向为魂、移动为先、内容为王、创新为要，催化融合质变，放大一体效能，打造一批具有强大影响力、竞争力的新型主流出版阵地。

推动主题、大众、专业、教育、少儿等出版领域优质出版内容资源数据化知识化生产，商业化智慧化聚合，精准化移动化传播。通过流程优化、平台再造，促进各种出版资源、生产要素的有效整合，实现信息内容、技术应用、平台终端、管理手段共融互通。支持出版单位在二维码运用、VR和AR书报刊开发、有声读物制作等方面丰富内容呈现方式，提升阅读体验，打造内容增值新空间。支持出版单位积极探索运用5G、大数据、云计算、人工智能等技术，拓展应用场景，培育新产品新模式新业态。着力打造内容优质、创新突出、双效俱佳的融合出版产品，打造形成系列、综合效益高、用户黏性强的融合出版品牌，打造精品聚集、模式清晰、传播力强的数字内容出版传播平台，打造拥有自主知识产权的拳头产品，打造特色鲜明、优势突出、机制灵活的新型出版骨干单位，引领行业创新发展。

加强对出版融合发展的扶持引导，强化精品示范，实施项目带动，优化发展环境，逐步形成"品位高端、品质优良、品类丰富"的融合出版产品体系，形成不同门类、规模、地区融合出版业务差异化协调发展的产业体系，形成包含人才激励、科技应用、资金项目、管理法规等系统高效的政策体系，构建创新要素涌流、活力迸发，传统出版与新兴出版深度融合的良好格局。

3. 加强出版公共服务体系建设。落实《关于促进全民阅读工作的意见》，深入开展全民阅读活动。在全社会倡导多读书，建设书香社会，对于提升人民群众思想境界，增强人民群众精神力量，提高全社会文明程度，具有十分重要的意义。要持续加强阅读引领，加大优质内容供给，聚焦不同阅读群体需求，不断丰富出版产品的内容、载体和传播渠道，重点推进习近平新时代中国特色社会主义思想读物的学习阅读，推动社会主义核心价值观、中国梦读物的学习阅读，推广优秀出版物的阅读。积极创新阅读举措，着力打造阅读推广活动，积极开展"书香中国"系列活动，结合当地实际情况打造阅读推广品牌活动，开展各类形式多样、丰富多彩的读书活动，主动运用新媒体技术，大力推动全民阅读进企业、进农村、进机关、进校园、进社区、进军营、进网络，使阅读活动真正深入基层、深入群众，在全社会营造"爱读书、读好书、善读书"的浓厚氛围。大力完善全民阅读基础设施和服务体系，保障特殊阅读群体，不断改进内容资源和设备，推动阅读公共服务体系建设，推动青少年阅读工作，做好革命老区、民族地区、边疆地区、贫困地区的全民阅读促进工作，重点保障未成年人尤其是农村留守儿童、贫困家庭儿童、孤残儿童等群体的基本阅读需求。

推动农家书屋提质增效。农家书屋工程是党中央、国务院实施的五大公共文化惠民工程之一，2005 年开始试点，2007 年全面推开，2012 年年底覆盖了全国有基本条件的行政村。截至 2019 年年底，全国共建成农家书屋 58.7 万家，累计配送图书超过 12 亿册，进行数字化建设的农家书屋达到 12.5 万家，提供数字阅读内容近百万种，对于保障农民基本文化权益、巩固农村思想文化阵地、推动精准扶贫和助力乡村振兴发挥了重要作用。按照完善公共文化服务体系、提高基本公共文化服务的覆盖面和适用性的工作要求，中央宣传部等 10 部门印发《农家书屋深化改革创新提升服务效能实施方案》，成立农家书屋工作领导小组，完善农家书屋工作顶层设计，农家书屋提质增效工作扎实推进。通过制定农家书屋重点出版物推荐目录，推荐"农民喜爱的百种图书"，开展党的创新理论宣讲活动，举办"新时代乡村阅读季""我的书屋·我的梦"等阅读活动，加快农家书屋数字化建设，着力加强农家书屋内容建设和服务创新，不断推动农家书屋发挥更加显著的作用，使农村全民阅读氛围更加浓厚。

4. 优化布局结构，加强引导支持。一是完善出版布局，促进结构调整。坚持科学配置出版资源，围绕党和国家事业发展需要，制定和完善出版单位及产品结构布局规划，确定重点发展领域和支持方向，实现出版业产值稳步增长、结构布局持续优化、发展质量和效益明显提高。坚持图书出版总量调控和精准调控，综合考虑出版单位专业方向、编辑力量以及出版质量、遵规守纪情况，有效调配出版资源，推动出版结构优化、质量提升。充分发挥年度选题申报、书号网上实名申领的前置调控作用，减少跟风、重复选题，遏制平庸、不良选题。引导出版单位严格选题论证制度，立足专业定位，优化产品结构，加大原创比重，提高选题准入门槛。落实中央全面深化改革委员会第五次会议审议通过的《关于深化改革培育世界一流科技期刊的意见》等文件，对期刊加强分类指导和重点扶持。二是加快完善出版科技与标准体系。建设出版业科技与标准重点实验室，推进行业关键核心技术的研发、应用。严把标准立项关、编制关，提高标准制修订的科学性；推进国家标准、行业标准在出版行业的应用推广，提高产业发展的标准化水平；指导和鼓励社会团体、教育和科研机构、企业等单位开展团体标准、企业标准的研制和应用。三是充分发挥国家出版基金及相关专项资金的作用。国家出版基金是专门面向出版行业的国家级文化基金，主要用于资助不能通过市场资源完全解决出版资金的优秀公益性出版项目，每年利用申报指南，通过政策引导，明确年度基金资助重点。国家古籍整理出版专项经费由中央财政拨款，用于鼓励和支持优秀古籍整理成果的出版。要进一步发挥好基金和专项资金作用，引领精品生产，推动出版质量不断提升。

5.深入推进"放管服"和行政审批改革。行政审批制度是出版管理的一项基本制度，国家对设立出版单位、从事出版活动实施审批准入，建立完善审批事项目录清单、审批条件、审批程序，依法规范开展行政审批，切实维护意识形态阵地安全。要落实简政放权，稳妥推进出版领域行政审批制度改革，进一步完善符合意识形态管理特点的行政审批工作机制和管理服务模式，持续激发出版从业主体发展动力和市场竞争力。坚持放管结合，深化监管体制改革，强化事中事后监管，完善"双随机、一公开"监管机制，创新公平公正的监管方式，严格规范行政执法行为，增强监管规范性和有效性。坚持优化服务，深化"互联网＋政务服务"，推进行政许可标准化，优化审批流程，完善信息公开，持续提高政务服务能力和水平。

四、组织开展"扫黄打非"工作

"扫黄打非"事关党和国家工作全局，事关社会大局稳定和国家长治久安，处在意识形态斗争前沿，是党管意识形态工作的重要抓手，担负着维护和捍卫政治安全、意识形态安全和文化安全的重要职责。新形势下，"扫黄打非"要从服务党和国家工作全局的高度，统筹网上清理与网下打击、境内整治与境外斗争、专项治理与日常监管，强化系统治理、依法治理、综合治理、源头治理，完善党委统一领导、党政齐抓共管、"扫黄打非"办公室组织协调、有关部门分工负责、各地区联防协作、社会各方面积极参与的工作格局，确保"扫黄打非"治理能力不断提升。

1. 坚决打击各种非法、有害出版传播活动。打击违禁信息及出版物是"扫黄打非"的首要任务。深入开展"正道"集中行动，以实施"清源""固边"专项行动为平台，实现专项行动日常化；深入开展环节治理，强化环节监管；发挥涉非法出版传播活动专项核查协作机制的作用，深入查办相关违法犯罪活动；进一步强化政治纪律，严肃查处党员干部在境外出版发表违禁出版物和文章及携带寄递违禁出版物入境行为，对擅自携带寄递违禁出版物入境的党员干部要依法依规处理，并予以通报。

2. 严厉整治群众反映强烈的"黄""非"问题。深入开展"新风"集中行动，以实施"净网""护苗""秋风"专项行动为平台，全面扫除各类文化垃圾，持续净化网上网下文化环境。深化网络直播、网络游戏、短视频、群组、弹窗及涉未成年人网络有害信息等专项整治，有效解决群众关切的热点难点问题；进一步提高对有害信息及出版物的监测发现能力，早预警、早发现、早处置，打早打小打苗头；针对损害未成年人身心健康的有害信息及出版物，加大监管惩处力度，建立长效机制；打击假媒体、假记者站、假记者，特别是利用网络账号从事虚假新闻、有偿新闻的不法行为；查处侵权盗版重大题材出版物、畅销图书、少儿类图书、教材教辅等不法活动，整治利用电子商务平台销售侵权盗版出版物等违法行为。

3. 将查办案件与开展社会宣传相结合。立足查办大案要案，畅通举报渠道，完善情报信息收集研判机制；抓好线索到案件的转化工作，高度重视群众举报、上级交办等案件线索，创新方法认真核查，对重要线索联合有关部门共同核查，有效提高线索核实率和案件转化率；提升协调办案能力，细致研判重大案件线索，联合查办重大疑难案件；综合运用法律、行政、经济、纪律等手段，实现法律效果与社会效果的有机统一。及时宣传重大行动、重大部署和重大案件等，有效震慑违法者、警示跟风者、教育从业者，动员广大群众共同参与"扫黄打非"；深入开展"绿书签"等宣传教育活动，引导青少年绿色阅读、文明上网，远离有害信息及出版物，护助青少年健康成长。

4. 深化工作创新，积极应对新问题新挑战。"扫黄打非"是一项系统工程，必须适应新时代新要求，坚持守正创新，强化攻坚克难，以工作创新激发工作活力。积极推进"护城河""南岭""天山""珠峰""长白山"五大工程建设，充分发挥区域性联防协作机制作用，有力解决区域性疑难、突出问题；进一步强化非法出版物联合查堵、网上"扫黄打非"联席会议等部门联动机制，有效调动相关"扫黄打非"成员单位的积极性和主动性，既各负其责、各尽其职，又协同治理、联合打击，提升齐抓共管效能；不断完善重点案件挂牌督办机制，鼓励查办大案要案，强化打击震慑，通过查办案件推动专项行动深入开展，达到查办一案整治一片的工作目的；持续深化"扫黄打非"进基层，抓好基层站点与各级综治、文明创建、公共文化服务、新时代文明实践中心等平台的有机结合，打牢群防群治基础，让"扫黄打非"在基层落地生根，壮大基层监管力量，增强基层线索发现能力，净化基层文化环境，巩固基层意识形态阵地。

5. 推动落实工作责任，强化抓导向、守阵地、把关口。始终坚持党对"扫黄打非"工作的领导，把抓好"扫黄打非"工作作为落实意识形态工作责任制的重要内容和手段，切实履行"扫黄打非"工作责任，层层压实压紧政治责任、领导责任，确保"扫黄打非"工作只能加强、不能削弱。进一步明确本地区本部门本单位承担的职责，把好各自关口，守好各自阵地。

五、做好版权管理工作

版权是建设创新型国家和文化强国的重要支撑。随着经济全球化和区域一体化的深入发展，版权日益成为国家发展的战略资源和国际竞争力的核心要素。版权管理工作是落实创新驱动发展战略和知识产权强国战略的有力抓手，为版权创造、保护和运用营造稳定公平透明、可预期的营商环境，在促进经济发展、科技进步和文化繁荣等方面发挥着越来越重要的作用。

1. 发挥版权行政保护优势。我国版权保护实行司法保护和行政保护两条途径、协调运作的机制。版权行政保护具有成本低、效率高、主动性强和程序简便等特点。版权行政保护坚持严格保护原则，实行日常监管与专项整治相结合，严厉打击各类侵权盗版行为，维护文化市场秩序，取得明显成效。连续开展打击网络侵权盗版的"剑网行动"等专项治理行动，实施网络版权重点监管，突出查办大案要案，加大对侵权盗版的惩治力度，充分发挥法律的威慑作用，营造不敢侵权、不愿侵权的社会环境。建立健全软件正版化长效机制，持续推进软件正版化，政府机关按期完成检查整改任务，企业软件正版化工作取得积极进展。针对新应用、新技术和新领域的版权问题，拓展监管范围，创新监管手段，提高监管针对性、科学性和精准性，推动相关地区和行业构建良性版权秩序和生态。

2. 推动版权产业高质量发展。版权产业的发展水平是衡量一个国家或地区创新能力的重要标志。按照对版权的依赖程度，世界知识产权组织将版权产业分为核心版权产业、相互依存的版权产业、部分版权产业、非专用支持产业等四类，其中核心版权产业包括文学艺术、新闻出版、广播影视、计算机软件、信息网络等行业。目前，中国版权产业对国内生产总值的贡献率超过世界平均水平，与发达国家的差距正在不断缩小。自 2009 年起，全国开展版权示范创建活动，建设一批版权示范城市、单位、园区（基地），发挥了先进典型的带动作用。自 2008 年起，开展中国版权金奖评选表彰活动，引导版权产业高质量发展。围绕京津冀协同发展、粤港澳大湾区建设、长三角一体化发展等国家战略，在深圳前海等地设立国家版权创新发展基地，推动版权有效运用和创新发展。建设全国版权展会授权交易体系，在各区域设立国家版权交易中心或贸易基地，指导建设国家版权交易中心联盟，中国国际版权博览会和地方版权交易会（博览会）已成为集中展示版权成果、促进版权运营和活跃版权贸易的重要平台。

3. 加强版权国际交流合作。版权国际交流合作是我国对外关系的重要组成部分，在维护我国国家利益、提升我国影响力和促进对外交流合作方面发挥着重要作用。版权涉外工作立足于我国基本国情，提升民族创新能力，增强文化自信，树立我国负责任大国的国际形象。近年来，我国不断加强与世界知识产权组织、世界贸易组织、联合国教科文组织等国际机构的合作，有效参与国际版权规则的制定。2012 年 6 月，世界知识产权组织在北京召开保护音像表演外交会议，成功缔结《视听表演北京条约》。该条约已于 2020 年 4 月 28 日正式生效，是中华人民共和国成立以来第一个在我国缔结、以我国城市命名的国际知识产权条约。通过签署谅解备忘录、定期互访和举办国际版权论坛等方式积极构建多双边版权交流机制，参与相关自贸区协议谈判，积极开展与"一带一路"沿线国家的版权交流，不断扩大和深化版权领域的开放合作，争取有利的国际版权环境，努力构建国际版权新秩序。

4. 积极开展版权宣传。版权宣传是版权管理工作的一项基础性工作。版权宣传工作以贯彻落实党中央、国务院的战略决策部署作为着眼点，突出国家版权重点工作，紧扣版权产业实际，抓住版权热点事件，着力构建常态化、立体化和精准化版权宣传格局。版权宣传突出打击侵权盗版"剑网行动"、软件正版化、全国版权示范创建、中国版权金奖、中国国际版权博览会、全国大学生版权征文、版权国际合作等重点工作，横向与相关部门和主流媒体建立合作机制，纵向在各级版权部门和相关社会组织之间建立信息沟通机制，在宣传内容上务求全面、准确、及时，覆盖所有涉及版权的立法、司法和行政事宜，聚焦权利保护、运用转化和产业发展，国际国内相兼顾，内宣外宣相结合，充分发挥各类版权社会组织的积极性，充分调动各类媒体资源和手段，准确定位传播受众，实行差异化传播，努力讲好中国版权故事，传播中国版权声音，推动形成"尊重知识、尊重劳动、尊重创作、尊重版权"的良好氛围。

六、做好印刷复制管理工作

印刷复制业是党的宣传思想工作重要阵地，为弘扬主旋律、传播正能量提供坚实保障；印刷复制业是国民经济的重要行业，为社会生产、人民生活提供优质高效的产品和服务。截至 2019 年年末，全国共有 9.72 万家印刷复制企业，年总产值超过 1.3 万亿元，规模居全球第二位，规模以上印刷企业营业收入占全国文化及相关产业规模以上企业营业收入的 7.7%，印刷复制业已经成为我国文化产业主力军。进入新发展阶段，印刷业面临着新的机遇与挑战，迫切需要为人民群众提供更加充实、更为丰富、更高质量的印刷产品和服务，促进形成印刷产业发展新格局。

1. 把社会效益放在首位，切实承担起传播社会主义先进文化的职责使命。印刷复制业肩负着宣传党的理论和路线、方针、政策的光荣任务，承担着满足人民群众日益增长的精神文化需求的重要职责。首要的政治责任就是要以优质的印刷产品，宣传好党的创新理论成果，特别是习近平新时代中国特色社会主义思想。要认真做好宣传阐释马克思主义中国化最新成果、党的重要文献等重大主题出版物和各级党报党刊的印制工作，把创新理论和党的声音传递到千家万户。把中小学教科书印制工作放在重要位置，完成好"课前到书、人手一册"的任务。坚持服务人民，对接群众美好生活需要，为人民群众提供品种丰富、制作精良的印刷复制产品。

2. 贯彻新发展理念，推动印刷复制业实现高质量发展。印刷复制业高质量发展是"创新成为第一动力、协调成为内生特点、绿色成为普遍形态、开放成为必由之路、共享成为根本目的"的发展。要坚定不移贯彻新发展理念，坚持绿色化、数字化、智能化、融合化发展方向，贯彻落实国家新闻出版署等 5 部委印发的《关于推进印刷业绿色化发展的意见》，按照北京、长三角、珠三角印刷业升级指南有关部署，加快培育全印刷先进产业集群，支持数字印刷企业和互联网印刷服务平台发展，重点突破、以点带面，深入推进印刷复制业提质增效转型升级，加快形成产业发展新格局。

3. 加强行业监管，切实维护意识形态安全。统筹产业发展和意识形态安全，认真落实意识形态工作责任制，加强印刷复制全行业阵地监督管理。要把维护意识形态安全和文化安全放在首位，加强全行业"双随机、一公开"监管，建立健全随机抽查、严肃处罚、通报情况、落实整改的抽查机制，提高风险防控能力。加强内部资料性出版物管理，落实好审读制度和质量检查制度。开展"3·15"质检活动和中小学重点教科书检查工作，做好印刷企业年度报告公示和复制单位年度核验工作，加大行业法规培训力度。研究探索防范和化解风险隐患的有关举措，针对违规编印内部资料性出版物、非法承接印制业务、印制质量不达标和印刷信息数据安全等风险隐患，梳理排查风险点，建立健全风险预警和处置机制。加快建立"全国一盘棋"的印刷复制业信息服务系统，不断增强开放监管能力，提升行业治理水平，提高服务行业能力。

七、做好出版物发行管理工作

出版物发行业是宣传思想工作的重要传播载体、产业平台和服务窗口，在繁荣文化市场、丰富群众生活、拉动内需消费等方面发挥着重要作用。目前，全国出版物发行单位超过 12 万家，发行网点近 25 万个，行业规模持续扩大，市场主体不断壮大。要推动出版物发行业深入贯彻新发展理念，以建立现代化市场体系为目标，持续推进供给侧结构性改革，构建创新引领、协调发展的产业体系，统一开放、竞争有序的市场体系和微观主体有力、宏观调控有度的行业治理体系，不断提升出版物发行质量和效益。

1. 推动出版物发行业更好履行社会责任。坚持把社会效益放在首位、实现社会效益和经济效益相统一，指导发行单位认真做好党的创新理论著作、党和国家重要文献、重点主题出版物展示展销和发行保障工作，有力服务党和国家工作大局。做好每年春秋两季中小学教科书印制发行工作。指导发行单位积极参与公共文化服务体系建设，组织开展全民阅读活动，实现公益性文化事业与经营性文化产业协调发展。组织举办全国图书交易博览会，指导各地举办书展活动，推动行业创新融合。加快建立"广覆盖、多层次、多样态、可持续"的农村发行网络。

2. 推动实体书店高质量可持续发展。推动实体书店与经济社会协调发展，努力构建"布局合理、功能完善、主业突出、多元经营"的实体书店发展格局。发挥新华书店主阵地、主渠道、主平台作用，着力实施"文化地标工程"，积极培育壮大市场主体，大力发展新兴业态，建设综合性文化体验消费中心。推动连锁书店扩大连锁经营范围，支持知名民营书店做优做强做大，鼓励中小书店向专业化、特色化方向发展，鼓励开办 24 小时书店和社区书店，引导和推动高校加强校园书店建设，不断调整实体书店布局、产品和业态结构，创新经营机制、组织形式和服务方式，形成以企业为主体、政府为引导，市场机制有效、宏观调控有力的管理格局。

3. 推动出版物发行业线上线下融合发展。依托互联网、大数据、人工智能等技术，引导出版物发行业强化"互联网＋"思维，推进商业模式、服务模式、管理模式创新，推动实体书店进行数字化改造，加强移动互联网发行平台应用，打造"智慧书店""智慧书城"，实现线上营销和线下体验相结合。加强新华书店网络发行能力建设，建设统一的新华书店网络发行平台，集中打响网上新华书店品牌。规范网络发行平台经营行为，支持发展微店、微商、社群营销等新型经营方式和营销模式。鼓励网上书店和实体书店发挥各自优势，在平台共用、信息互通、资源共享等方面深入合作，打造图书新零售模式。

4. 提高出版物发行业专业化、融合化、数字化和智能化水平。以打造专业化运营体系、融合化发展形态、数字化转型模式、智能化消费服务为目标，加强发行业标准体系建设，加快中国出版物在线信息交换（CNONIX）国家标准的推广应用，建立开放的发行业信息数据库和出版产品信息交换平台，打通上下游、联通产业链，打造开放共享、及时精准、应用充分的出版物发行大数据服务体系。以连锁经营、物流配送、电子商务为核心，完善发行业物流基础设施建设，打造现代出版物发行流通体系。以骨干发行企业为依托，建设大中盘、促进大流通，打造"覆盖广泛、技术先进、集约高效"的发行业供应链体系。

5. 加强出版物市场监管。出版物市场监管是落实意识形态工作责任制、确保发行领域文化安全的重要举措。要组织开展出版物发行业"双随机、一公开"抽查，加强对重点地区、重点时段、重要部位的巡查，加大重点案件督办力度，坚决查处各类违法违规经营行为。组织开展中小学教科书、图书排行榜、网络发行、政治性非法出版物等重点领域专项整治行动，有效净化市场环境，切实规范发行秩序。加强出版物发行业事中事后监管，组织开展发行单位年度核验。加强发行单位活动日常管理，完善事前报备和事后报告制度。

八、做好出版物进出口管理工作

做好出版物进出口管理是推进中华文化走出去、促进中外文明交流互鉴的有效途径，也是维护国家政治安全、意识形态安全和文化安全的重要方面。新形势下，出版物进出口管理工作要着力提升工作的针对性、有效性，更好服务党和国家工作大局。

1. 严把内容进口关。严格按照《出版管理条例》《音像制品管理条例》《出版物进口备案管理办法》《出版物进出口经营单位社会效益评价考核试行办法》等法规，监督管理出版物及相关文化产品的进口，以及出版单位的版权引进、合作出版。国务院出版行政主管部门对出版物进口业务进行行业监管，实行准入和退出管理，开展社会效益考核和年检登记工作，核发进口经营许可证，核定经营范围，查处违法违规行为。持有出版物进口经营许可证的出版物进口经营单位，按照核定经营范围进口出版物并销售。在境内举办境外出版物展览展销等活动，须报经国务院出版行政主管部门批准。出版物进口备案是出版物进口内容审查、关口前移的重要手段，也是一项重要管理职能。出版物进口经营单位应当按照《出版物进口备案管理办法》，向省级以上出版行政主管部门办理进口出版物备案手续。把好出版物进口关，必须全面落实意识形态工作责任制，落实主管主办和属地管理原则，压实经营单位主体责任，健全舆情信息分析研判机制，完善预警机制和应急处置机制，充分利用新的信息技术和手段，提高审读把关能力，提升科学监管水平。

2.扩大出版物出口。出版物出口贸易是指出版物和相关文化产品及版权的海外市场营销。扩大出版物实物出口和版权贸易规模，主动参与国际出版物市场竞争，是推动中华文化走出去最直接、最有效的方式。从政策层面推动出版物出口贸易，主要是鼓励和引导出版企业加大内容创新力度，创作生产传承中华优秀文化、展示当代中国形象、贴近国际市场的出版产品；鼓励出版企业拓展出口平台和渠道，通过新设、收购、合作等方式，在境外开展出版领域投资合作，健全国际营销网络；支持出版企业开展技术创新，推动数字出版产品进入国际市场；鼓励和支持各种所有制文化企业从事国家法律法规允许的对外贸易业务，并享有同等待遇，提高贸易便利化水平。通过制定出版物出口规划及版权输出目录，组织实施"经典中国""丝路书香"等重大工程项目，支持引导出版单位主动开展出版物版权输出、翻译出版，努力培育一批具有国际竞争力的外向型跨国出版企业，推出一批具有核心竞争力的出版产品，打造一批具有国际影响力的出版品牌，搭建若干具有较强辐射力的国际出版贸易平台，不断优化进出口结构，完善出口贸易发展布局，促进出口稳增长和进出口贸易平衡。

3.加强出版对外合作交流。贯彻落实习近平总书记在亚洲文明对话大会上提出的重要倡议，推动与亚洲国家互译经典著作，促进文明交流互鉴。为推动更多优秀中国图书走出去，逐步构建中国图书国际营销机制，在中央企业海外分支机构、国际主流书店、图书馆等文化场所设立"中国书架"，为海外读者打开"阅读中国"的窗口。组织引导出版企业参加国际书展，开展版权贸易和进出口业务，举办好国际书展活动，加深各国人民对中华文化的理解和认同，增进对中国价值、中国理念、中国精神的认知认同。北京国际图书博览会创办于1986年，已经成为世界第二大国际书展，在深化中外出版交流、促进中外文明互鉴、推动中华文化走出去方面发挥重要作用。国际书展主宾国活动是世界各大书展的重点活动，是集中展示各国文化的窗口，中国作为国际书展主宾国，始于2004年法国巴黎图书沙龙。先后在法兰克福书展、伦敦书展、美国书展等国际书展上成功举办中国主宾国活动，在展览展销出版物同时，还举办了丰富多彩的出版交流、文化展览、文艺演出、影视展播等，搭建中外文化交流合作的平台。开展对外出版合作，注重与外国政府相关部门、重要出版企业和行业组织建立广泛联系，目前，我国与40余个国家的政府部门和行业组织签署合作备忘录，相继加入多个国际组织，与大型国际出版企业建立了人才培养机制，进一步指导行业参与国际出版商协会、国际少儿读物联盟、国际期刊联盟等相关工作。发挥"一带一路"共建国家出版合作体和中国—中东欧"17＋1"出版联盟等多边机制的作用，不断拓展中国出版国际合作的范围和领域，加强与国际先进企业的交流与合作。依法管理境外新闻出版、电影机构和行业组织在华设立办事机构。

九、加强宏观管理，健全工作机制

面对出版市场竞争日趋激烈、出版体制改革不断深化、高新技术加快应用、出版国际交流逐步深化的形势，既要很好地坚持行之有效的管理方式和手段，又要根据新情况新问题不断加以改进完善，创新管理方式和手段，提升管理效能。

1. 健全出版物内容导向管理制度，把内容导向要求落实到出版全过程。内容导向管理制度是整个出版宏观管理的根本和关键。健全出版物导向管理制度，就要把内容导向要求落实到出版全过程，加强对选题、内容的政治和政策把关，加强对作品整体基调、格调、品位的把关，不给任何错误思想观点提供传播渠道。各级出版管理部门、主管主办单位和出版单位要提高政治敏锐性、增强政治鉴别力，严肃认真地考虑出版的社会效果，出什么不出什么、多出什么少出什么、什么时候出、用什么方式出，都要从政治上、全局上来把握和衡量，把好关、把好度，坚决守住政治底线。要在出版行业严格落实"三审三校"制度，出版单位在内容编辑环节必须履行初审、复审、终审三道程序，校对不低于三个校次，审校人员应符合相应资质要求，审校记录做到长期可追溯、可核查。严格落实重大选题备案制度，按照2019年修订的《图书、期刊、音像制品、电子出版物重大选题备案办法》要求，严格备案范围和工作程序。

加强内容导向管理，出版管理部门和主管主办单位要落实好"五项"基本工作机制。一是沟通引导机制。完善出版通气会、谈话等制度，及时传达中央要求，通报和分析值得注意的问题。二是舆情收集机制。及时掌握分析所辖地区、所属出版单位相关出版信息，增强出版管理工作预见性、主动性。三是日常检查机制。健全审读、质量检查等工作机制，定期不定期对出版单位一段时间的出版整体情况以及内容把关制度执行情况等进行检查，推动关口前移，及时发现和处置倾向性、苗头性问题。四是社会监督机制。发挥行业协会、各界人士等的监督作用，鼓励广大人民群众举报非法、违规出版活动。五是奖惩激励机制。对优秀出版单位、出版物和工作者予以表彰奖励，依法依规查处违规行为和非法出版活动。

2. 规范出版秩序。加强出版准入退出机制建设。将出版准入作为加强意识形态阵地管理的重要组成部分，依法科学设定审批准入条件，完善审批准入审核依据和标准，创新审批准入方式方法，实现资质准入的事前审批与事中事后监督管理有效对接和密切联动。在出版准入中，重点加强对拟任主管主办单位及出版单位资质条件的审核把关。严格执行出版年度核验制度。通过年度核验和其他日常监管手段，对不再具备行政许可法定条件和在出版过程中存在违法问题的，须依照法规规定责令限期整改；逾期仍未改正的，撤销相应行政许可。加强出版物出版秩序管理。牢牢掌握出版单位出版的主导权，严格执行编辑审校制度和出版规范，严格规范出版单位和民营机构的策划、发行等合作行为。加强对各类期刊评价的引导规范。严格引进版权的内容审核，加强进口渠道管理，坚决防止有害或不良出版物入境传播。规范出版物定价和发行折扣行为，倡导诚信经营和公平竞争，推动建立规范有序的出版物出版秩序。

3. 加强和完善网络出版内容和活动的监管。随着网络出版的快速发展，出版管理的范围不断拓宽，监管任务日益繁重。要主动研判网络出版发展形势，加强和完善对各类网络出版活动的监管，提升技术管控水平，完善社会监督机制。坚持网上网下"一个标准、一把尺子"，依法加强网络出版物管理，严格落实企业主体责任，严格数字出版内容审核，严格实时监测和处置制度，确保导向正确、积极健康。切实加强网络文学出版引导，牢牢把握正确创作出版导向，加强引导精品创作出版，力戒过度商业化、娱乐化，抵制低俗、庸俗、媚俗，转变单纯数量增长的发展模式，扭转唯点击率的不良倾向；激发网络文学创新创造活力，鼓励各种文体、各种题材百花竞放，用个性化表达、创新性手法明德扬善，更好满足人民群众对美好生活的精神需求；加强网络文学出版服务管理，加大网络文学作品阅评审读力度，督促网络文学企业健全内容审核、责任编辑等制度，切实履行审核把关主体责任。进一步完善网络游戏审批管理，严把网络游戏内容质量关，坚决杜绝含有有害内容的网络游戏出版运营；深入开展网络游戏作品道德风险评议评价工作，积极开展网络游戏防沉迷动态监测和实名制验证工作，保护未成年人身心健康；积极引导、扶持游戏精品出版，着力提升游戏品质，打造原创游戏精品；不断加强事中事后监管，推动网络游戏行业健康有序、高质量发展。

4. 完善版权执法体系。版权保护是一项系统工程，要注重社会共治，落实主体责任。近年来，各地版权部门完善监管机制，创新监管方式，形成了多部门分工合作、联合行动的打击侵权盗版工作格局；建立了由国家版权局牵头的推进使用正版软件工作部际联席会议；权利人、行业协会和社会公众参与版权保护的积极性越来越高，版权保护工作赢得了广泛的社会支持和受众基础。为进一步完善版权保护工作体系，要在以下方面进一步加大力度。健全完善联合督办机制，推动各地查办大案要案、开展好专项行动。健全完善执法协助工作机制，推动部门间、区域间、行业间执法联动，形成工作合力。健全完善快速反应机制，推进快速维权、调解等机制，提高版权执法监管工作效能。探索建立信用评价机制，会同相关部门推动建立版权领域信用评价和失信惩戒机制。健全完善教育培训机制，将教育培训等工作进一步向基层一线倾斜、向办案人员倾斜。继续推进社会参与机制，充分调动发挥行业组织、版权企业参与版

权保护工作的积极性。充分发挥宣传舆论作用，加大对大案要案和
典型案件的宣传力度，大力营造"尊重知识、崇尚创新、诚信守法"
的良好社会风尚。

第四节　加强党对出版工作的全面领导

一、加强党对出版工作全面领导的总体要求

中央宣传部作为党中央主管意识形态方面工作的职能部门，加
挂国家新闻出版署、国家版权局等牌子。各地在机构改革中相应将
出版管理职责划入党委宣传部。这次改革充分体现党对出版工作的
高度重视和全面领导。改革后，党委宣传部门站到了管理一线，要
始终旗帜鲜明讲政治、把方向、管导向，更好统筹出版领域导向管
理、行业监管、产业发展。以推进职能优化协同高效为着力点，切
实提高出版领域治理能力和治理水平，通过改革的力量、改革的办
法使出版管理工作强起来。

加强党对出版工作的领导是出版事业繁荣发展的根本保证。必
须以党的政治建设为统领抓好出版战线党的建设，把旗帜鲜明讲政
治融入出版工作全过程，引导出版战线增强"四个意识"、坚定"四
个自信"、做到"两个维护"，毫不动摇坚持党管出版，在出版领域
牢牢掌握意识形态工作领导权。必须做好规划引导、协调推进，不
断完善落实出版行业政策，推进出版业繁荣健康发展，以高质量出
版物更好满足广大人民群众的阅读需求。

各级党委（党组）对本地区本部门出版工作承担全面领导责任，要加强对出版领域重大问题的分析研判和重要出版任务的统筹、协调指导。宣传部门在党委（党组）统一领导下，负责统筹协调本地区本部门本单位出版工作。要严格落实意识形态工作责任制，加强对出版领域重大问题的分析研判，加强对一个时期重点任务的研究部署、统筹指导、督促落实，充分发挥党组织在重大事项决策、宣传内容把控方面的决定性作用，牢牢掌握出版工作领导权、管理权、话语权。对政治性、原则性、导向性问题要旗帜鲜明、敢抓敢管，确保出版工作始终坚持正确方向。以提升组织力为重点，突出政治功能，加强出版业党组织体系建设，发挥基层党组织战斗堡垒作用和党员先锋模范作用。优化机构和职能设置，建立健全有利于出版业繁荣发展的工作体制和运行机制，确保出版工作运转高效、保障有力。

二、严格落实主管主办和属地管理制度

主管主办和属地管理制度是出版管理的基本制度。主管主办单位对本单位主管主办的出版单位担负领导和管理责任。各地出版管理部门对本地区出版工作同样担负指导、协调和监管职责。

主管主办制度坚持"谁主管、谁负责""谁主办、谁负责"原则。出版单位在设立时，必须有确定的主办单位和主管单位。主办单位是出版单位直接的上级管理单位，应由具有法人资格的单位担任。主管单位是主办单位的上级管理单位。出版单位与主管主办单位是隶属关系，不是挂靠关系。主管主办单位要充分认识到出版单位的意识形态阵地属性，切实负起政治责任、领导责任。要有专人

和专门机构负责对所属所办出版单位的内容导向、出版质量、经营发展、队伍建设等情况进行指导、检查和管理，负责监督和推动出版单位贯彻落实党的路线方针政策，遵守国家法律法规和党的宣传纪律，加强对出版单位领导班子特别是主要负责人的监督考核，加强对所属出版单位重大事项和重点出版物的指导把关，及时研判处置重要问题，做好出版单位重大资产管理事项、社会效益评价考核等工作，对出版单位高质量发展提供支持，切实把"管导向、管干部、管大事、管资产"的职责落到实处。对主管主办单位履职不力的，按照相关法规予以问责追责。

各地出版管理部门负有对本行政区域内出版活动和出版物市场进行指导、协调和管理的重要职责，必须坚持"守土有责、守土负责、守土尽责"。在本地区出版单位加强党的建设，健全完善各项工作机制，把好方向导向，确保党的意志和主张贯彻到出版工作各方面和全过程，确保出版事业始终沿着正确政治方向前进。按照新时代宣传思想工作队伍建设总要求，加强出版战线领导班子建设和干部队伍建设，加强学习教育和培训。与出版单位的主管主办单位加强工作和信息沟通，及时会商、研判和应对苗头性、倾向性问题和重大舆情，形成工作的最佳合力。坚持依法依规严格管理，统筹做好事前事中事后监管，不断优化出版业发展环境。

三、加强出版队伍建设

繁荣发展社会主义出版业，队伍是关键。新时代赋予出版工作更重要的使命职责，也对出版人才队伍提出了更高要求。建设一支"政治过硬、本领高强、求实创新、能打胜仗"的出版人才队伍，为出版业繁荣健康发展提供强有力的人才支撑，是一项现实而紧迫的重要任务。

1. 深入开展马克思主义出版观教育。持续加强政治学习、打牢理论根底、坚定理想信念，自觉坚持和运用马克思主义立场、观点、方法分析问题，树立崇高的政治责任感和文化使命感，不断增强政治敏锐性和政治鉴别力。

2. 锤炼高强业务本领。发挥文化名家暨"四个一批"人才等引领示范作用，造就一批出版领军人物和出版家。加大数字出版人才培养力度，培养更多熟悉传统出版和数字出版的复合型人才。注重新人的业务能力培养提升，利用导师制等方式完善人才培养传帮带机制。加强和改进高校相关学科、教材、教学建设工作，培养造就一大批合格出版后备人才，确保出版事业后继有人。

3. 弘扬优良工作作风。引导出版从业人员热爱出版事业，继承弘扬优良传统，坚守出版职责，永葆文化情怀，对读者负责、对社会负责、对历史负责。在全行业大力弘扬工匠精神，以打造出版精品为己任，始终坚持高标准、严要求，坚持坐得住、沉得下、有耐心、有恒心，以出版精品立身立业。加强出版队伍职业道德建设，倡导诚实守信，恪守公序良俗，弘扬新风正气，维护出版工作良好声誉和出版工作者良好形象。通过"入社第一课"、行风行规教育、企业文化建设等多种形式和载体和载体，教育引导从业人员继承弘扬优良传统，增强服务大局服务读者的意识。

4. 加强职业资格管理和继续教育工作。国家对在各类出版单位从事出版专业技术工作的人员实行职业资格制度，对职业资格实行登记注册管理。执行出版单位负责人持证上岗制度。进一步完善出版专业技术人员继续教育相关规定，每年参加继续教育的时间不少于 90 学时。完善培训课程设计、教学方式等，加强政治素养、专业知识、业务技能、职业道德培训，进一步提升出版队伍的整体能力水平。

第五章　文化文艺工作

文化是民族生存和发展的重要力量。人类社会每一次跃进，人类文明每一次升华，无不伴随着文化的历史性进步。没有文明的继承和发展，没有文化的弘扬和繁荣，就没有中华民族伟大复兴的中国梦的实现。党的十八大以来，习近平总书记高度重视文化建设，鲜明提出了坚定文化自信这一重大论断，并将文化自信同道路自信、理论自信、制度自信相并列，成为新时代坚持和发展中国特色社会主义的一个重大命题。

没有文化繁荣，民族复兴就缺失了根植的土壤，没有文化自信，民族复兴就缺失了精神的支撑。党和国家事业发展迈向新征程，急需文化的发展进步和引领支撑；我国社会主要矛盾发生的深刻变化，急需加快推动文化高质量发展；全面深化改革进入新阶段，急需坚定不移推动文化体制改革向深度发展；我国日益走近世界舞台中央，急需加快提升国家文化软实力。伟大时代孕育坚定的时代自信。实现民族复兴不仅需要强大经济、军事等硬实力作基础，更要有强大的政治、文化等软实力来支撑。广大宣传思想文化工作者要勇立时代潮流，坚持高度的文化自信和文化自觉，在更高层次上开创文化改革发展的新局面。

第一节　坚持中国特色社会主义文化发展道路

文化是一个民族、一个国家生存和发展的重要力量。"文化兴则国运兴，文化强则民族强"。中国特色社会主义文化源自中华民族五千多年文明历史所孕育的中华优秀传统文化，熔铸于党领导人民在革命、建设、改革中创造的革命文化和社会主义先进文化，植根于中国特色社会主义伟大实践。坚定中国特色社会主义道路自信、理论自信、制度自信，说到底是要坚定文化自信。

一、坚定文化自信

中国特色社会主义文化是包含中华优秀传统文化、革命文化和社会主义先进文化在内的有机整体。中华优秀传统文化是中华民族的根与魂，是中国特色社会主义的文化之根、文明之源。党领导人民在伟大斗争中孕育的革命文化和社会主义先进文化是对中华优秀传统文化的继承与发展，是中国特色社会主义文化的主体。中华优秀传统文化、革命文化和社会主义先进文化汇聚成当代中国文化的主流，构成当代中国文化优势的三大支点，共同构筑了当代中华儿女的文化自信。

1. 文化自信源于中华优秀传统文化所蕴含的强大"文化基因"

源远流长、博大精深的中华文化积淀着中华民族最深层的精神追求，包含着中华民族最根本的"精神基因"，代表着中华民族独特的精神标识，不仅为中华民族生生不息、发展壮大提供了丰厚滋养，也为人类文明进步作出了独特贡献；不仅铸就了历史的辉煌，而且在今天仍然闪耀着时代的光芒。20世纪英国哲学家罗素曾经说过，"中国至高无上的伦理品质中的一些东西，现代世界极为需要"，"若能够被全世界采纳，地球上肯定比现在有更多的欢乐祥和"。现在，国内出现"国学热"，国际上出现"中华文化热""孔子热"，很多人都在探讨中华传统文化中讲仁爱、重民本、守诚信、崇正义、尚和合、求大同等思想的时代价值，这也生动地表明了我们传统文化的重要现实意义。那种数典忘祖、蔑视传统、一味丑化民族文化的做法，是十分有害的。当然，弘扬优秀传统文化决不是回到过去、守旧复古，而是要立足新的实践、顺应时代潮流，不断进行新的文化创造。传统文化中也确实存在一些糟粕，需要摒弃。对待传统文化，还是要按照"取其精华、去其糟粕，古为今用、推陈出新"的要求，进行科学梳理、精心萃取，深入挖掘和提炼有益的思想价值，使之不断发扬光大，成为涵养民族精神的不竭源泉。

2. 文化自信源于马克思主义在意识形态领域指导地位的确立和巩固

马克思主义是人类思想史上最伟大的成果，它以科学的世界观和方法论，揭示了人类社会发展的基本规律，也为先进文化建设指明了正确方向。我们党从一诞生就举起了马克思主义这面旗帜，并在同中国实际相结合的过程中不断推进马克思主义中国化，正是有了马克思主义，中华文化注入了先进的思想内涵，中国人民获得了科学的、锐利的思想武器，在思想上、精神上得到了极大的解放。正如毛泽东同志在《唯心历史观的破产》中所说，"自从中国人学会了马克思列宁主义以后，中国人在精神上就由被动转入主动"。我们现在讲"老祖宗"不能丢，这是历史的结论，也是现实的必然。在新的形势下，我们只有坚持以马克思主义为指导，用发展着的马克思主义引领文化建设，才能在纷繁复杂的社会意识和社会文化生态中，辨析主流和支流、区分先进与落后、划清积极与消极，有效引领各种社会思潮、抵御腐朽文化影响，不断巩固全党全国人民团结奋斗的共同思想基础。

3. 文化自信源于党和人民伟大斗争中孕育的革命文化所竞相迸发的持续文化动力

我们党领导各族人民在进行革命、建设和改革的历史实践中，创造了鲜明独特、奋发向上的革命文化。从井冈山精神、长征精神、延安精神、西柏坡精神，到雷锋精神、大庆精神、"两弹一星"精神，再到载人航天精神、北京奥运精神、抗震救灾精神，这些富有时代特征、民族特色的宝贵财富，不断实现着中华文化的再生再造，为我们在新的历史条件下推进文化建设奠定了坚实基础。现在，有的人以所谓重新评价为名，搞历史虚无主义，认为革命文化是"过去时"，今天讲革命文化没什么意义，随心所欲地戏说历史、消解红色经典，对英雄人物、历史人物进行颠覆性评价。这是对历史的肆意歪曲，也是对文化的肆意亵渎。应当看到，在中国人民艰辛革命历程中形成的革命文化，是中华民族优秀文化传统的凝聚升华，是中国共产党和中国人民伟大创造精神的生动体现。不论现在还是将来，革命文化都是激励我们不懈奋斗的强大精神力量。建设和发展社会主义先进文化，一定要用好用足党领导人民创造的丰富革命文化资源，使之深深融入人们的精神世界，不断汇聚新的精神力量。

二、做到文化自觉

文化自觉，主要指一个民族、一个政党在文化上的觉悟和觉醒，包括对文化在历史进步中地位作用的深刻认识，对文化发展规律的正确把握，对发展文化历史责任的主动担当。历史和现实表明，一个民族的觉醒，首先是文化上的觉醒；一个政党的力量，很大程度上取决于文化自觉的程度。可以说，是否具有高度的文化自觉，不仅关系到文化自身的振兴和繁荣，而且决定着一个民族、一个政党的前途命运。新的时代迫切需要我们进一步增强文化自觉，做好"创造性转化、创新性发展"这篇大文章。

1. 处理好"破"与"立"

2014 年 9 月 24 日，习近平总书记在纪念孔子诞辰 2665 周年国际学术研讨会暨国际儒学联合会第五届会员大会开幕会上指出："传统文化在其形成和发展过程中，不可避免会受到当时人们的认识水平、时代条件、社会制度的局限性的制约和影响，因而也不可避免会存在陈旧过时或已成为糟粕性的东西。"这就要求我们在学习、研究、应用传统文化时坚持古为今用、推陈出新，结合新的实践和时代要求进行正确取舍，立破并举、涤旧生新，使之与现实文化相融相通，共同服务以文化人的时代任务。

塑造社会主义文化，重要的是在筑魂立心上下工夫。应当看到，改革开放以来，我国经济发展很快、人民生活水平提高也很快，同时在思想精神层面也出现一些问题。比较突出的就是一些人观念没有善恶，行为没有底线，不讲对错，不问是非，不知美丑，不辨香臭。说到底，就是价值观缺失，以致精神上变得"失魂落魄"。越是这样的时刻，越需要发挥优秀文化引领时代风尚、铸就民族魂魄的重要作用，为我们的民族凝魂聚气，为我们的时代凝心聚力。正是基于全局和战略的考量，我们党明确提出建设社会主义核心价值体系是凝魂聚气、强基固本的基础工程。推进文化建设，必须把塑造社会主义核心价值观作为一项根本任务抓紧抓好，坚持不懈地用马克思主义中国化最新成果武装全党、教育人民，用中国特色社会主义共同理想凝聚力量，用以爱国主义为核心的民族精神和以改革创新为核心的时代精神鼓舞斗志，用社会主义荣辱观引领风尚。

2. 处理好"守"和"变"

2016年5月17日，习近平总书记在哲学社会科学工作座谈会上的指出："中华文化延续着我们国家和民族的精神血脉，既需要薪火相传、代代守护，也需要与时俱进、推陈出新。要加强对中华优秀传统文化的挖掘和阐发，使中华民族最基本的文化基因同当代中国文化相适应、同现代社会相协调，把跨越时空、超越国界、富有永恒魅力、具有当代价值的文化精神弘扬起来，激活其内在的强大生命力，让中华文化同各国人民创造的多彩文化一道，为人类提供正确精神指引。"

传承中华优秀传统文化，推动创造性转化、创新性发展，就要加强中华优秀传统文化研究挖掘，系统梳理中华优秀传统文化的历史渊源、发展脉络、时代影响，厘清其丰富内涵，阐明其独特创造、价值理念。就是要深入开展中华优秀传统文化普及，完善传统文化教育，加强中华"文化基因"校园传承。就是要加强文化遗产保护，实施文化遗产保护工程，健全非物质文化遗产保护制度，支持非物质文化遗产展览、展示、传承，推进非物质文化遗产生产性保护。

3. 处理好"中"和"外"

"文明因交流而多彩，文明因互鉴而丰富。"① "进行文明相互学习借鉴，要坚持从本国本民族实际出发，坚持取长补短、择善而从，讲求兼收并蓄，但兼收并蓄不是囫囵吞枣、莫衷一是，而是要去粗取精、去伪存真。"② 习近平总书记有关文明交流互鉴的一系列重要论述，阐述了对于中华文化和外来文化的看法和主张。文明的繁盛、人类的进步，离不开求同存异、开放包容，离不开文明交流、互学互鉴。推动文明交流互鉴，把握好"中"和"外"的关系，要不忘本来、吸收外来、面向未来，既立足本土，始终保持对自身文化的自信、耐力、定力；又面向世界，在汲取各种文明养分中实现创新发展。③

把握好"中"和"外"，就要不忘本来——坚定文化自信，坚持民族的就是世界的，讲好中国故事，传播中国声音，阐释中国特色，增强中华文化亲和力、感染力、吸引力和竞争力。就要吸收外来——敞开胸襟、放眼世界，主动吸纳有利于我国发展的先进文化，吸收借鉴世界各民族文化中的有益成分，以我为主，为我所用，为中华文化注入新活力。就要面向未来——展大国责任，树大国担当，围绕破解人类社会共同难题和开创人类世界美好未来，把中华优秀

---

① 习近平：《在联合国教科文组织总部的演讲》，《人民日报》2014 年 3 月 28 日。
② 习近平：《在纪念孔子诞辰 2565 周年国际学术研讨会暨国际儒学联合会第五届会员大会开幕会上的讲话》，《人民日报》2014 年 9 月 25 日。
③ 刘奇葆：《坚定文化自信，传承中华文脉》，《求是》2017 年第 8 期。

传统文化中具有当代价值、世界意义的思想资源挖掘出来、传播出去，为世界文明的多样性发展贡献中国智慧、提供更多中国方案，积极参与构建人类命运共同体，与其他文化一道携手推进人类文明发展进步。

三、坚持正确前进方向

新时代文化建设的指导方针和发展路径已经十分明确，我们必须牢牢把握、始终坚持，并自觉贯彻落实到工作中去，努力在中国特色社会主义文化发展道路上实现文化新跨越、创造文化新辉煌。

1. 坚持为人民服务、为社会主义服务

文化建设是党和人民事业的重要组成部分，必须牢牢站稳人民立场，自觉服从服务于大局。一旦脱离人民，文化建设就会丧失根基，成了无源之水、无本之木；一旦偏离大局，文化建设就会迷失方向，给党和人民事业带来损害。必须牢固树立宗旨意识，不断强化大局观、全局观，把为人民服务、为社会主义服务统一于文化建设实践之中。要更加自觉地坚持以人民为中心的发展思想，始终把人民利益摆在至高无上的地位，把实现好、维护好、发展好人民最关心、最直接、最现实的利益作为出发点和落脚点，让文化改革发展成果更多更公平惠及全体人民，不断满足人民精神文化需求，更好推动人的全面发展。要更加自觉地把围绕中心、服务大局作为基本职责，坚持一切在大局下思考、一切在大局下行动，找准工作结合点和着力点，提高服务大局的能力和水平，更好推动经济持续健康发展和社会全面进步。

2. 坚持百花齐放、百家争鸣

激发全民族文化创新创造活力，是推动文化大发展大繁荣的关键所在。只有形成导向正确、积极健康的文化环境，才能成就文化理想、实现文化价值；只有营造生动活泼、宽松和谐的文化氛围，才能焕发文化生命力、创造力。要提倡理论创新、文化创新、知识创新，提倡不同观点、不同风格、不同流派相互切磋、平等讨论，鼓励解放思想、大胆探索，尊重差异、包容多样，让文化创新精神竞相迸发、持续涌流。当然，我们讲尊重差异、包容多样，并不是无原则的尊重、无底线的包容，决不能让错误的东西、腐朽的东西、落后的东西滋生蔓延。要注意研究纷繁复杂的文化现象，辨析主流与支流、区分先进与落后、划清积极与消极，营造风清气正的文化生态。知识分子是文化建设的重要力量，要认真贯彻党的知识分子政策，加强团结、加强引导，最大限度发挥他们文化创造的积极性，最大限度把他们凝聚在党的周围。

3. 坚持创造性转化、创新性发展

创新创造是文化的生命所在，是文化的本质特征。任何一个国家和民族文化的发展，都离不开继承传统和借鉴外来，更离不开创造性转化和创新性发展。凡是源远流长、历久弥新的文化，既渗透着"历史基因"又浸润着时代精神，既延续着本土文化的血脉又吸纳着外来文明的精华。要客观、科学、理性地对待中华优秀传统文化，结合新的时代条件和实践要求对其内涵和表现形式加以补充、拓展、完善，赋予其新的时代内涵和现代表达形式，充分展现中华文化独特魅力和时代价值。要坚持开放包容，以更加自信的心态、

更加宽广的胸怀，广泛参与世界文明对话，借鉴吸收人类文明成果，增强中华文化的影响力和吸引力。

第二节 繁荣发展社会主义文艺

不论是在战争年代，还是新中国成立后，文艺战线都是党和人民的重要战线。抗日战争和解放战争时期，广大文艺工作者以笔代枪，以歌抗战，创作了一大批富于感染力和战斗力的作品，极大鼓舞了人民士气，振奋了民族精神。新中国成立 70 多年来，广大文艺工作者更是创作了一批批脍炙人口的文艺作品，极大地丰富了人们的精神文化生活。2014 年 10 月 15 日，习近平总书记在文艺工作座谈会上指出："文艺是时代前进的号角，最能代表一个时代的风貌，最能引领一个时代的风气。"实现"第二个百年"奋斗目标、实现中华民族伟大复兴的中国梦，文艺的作用不可替代，文艺工作者大有可为。

一、做好文艺工作的重大意义和指导思想

1. 充分认识文艺工作的重要作用

文艺是民族精神的火炬，是时代前进的号角，最能代表一个民族的风貌，最能引领一个时代的风气。文艺事业是党和人民事业的重要组成部分。我们党历来高度重视文艺工作，在革命、建设、改革各个时期，充分运用文艺引领时代风尚、鼓舞人民前进、推动社

会进步。实现中华民族伟大复兴，离不开中华文化繁荣兴盛，离不开文艺事业繁荣发展。"举精神旗帜、立精神支柱、建精神家园"，是当代中国文艺的崇高使命。弘扬中国精神、传播中国价值、凝聚中国力量，是文艺工作者的神圣职责。

2. 准确把握文艺工作面临的形势

当前，我国文艺创作领域异常活跃，内容形式丰富，风格手法多样，涌现了一大批人民群众喜爱的优秀作品，呈现出百花竞放、蓬勃发展的生动景象。广大文艺工作者辛勤耕耘、服务人民，取得了显著成绩，作出了重要贡献。随着改革开放和社会主义现代化建设深入推进，我国经济社会发展取得巨大成就，现代科学技术日新月异，对外交流交往不断加深，国际地位显著提升，人民精神文化需求日益增长，为文艺发展提供了坚实基础、内在动力、广阔空间。同时，意识形态领域形势十分复杂，巩固思想文化阵地、维护国家文化安全的任务更加紧迫；在思想活跃、观念碰撞、文化交融的背景下，文艺领域还存在价值扭曲、浮躁粗俗、娱乐至上、唯市场化等问题，价值引领的任务艰巨迫切；文艺创作生产存在有数量缺质量、有"高原"缺"高峰"，抄袭模仿、千篇一律、粗制滥造等问题，推出精品力作的任务依然繁重；文艺评论存在"缺席""缺位"现象，对优秀作品推介不够，对不良现象批评乏力，文艺评论辨善恶、鉴美丑、促繁荣的作用有待强化。文艺环境、业态、格局深刻调整，创作、传播、消费深刻变化，新的文艺组织和文艺群体大量出现，引导、管理、服务的体制机制、手段方法亟须改革创新。

3. 文艺工作的指导思想和方针原则

高举中国特色社会主义伟大旗帜，以马克思列宁主义、毛泽东思想、邓小平理论、"三个代表"重要思想、科学发展观、习近平新时代中国特色社会主义思想为指导，坚持社会主义先进文化前进方向，全面贯彻"二为"方向和"双百"方针，紧紧依靠广大文艺工作者，坚持以人民为中心，以社会主义核心价值观为引领，以中国精神为灵魂，以中国梦为时代主题，以中华优秀传统文化为根脉，以创新为动力，以创作生产优秀作品为中心环节，深入实践、深入生活、深入群众，推出更多无愧于民族、无愧于时代的文艺精品，不断满足人民精神文化需求，建设社会主义文化强国，为实现"第二个百年"奋斗目标、实现中华民族伟大复兴的中国梦提供强大的价值引导力、文化凝聚力、精神推动力。

二、创作无愧于时代的优秀作品

引领时代风气，文艺不能迷失价值方向；塑造民族之魂，文艺不能远离人民生活。"社会主义文艺，从本质上讲，就是人民的文艺"。习近平总书记在中国文联第十一次全国代表大会、中国作协第十次全国代表大会开幕式上的重要讲话中强调，源于人民、为了人民、属于人民，是社会主义文艺的根本立场，也是社会主义文艺繁荣发展的动力所在。

1. 举精神之旗

习近平新时代中国特色社会主义思想是党和国家必须长期坚持的指导思想，是实现中华民族伟大复兴的行动指南，是全党全国各族人民的思想之旗、精神之旗。要把抓好这一思想的学习宣传贯彻作为首要政治任务，自觉主动学、及时跟进学、联系实际学、笃信笃行学，切实用科学理论武装头脑、指导实践、推动工作。党的十八大以来，习近平总书记对文艺工作十分关心、格外厚爱，亲自主持召开文艺工作座谈会，出席中国文联十大、十一大，中国作协九大、十大开幕式。党的十九大以来，先后给内蒙古自治区苏尼特右旗乌兰牧骑队员们、新近入党的电影表演艺术家牛犇、中央美术学院老教授等写信回信，亲切看望参加全国政协联组会的文艺界代表，围绕做好新时代文艺工作作出了一系列重要论述。我们要认真学习贯彻习近平新时代中国特色社会主义思想特别是关于文艺工作的重要论述，不断增强政治认同、思想认同、情感认同，把贯穿其中的坚定信仰信念、真挚人民情怀、自觉历史担当，体现到创作实践之中，落实到具体行动之上，用艺术的方式、优秀的作品展现中国道路、弘扬中国精神，推动习近平新时代中国特色社会主义思想更加深入人心，转化为神州大地的生动实践。

2. 铸时代之魂

伟大的时代呼唤杰出的诗人、作家、艺术家，呼唤伟大的文艺作品。现代、文明、健康的社会，需要与之相匹配的刚健、有力、向上的精神文化。我们所处的这个伟大时代，是党领导人民开辟中国特色社会主义新境界的新时代，是中华民族孜孜以求、追梦圆梦的好时代，是当代中国从容自信、不断为世界作出新贡献的大时代。在新中国 70 多年波澜壮阔的伟大历程中，文艺总能立时代之潮头、发时代之先声，激荡起不竭不息的精神力量。《暴风骤雨》《上甘岭》《焦裕禄》等作品激励了人们依靠艰苦奋斗、永远奋斗建设一个社会主义新中国的冲天干劲；《二十年后再相会》《春天的故事》《我的中国心》等作品激起了中华儿女投身改革开放、追求幸福生活的巨大热情；《红海行动》《战狼 2》《流浪地球》《我和我的祖国》《我和我的家乡》《我和我的父辈》《长津湖》等作品激发了奋进新时代、创造新业绩的自觉自信。我们要紧紧抓住生活的本质和主流，既要避免高大全、刻板地摹写现实，也要防止远离时代、脱离群众，绝不能把支流当主流、把现象当本质，绝不能把低俗当通俗、把欲望当希望，绝不能把单纯感官娱乐当精神快乐。

3. 怀赤子之心

人民既是中国精神的创造者，又是中国精神的传播者，还是中国精神的实践者。坚持以人民为中心的创作导向，聚焦人民群众的丰富实践和鲜活生活，才能掌握人民群众中不断涌现的先进典型和感人事迹，加以升华提炼，对中国精神进行生动的时代书写。"为什么人的问题，是一个根本的问题，原则的问题。"毛泽东同志在第一次全国文代会上就对大家说，"你们都是人民所需要的人，你们是人民的文学家、人民的艺术家、或者是人民的文学艺术工作的组织者"。邓小平同志在第四次全国文代会上的祝词中指出，"人民是文艺工作者的母亲。一切进步文艺工作者的艺术生命，就在于他们同人民之间的血肉联系"。江泽民同志要求广大文艺工作者"在人民的历史创造中进行艺术的创造，在人民的进步中造就艺术的进步"。胡锦涛同志强调："只有把人民放在心中最高位置，永远同人民在一起，坚持以人民为中心的创作导向，艺术之树才能常青。"习近平总书记多次强调，人民需要文艺，文艺需要人民，文艺要热爱人民。坚持为人民服务、为社会主义服务，是党对文艺战线提出的一项基本要求，也是决定我国文艺事业前途命运的关键所在。只有始终把人民的冷暖放在心中、把万家的忧乐倾注笔端，才能获得取之不尽、用之不竭的创作源泉。

4. 树凌云之志

立德、立功、立言，是古人所说的"三不朽"。对于作家艺术家来说，创作的过程就是"立言"的过程，同时也是"立德""立功"的过程。每一个有追求的作家艺术家，都应该严肃对待自己的作品，以十年磨一剑的坚韧，追求卓越、精益求精，而不是把作品当成商品甚至一次性的"快消品"。德国著名作家君特·格拉斯在创作代表作《铁皮鼓》的过程中，曾经为小说的开头第一句话绞尽脑汁、冥思苦想，长达三年多时间。路遥为创作《平凡的世界》，脚步遍及陕北乡村城镇，多次到弟弟工作的铜川鸭口煤矿体验生活，大量阅读了 1975 年到 1985 年的中央各大报纸，光剪报和笔记就做了几大箱子。这些事例都告诉我们，攀登文艺高峰没有捷径可走，要树立远大志向，更要付出艰辛努力。广大文艺工作者必须把创作生产优秀作品作为中心环节，坚定文化自信，植根中国大地，大力弘扬中华美学精神，进一步突出文艺创作的民族性、原创性、时代性，进一步发挥文艺理论、文艺评论的导向作用，不断提升作品的精神高度、文化内涵、艺术价值。要把创新贯穿文艺创作生产的全过程，大力拓展文艺题材、内容、形式、手法，充分利用新技术新媒介，推出更多思想精深、艺术精湛、制作精良的精品力作。

5. 践攀登之行

改革开放以来，我国文艺创作迎来了新的春天，产生了大量脍炙人口的优秀作品。同时，也不能否认，在文艺创作方面，也存在着有数量缺质量、有"高原"缺"高峰"的现象，存在着抄袭模仿、千篇一律的问题，存在着机械化生产、快餐式消费的问题。文艺环境尚需优化，发展格局有待调整。我们应正视文艺创作中存在的这些突出问题，以踏石留印、抓铁有痕的精神抓精品力作，不断提高文艺作品的质量，打造文艺创作的"高峰"，努力创作无愧于我们这个伟大民族、伟大时代的作品。文艺精品承载着人们的情感和梦想，体现着一个民族的思想深度、文化厚度和精神高度。文艺工作的中心环节就是引导广大文艺工作者坚守文艺的审美理想、彰显文艺的独特价值，尊重艺术规律，孜孜以求、精益求精，用情、用功、用心、用时间去锤炼作品，生动书写中国精神。要建立健全作家艺术家深入群众、体验生活制度，深化"走转改"活动，探索"结对子、种文化"工作机制，引导广大文艺工作者努力做到"动心、动情、动脚、动手、动脑"。广大文艺工作者要进一步坚定人民立场，牢固树立以人民为中心的创作导向，结合深入开展的"脚力、眼力、脑力、笔力"教育实践，深入生活、扎根人民，向人民学习、向实践学习，创作生产出更多群众喜闻乐见的优秀作品，为人民奉献更加丰富的精神食粮，更好满足人民精神文化生活新期待。

三、建设德艺双馨的文艺队伍

文艺承担养成风化人的职责。立德树人的人，必先立己；铸魂培根的人，必先铸己。一个艺术家既要有杰出的艺术成就，更要有高尚的道德品质。德艺双馨既是艺术家获得成功的必由之路，也是艺术家终生奋斗的目标，要努力以高尚的操守和文质兼美的作品，为历史存正气，为世人弘美德、为自身留清名。建设一支德艺双馨的文艺队伍，是发展社会主义先进文化的迫切需要，是党和人民的殷切期盼。

1. 加强思想道德建设

文艺工作者是人类灵魂的工程师，必须把思想道德建设放在首位。深化马克思主义文艺观学习教育，引导文艺工作者成为党的文艺方针政策的拥护者、践行者，成为时代风气的先行者、先倡者。深化社会主义核心价值观学习教育，引导文艺工作者打牢世界观、人生观、价值观的根底，明确是非、善恶、美丑的界限，摒弃低俗、庸俗、媚俗现象，弘扬公德良序，树立新风正气。组织开展"做人民喜爱的文艺工作者"活动，引导文艺工作者牢记文化担当和社会责任，不断提高学养、涵养、修养。广泛开展职业道德职业精神教育，引导文艺工作者自觉遵守《中国文艺工作者职业道德公约》，处理好义利关系，反对拜金主义、享乐主义、极端个人主义，秉持职业操守，树立良好形象。

2. 培养造就文艺领军人物和高素质文艺人才

着眼于培养大批有影响的各领域文艺领军人物，造就大批人民喜爱的名家大师和民族文化代表人物，深入实施文化名家暨"四个一批"人才工程，进一步加大文艺名家资助扶持、宣传推介力度，实施好国家"千人计划""万人计划"文化艺术人才项目，加大国内文化艺术领军人才和青年拔尖人才培养支持力度。加强马克思主义文艺理论评论队伍建设，实施文艺理论评论队伍培养计划。做好各类文艺人才培训工作，实施基层文化队伍培训计划、民族地区文艺人才培养计划。加强和改进专业艺术教育工作，优化专业结构，提高教学质量。落实重大文化项目首席专家制度，完善文艺人才职称职务评聘措施和办法，支持特殊专业艺术人才的学历、职称认定等。

3. 做好新的文艺组织和文艺群体工作

新的文艺组织和文艺群体已经成为文化艺术领域的有生力量。要扩大工作覆盖面，延伸联系手臂，完善工作机制，创新组织方式，做好团结、引导、服务工作，发挥好新的文艺组织和文艺群体在繁荣发展社会主义文艺中的积极作用。各级宣传、文化、新闻出版广电部门和文联、作协，要在项目申报、教育培训、展演展示、评比奖励等方面创造条件，在发展会员、职称评定等方面提供便利。文化园区、新的文艺群体聚居区所在县（区）以及街道、乡镇党委和政府要切实加强管理和服务。

4. 加强和改进党对文艺工作的领导

各级党委要从建设社会主义文化强国、提升党的执政能力的战略高度，把文艺工作纳入重要议事日程，加强宏观指导，把好文艺方向，提高创作生产的组织化程度，防止把文艺创作生产完全交由市场调节的倾向。要营造繁荣发展文艺的良好环境，尊重文艺人才，尊重文艺创造，落实国家荣誉制度，对成就卓著的文艺工作者授予国家荣誉称号。大力支持文艺工作者干事创业，诚心诚意同他们交朋友、为他们办实事。要不断深化改革、完善体制机制，建立健全有利于出作品、出人才的体制机制。

第三节 推动社会主义文化繁荣兴盛

满足人民过上美好生活的新期待，必须提供丰富的精神食粮。中国特色社会主义进入新时代，我们要以高度的文化自觉、坚定的文化自信，在实践创造中进行文化创造，在历史进步中实现文化进步，为建设社会主义文化强国作出更大贡献。

一、深化文化体制改革

文化体制改革是全面深化改革的重要组成部分，是解放和发展文化生产力的必由之路。深化文化体制改革，推动文化体制机制创新，对于扎实推进社会主义文化强国建设，促进文化事业全面繁荣和文化产业快速发展，具有重要作用。

在 2018 年 8 月召开的全国宣传思想工作会议上，习近平总书记指出："要坚定不移将文化体制改革引向深入，不断激发文化创新创造活力。"这为全面深化文化体制改革指明了前进方向、提供了根本遵循。要从战略高度深刻认识文化的重要地位和作用，以高度的责任感和紧迫感，顺应时代发展要求，深入推进文化体制改革，推动社会主义文化大发展大繁荣。

1. 坚持把社会效益放在首位

习近平总书记强调，"要在继续大胆推进改革、推动文化事业全面繁荣和文化产业快速发展、建设社会主义文化强国的同时，把握好意识形态属性和产业属性、社会效益和经济效益的关系，始终坚持社会主义先进文化前进方向，始终把社会效益放在首位"①。文化产品和服务承载着思想信念、审美情趣、价值选择，文化产业兼具意识形态和经济双重属性。文化单位无论什么样的所有制、什么样的经营机制，都要始终把社会效益放在首位。牢记文化责任和社会担当，正确把握艺术个性和社会道德的关系。当社会效益和经济效益发生矛盾时，经济效益要服从社会效益，市场价值要服从社会价值。

坚持社会效益和经济效益相统一。就文化企业而言，社会效益是经济效益的前提，经济效益是社会效益的支撑，缺乏社会效益的经济效益难以生存，缺乏经济效益的社会效益无法持续。把握意识形态属性，主要体现在导向和内容上，关键是在资产结构、主要干部任用、市场准入、监督制约机制和依法监管上把好关口。把握经济属性，关键是遵循市场经济规律，在企业架构、成本控制、市场营销、人力资源管理、投融资等方面全面引入市场机制，真正把文化企业培育成为合格的市场主体。实现社会效益和经济效益相统一，既不能忽视和否定经济指标，也不能将这些指标绝对化，要合理设置反映市场接受程度的发行量、收视率、点击率等量化指标，走出一条具有中国特色、"两个效益"相统一的文化发展道路。

2. 进一步完善文化管理体制

创新文化管理体制是加强和改进党对意识形态工作领导的内在

---

① 中央文献研究室：《习近平关于社会主义文化建设论述摘编》，中央文献出版社 2017 年版，第 185 页。

要求，是行政管理体制改革的重要方面，也是深化文化体制改革的重点任务。必须牢牢把握正确方向，建立健全党委领导、政府管理、行业自律、社会监督、企事业单位依法运营的文化管理体制，切实提高文化领域管理效能和服务水平。

加快转变政府职能。党的十九届四中全会提出："深化文化体制改革，加快完善遵循社会主义先进文化发展规律、体现社会主义市场经济要求、有利于激发文化创新创造活力的文化管理体制和生产经营机制。"文化宏观管理体制改革，着眼"转变职能、简政放权"，最大限度调动个人、企业和社会的文化活力和创造力。推进文化行政管理体制改革，切实履行市场监管、市场引导和政策调节的政府职能。放宽对文化市场的管控，理顺政府与市场的关系，把市场能办的事情交给市场，把政府不该管的事情交给企业和社会，把地方可以管好的事情交给地方政府，同时，加强各环节的监管力度，精简办事流程与审批程序，激发文化企业的创造力。

加快文化法规法律体系建设。党的十八大以来，在全面依法治国的大背景下，文化立法工作逐步推进，文化法律制度逐步健全，文化立法结构不断优化。新形势下文化立法工作面临新挑战新任务，需加快文化法规法律体系建设，促进文化繁荣发展。要做好系统谋划和顶层设计，把文化立法摆在更加突出的位置，增强科学性前瞻性，组织各方力量集体攻关，加强研究储备。要加快推进纳入立法规划的文化立法项目，广泛听取意见，深入研究论证。要补齐法制短板，加强重点领域文化立法，加强薄弱环节，在道德领域、互联网领域、文化市场管理领域加强立法，以良法善策导民以善、禁民以非。要抓好普法教育，推进严格执法，加强对文化法律法规的宣传解读，提高公众法治意识和法治素养。

完善国有文化资产监管体制。国有文化资产是宣传文化事业的重要资源之一，是推动社会主义文化大发展大繁荣的基础和保障。管好用好国有文化资产，要建立健全监管体制，推动党委和政府监管有机结合、管人管事管资产管导向相统一，建立国有文化资产监管机构，释放监督的力量。要加快优化国有文化资产产业结构，加大对新兴文化领域的投资力度，鼓励非公有制经济以多种形式投资国有文化企业，推动跨地区、跨行业并购重组。要加强综合效益绩效考核，开展社会效益考核试点，合理设置具体化、可量化的社会效益指标，以相关激励导向政策推动企业人员结构、企业结构向合理高效转变，确保实现"两效统一"。

3. 建立健全现代文化市场体系

必须加快构建统一、开放、竞争、有序的现代文化市场体系，进一步打破文化市场条块分割、地区封锁、城乡分离的传统格局，完善文化市场准入和退出机制，鼓励各类市场主体公平竞争、优胜劣汰，促进文化资源在全国范围内流动。

鼓励非公有制文化企业发展。引导社会资本以多种形式投资文化产业，允许其参与对外出版、网络出版，允许其以控股形式参与国有影视制作机构、文艺院团改制经营。加强和改进对非公有制文化企业的服务和管理，引导它们自觉履行社会责任。支持各种形式的小微文化企业发展，加大财税扶持，缓解融资难题，为其加快发展创造良好环境。在坚持出版权、播出权特许经营前提下，允许制作和出版、制作和播出分开。

建立多层次文化产品和要素市场。重点发展图书、电子音像制品、演出娱乐、影视剧、动漫游戏等产品市场，加快培育产权、版权、技术、信息等要素市场，进一步完善中国国际文化产业博览交易会等综合交易平台。大力发展连锁经营、物流配送、电子商务等现代流通组织和流通形式，加快建设大型文化流通企业和文化产品物流基地。鼓励金融资本、社会资本、文化资源相结合。创新投融资体制，支持国有文化企业面向资本市场融资，办好重点文化产权交易所，完善文化无形资产评估，健全文化中介机构。

完善文化经济政策。对当前行之有效的文化经济政策进行延续和规范，对不适应实际需要的政策及时进行修订和完善，探索推动文化经济政策创新。提高文化支出占财政支出的比例，扩大政府文化资助和文化采购。健全文化产品评价体系，改革评奖制度，充分发挥评奖在文化产品创作生产中的示范、导向和激励作用。加强版权保护，鼓励文化原创，加大对拥有自主知识产权、弘扬民族优秀文化的产业支持力度，打造知名品牌，推出更多文化精品。

二、推动文化事业繁荣发展

改革开放以来，我国文化事业取得长足发展，公共文化投入力度持续加大，公共文化服务设施不断完善，服务能力和服务水平明显提升。根据国家统计局发布的数据，2021 年上半年文化企业发展持续向好。全国规模以上文化及相关产业企业实现营业收入 54380亿元，比上年同期增长 30.4%，比 2019 年上半年增长 22.4%。[①]

[①]　参见《〈新闻直播间〉国家统计局上半年文化企业发展持续向好》，中央电视台，2021 年8 月 4 日。

广播影视制播能力显著增强，形成了覆盖电台、电视台、报刊、网络广播电视和移动多媒体广播电视的传播新格局。新闻出版业发展迅速，围绕弘扬社会主义主旋律，图书、期刊、报纸品种倍速递增。文化遗产保护成效突出，文化遗产保护体系逐步建立。

习近平总书记在中共中央政治局第十二次集体学习时指出："要弘扬社会主义先进文化，深化文化体制改革，推动社会主义文化大发展大繁荣，增强全民族文化创造活力，推动文化事业全面繁荣、文化产业快速发展，不断丰富人民精神世界、增强人民精神力量，不断增强文化整体实力和竞争力，朝着建设社会主义文化强国的目标不断前进。"

1. 推进基本公共文化服务标准化、均等化

要推动公共文化服务标准化、均等化，坚持政府主导、社会参与、重心下移、共建共享，完善公共文化服务体系，提高基本公共文化服务的覆盖面和适用性。推动实现基本公共文化服务标准化、均等化，是保障人民群众基本文化权益的必然要求，也是构建现代公共文化服务体系的必然要求。实现公共文化服务标准化、均等化，保障人民群众享受基本公共文化服务，一要健全公共文化设施运行管理和服务标准体系，发挥政府主导作用，依据实际情况制定具有本地区特点的公共文化服务实施办法，完善各级各类公共文化基础设施。二要健全城乡公共文化服务供给机制，改善文化供给，优化资源配置，实施基层群众文化建设工程，培育和壮大群众文艺力量，鼓励、支持、引导基层群众、基层文化团体开展多种文化活动，充分激发群众在文化创造过程中的积极性、主动性，大力培育"地方

军""生力军"，推动城乡间公共文化服务均衡协调发展。三要健全
公共文化服务保障制度，强化组织领导，加大对基层公共文化设施
建设的资金、项目和政策的倾斜力度，切实推进基本公共文化服务
标准化、均等化，推动区域间公共文化服务均衡协调发展。

2. 创新公共文化服务运行机制

高效运转的公共文化服务运行机制，需要发挥市场机制和社会
力量的作用，提高公共文化资源使用效益。坚持以群众为中心的服
务导向，提高服务质量和水平，鼓励社会组织和企业参与公共文化
设施运营和产品服务供给。充分运用现代信息技术和互联网传播技
术，创新公共文化服务管理手段，完善群众文化需求反馈机制，利
用大数据、云计算等新兴技术，及时准确了解和掌握群众文化需求，
建立"菜单式""订单式"模式，提高公共文化服务供需的匹配程
度。完善公共文化服务评价考核机制，健全群众评价和反馈机制，
探索第三方评价机制，努力提升公共文化服务的群众满意度。

3. 提高公共文化服务效能

提高公共文化服务效能是公共文化建设的重点，一要推进公共
文化服务社会化、专业化。通过政府购买服务等方式，采取政府与
社会资本合作、项目补贴、定向资助等方式，吸引文化企业、社会
组织等社会力量参与公共文化服务供给，同时深化文博图等公益性
文化单位内部改革，吸纳有关社会人士参与管理。二要推进基层公
共文化设施资源共建共享。统筹各类文化惠民工程，整合宣传文化、
党员教育、科普普法、体育健身等各类资源，建设基层综合性文化
服务中心，推动资源共享、服务联通，实现"一站式"服务。三要

推动人事制度和薪酬分配制度改革。创新人事管理制度，建立健全分类管理、人才引进、激励约束、考核评价等机制，创新薪酬分配制度，健全岗位工资、绩效工资等多种形式的薪酬分配机制，探索开展股权激励、员工持股、职业经理人等试点，增强从业人员的事业心、归属感、忠诚度，提高管理和服务水平。

三、推动文化产业转型升级

自 2003 年启动文化体制改革试点工作以来，我国文化产业进入快速发展时期，成为新的经济增长点之一。文化经济总量明显增加，2021 年上半年全国规模以上文化及相关产业企业营业收入增长30.4%，两年平均增长10.6%。文化市场繁荣发展，新兴文化业态成为文化产业发展的新动能和新增长点。同时，文化产业发展呈现规模化、集约化、专业化特点，文化骨干企业数量大幅增加，文化产业园区和基地规划建设不断推进。

1. 大力培育文化市场主体

企业强则产业兴。推动文化产业做大做强，关键是要打造一批主业突出、核心竞争力强、市场占有率高的领军型文化企业，培育一批"专、精、特、新"的中小微文化企业，形成中小微文化企业"铺天盖地"、大型文化企业集团"顶天立地"的市场主体格局。一是要加快发展壮大国有骨干文化企业，支持国有文化企业联合重组，形成面向市场、具有独特优势、可持续发展的经营模式。二是要加快发展壮大民营文化企业，在优化营商环境、培育创新创业生态、激活民间力量、加强政府引导上出实招、用实劲，把产业链、生态链、价值链贯通起来抓，有针对性地加强多维度的政策扶持，提高文化企业竞争力。三是要大力培育中小微文化企业，大力加强文化企业孵化器、公共服务平台、众创空间建设，鼓励文化名人设立工作室，鼓励文化能人、创客自主创业，形成集聚效应，打造各具特色的"中小微文化企业集群"，使之成为文化产业发展的生力军。降低社会资本准入门槛，鼓励投资主体多元化。

2. 推动文化与相关产业融合发展

融合发展是文化产业的显著特征，要准确把握住这一重要趋势，不断拓展文化产业发展的广度和深度。推动文化与科技深度融合。加强文化领域核心技术、共性技术、关键技术项目研发，鼓励企业、高校、科技机构积极参与文化技术标准制定，加大前瞻性产业技术创新专项、重大科技成果转化专项等对文化科技创新项目的支持力度。重点抓好数字创意产业，积极发展基于网络的文化产品，加快文化产品生产传播的数字化、网络化进程，大力发展以数字化内容、数字化生产和数字化传输为特征的新业态。推动文化与金融深度融合。引导金融机构进一步改善金融服务，创新金融产品，探索金融支持文化产业发展的有效渠道和形式，把更多的金融资本投向文化领域，更好地支持文化企业发展和文化项目建设。要继续加大投融资体制创新力度，推动文化资源与多层次资本市场对接；积极推动文化企业上市融资。推动文化与旅游的深度融合。充分发挥我国文化旅游资源丰厚的优势，推动发展文旅产业，变资源优势为产业优势。推动文化与其他行业领域的融合。"文化＋"已经走进了各行各业。要通过行业融合，不断延伸文化的产业链条，提高文化产业的附加值；吸引更多其他类型的企业进入文化产业领域，不断充实壮大文化产业队伍。

3. 优化文化产业结构布局

推进文化产业结构调整，将文化产业作为新产业、新业态、新商业模式的发展重点，加强对文化产业发展的统筹规划和分类指导，把优化产业布局作为文化产业发展的重点任务。优化文化产业区域布局，推进文化产业区域平衡发展，鼓励各地根据自身资源优势和功能定位，确立产业发展重点，实现差异化发展。统筹城乡文化产业发展，培育和发展中小城市和农村文化市场，支持中小城市完善文化消费基础设施，支持农村发展特色文化产业群，推动文化产业结构布局优化，文化产业提质增效。

第四节　传承发展中华优秀传统文化

一、深入挖掘中华优秀传统文化价值内涵

中华传统文化源远流长，内容包蕴万千，是中华民族赖以生存发展的精神命脉，是滋养中国人民精神世界的深厚源泉。从思想精神层面看，包含诸子百家、儒释道等一系列思想观念和道德传统；从制度文化层面看，包括维持社会秩序和社会运转的制度规范、行为规范；从文化艺术层面看，有诗词、歌赋、戏曲、小说、书画、雕塑、篆刻等；从科学技术层面看，有以四大发明为代表的古代科

技创新成果；从民俗习惯层面看，包括传统节庆、历法、礼仪等；从器物载体层面看，包含各民族服饰、建筑、器皿等。

我们今天要传承和发展的是中华优秀传统文化，即蕴含于中华传统文化中的精华，也就是中华传统文化中那些长期发挥正能量、具有时代价值、有利于推动当代社会发展和进步的文化。总体而言，中华优秀传统文化中最为主要的内容，"一是讲仁爱、重民本、守诚信、崇正义、尚和合、求大同"等核心思想理念；二是自强不息、敬业乐群、扶危济困、见义勇为、孝老爱亲等中华传统美德；三是中华民族在长期社会实践过程中逐渐形成的独特的处世方法、教化思想、美学追求、生活理念等中华人文精神。这三方面主要内容，相互渗透、相互补充，内化于心、外化于行，具有代复一代、一以贯之的连续性、包容性、和谐性，构成了中华民族独特的思想禀赋、道德标准、审美风范，是中华民族区别于世界其他民族的本质特征。

中华优秀传统文化具有永不褪色的时代价值。比如，革故鼎新、与时俱进的思想，脚踏实地、实事求是的思想，惠民利民、安民富民的思想，道法自然、天人合一的思想等，都已经深入中华儿女的思想意识，可以为人们认识和改造世界提供有益启迪，可以为治国理政提供有益借鉴。比如，天下兴亡、匹夫有责的担当意识，精忠报国、振兴中华的爱国情怀，崇德向善、见贤思齐的社会风尚，孝悌忠信、礼义廉耻的荣辱观念，体现着评判是非曲直的价值标准，潜移默化地影响着中国人的行为方式。比如，求同存异、和而不同的处世方法，文以载道、以文化人的教化思想，形神兼备、情景交融的美学追求，俭约自守、中和泰和的生活理念等，是中国人民思想观念、风俗习惯、生活方式、情感样式的集中表达，滋养了独特丰富的文学艺术、科学技术、人文学术，至今仍然具有深刻影响。这些优秀传统文化有利于促进社会和谐、鼓励人们向上向善，需要我们倍加珍视，悉心保护传承，深入发掘提炼，不断发扬光大。

二、推动中华优秀传统文化创造性转化、创新性发展

党的十九大报告提出："推动中华优秀传统文化创造性转化、创新性发展"这一重要战略任务，中共中央办公厅、国务院办公厅发布的《关于实施中华优秀传统文化传承发展工程的意见》把"坚持创造性转化、创新性发展"写入指导思想，作为必须遵循的方针。在实际工作中，要紧紧抓住以下几个重点：

1. 提炼展示精神标识和文化精髓。2018 年 8 月，习近平总书记在全国宣传思想工作会议上强调："要把优秀传统文化的精神标识提炼出来、展示出来，把优秀传统文化中具有当代价值、世界意义的文化精髓提炼出来、展示出来。"中华优秀传统文化的精神标识和文化精髓就是融入亿万人民群众血脉、日用而不觉的思维方式和行为习惯，就是具有永不褪色价值、民族特性鲜明的哲学思想、人文精神、教化思想、道德理念，就是中华文化独一无二的理念、智慧、气度、神韵。提炼展示精神标识和文化精髓，就是要深入挖掘文化和历史遗存蕴含的哲学思想、人文精神、价值理念、道德规范等，揭示蕴含其中的中华民族的文化精神、文化胸怀，激活文化传统的精神内核，彰显先进理念的气度神韵，让中华优秀传统文化焕发时代光彩，让道德和人文的力量滋养人心。要加强中华文化研究阐释工作，深入研究阐释中华文化的历史渊源、发展脉络、基本走向，讲清楚中华优秀传统文化是发展当代中国马克思主义的丰厚滋养，

讲清楚传承发展中华优秀传统文化是建设中国特色社会主义事业的实践之需，讲清楚丰富多彩的多民族文化是中华文化的基本构成，讲清楚中华文化是在与其他文化不断交流互鉴中丰富发展的，着力构建有中国底蕴、中国特色的思想体系、学术体系和话语体系。

2. 加强文化遗产保护传承。在五千多年历史进程中，中华民族创造了丰富多彩、弥足珍贵的文化遗产。这些文化遗产是我们祖先智慧的结晶，承载着灿烂文明，传承着历史文化，维系着民族精神，是中华民族的宝贵文化资源和精神财富。要强化保护意识，增强思想自觉，树立正确的政绩观、文化观、生态观，摒弃只顾眼前一时之利、被市场牵着鼻子走的错误观念。切实加强文物古籍保护、研究、利用，强化重要文化和自然遗产、非物质文化遗产系统性保护，加强各民族优秀传统手工艺保护和传承。要坚持高标准、高质量，统筹推动建设长城、大运河、长征、黄河等国家文化公园。强化制度保障，加快建立完善相关法律制度，修订《文物保护法》《非物质文化遗产法》，推动建立国家文物登录制度、国家文物督查制度等，确保文物和非物质文化遗产保护有人管、管得住、管得好。推进传统村落保护发展工作，加强历史文化名镇名城保护工作，因地制宜、因势利导，把传统村落、历史文化名镇名城改造好、保护好，不搞大拆大建，坚决杜绝以发展的名义破坏古建筑、历史街区、历史文化名镇名城和传统村落。善于运用先进科学技术提高保护水平，强化从严管理，深入落实文物安全责任制，打赢文物安全防范攻坚战、保卫战。

3. 深度融入生产生活。保护文化遗产、传承发展中华优秀传统文化，不仅要"保起来""护起来"，而且要"展出来""活起来"

"用起来"，让中华优秀传统文化走进生活、走进当下、走进亿万群众心里，深度嵌入百姓生活，滋养当代中国人的精神世界、精神家园。努力做到生活化、情境化，把中华优秀传统文化与人们的日常生活、工作学习紧密结合起来，更好发挥其在服务社会、服务家庭、服务个人等方面的积极作用。在加强文物保护的基础上，切实盘活用好各类文物资源，推动有条件的文博场馆改建扩建，提高展陈水平，努力让收藏在博物馆里的文物、陈列在大地上的遗产、书写在古籍里的文字都"活"起来。深入挖掘城市历史文化价值，提炼精选一批经典性元素和标志性符号，纳入城镇化建设、城市规划设计。实施好中华老字号保护发展工程，支持一批文化特色浓、品牌信誉度高、有市场竞争力的中华老字号做精做强。实施好中国传统节日振兴工程，丰富传统节日文化内涵，形成新的节日习俗。加强对传统历法、节气、生肖和饮食、医药等方面的研究阐释、活态利用，更好发挥其在就业增收、服务社会、以文化人等方面的作用。组织好"文化和自然遗产日""国际博物馆日"等重要时间节点大型宣传推介活动，中国国际非遗博览会等大型节庆活动。

4. 加大教育普及力度。国民教育在传承发展中华优秀传统文化中具有基础性作用。要加大宣传普及力度，面向广大群众特别是青少年，大力宣传历史文化保护传承理念，讲述历史文化遗存背后的鲜活故事，把中华优秀传统文化全方位融入思想道德教育、文化知识教育、艺术体育教育、社会实践教育各环节。切实抓好面向青少年的优秀传统文化教育，聚焦青少年群体，以幼儿、小学、中学教材为重点，构建中华文化课程和教材体系，编写中华文化幼儿读物，创作系列绘本、童谣、儿歌、动画等。丰富拓展校园文化，扎实推进戏曲、书法等进校园，抓好传统文化教育成果展示活动，办好大中小学生艺术展演系列活动。实施中华经典诵读工程，打造校园诵读品牌，使广大青少年更好地熟悉诗词歌赋、亲近中华经典。

5. 营造宣传优秀传统文化氛围。这些年，中央和地方媒体开设专题专栏，推出一系列专题片、纪录片、动画片、广播电视节目，有关部门举办一系列文化活动、主题展览，推动形成了诗词热、文物热、非遗热、传统节日热，营造了传承发展优秀传统文化的良好氛围。要主动适应传播方式的深刻变革，不断创新宣传方式和推广手段，综合运用报刊、广播电视台等各类载体，积极运用新媒体特别是社交媒体等网络传播平台，主动设置议题，精心组织创作，开展丰富多样的短视频、动漫、音频、直播等主题作品征集推广活动，增强中华优秀传统文化的传播效果。实施中华文化广播电视传播工程，精心组织拍摄系列纪录片、系列广播电视品牌节目、系列公益广告。实施中华文化新媒体传播工程，融通多媒体资源，统筹宣传、文化、文物等各方力量，打造品牌专栏，创新表达方式，大力彰显中华文化魅力。

三、构建传承发展工作新格局

通过横向贯通、纵向打通形成工作合力，构建党委统一领导、党政群协同推进、有关部门各负其责、全社会共同参与的中华优秀传统文化传承发展工作新格局。

统筹协调是推进传承发展工作的关键环节。应当看到，传承发展中华优秀传统文化是一件功在当代、利在千秋的重要任务，也是一项极为复杂和繁重的综合性系统性工程。各级党委和政府要把中华优秀传统文化传承发展工作摆上重要日程，加强宏观指导，提高组织化程度，纳入经济社会发展总体规划，纳入考核评价体系，纳入各级党校（行政学院）教学的重要内容。党委宣传部门要发挥综合协调作用，牵头建立协调工作机制，明确工作职责和责任部门，充分运用各方资源，充分调动各方积极性，全面推进传承发展工作。各相关部门和群团组织要把重点项目牢牢抓在手上，将目标任务分解到点、细化到人、具体到事，做到科学统筹、高位推进、落细落实。

政策支持是推进传承发展工作的重要保障。中央高度重视中华优秀传统文化传承发展的制度建设，制定了一系列文件，提出了一系列政策举措，形成了比较完善的政策和制度框架。要全面落实各项政策，研究出台相关配套措施，注重政策措施的系统性、协同性、可操作性。既要加大中央和地方各级财政支持力度，统筹整合现有相关资金，确保每个重点项目都列入部门预算，又要完善相关奖励、补贴政策，落实税收优惠政策，引导和鼓励企业、社会组织及个人捐赠或共建相关文化项目。

全社会参与是推进传承发展工作的有效途径。要坚持全党动手、全社会参与，把中华优秀传统文化传承发展的各项任务落实到农村、企业、社区、军营、机关、学校等城乡基层。各类文化单位机构、各级文化阵地平台，都要增强自觉自信、强化责任担当，承担起守护、传播和弘扬中华优秀传统文化的职责。各类企业和社会组织要积极参与文化资源的开发、保护与利用，生产丰富多样、社会价值和市场价值相统一的优质文化产品，扩大中高端文化产品和服务的保障供给。各级各类媒体要大力倡导敬畏文化传统、珍爱文化遗产的文明之风，增强公众对中华优秀传统文化的认知和了解，不断提升人民群众的参与感、认同感、获得感。

第五节　加强和改进党对文化文艺工作的领导

一、党的领导是社会主义文化发展的根本保证

加强和改进党对文化文艺工作的领导，是文化文艺自身发展的内在需要，是坚持和完善繁荣发展社会主义先进文化制度的迫切需要，也是推动社会主义文化繁荣兴盛、建设社会主义文化强国的必然要求。

1. 切实加强党对文化文艺工作的全面领导。文化文艺工作要以党的政治建设为统领，增强"四个意识"、坚定"四个自信"、做到"两个维护"。政治立场、政治方向、政治原则、政治道路上同以习近平同志为核心的党中央保持高度一致。切实加强作风建设，坚决纠正"四风"特别是形式主义、官僚主义，以全面从严治党新成效激发文化文艺工作的新能量新作为，为完成好新时代新使命提供坚强有力的保证。

2. 切实把握正确发展方向。社会主义市场经济条件下，文化文艺工作面临的形势和任务发生了深刻变化，要求文化文艺工作始终贯彻执行党的文艺方针政策，把体现党的主张和反映人民心声统一起来，保证文化文艺发展的正确方向。文化文艺工作者特别是党员

干部，必须始终绷紧政治这根弦，增强政治敏锐性和政治鉴别力，在根本性原则性问题上旗帜鲜明、态度十分坚决。

3. 切实担负起领导责任。推动社会主义文化繁荣兴盛是全党的共同责任，不能靠文化文艺部门单打独斗，必须坚持全党动手。各级党委政府要担负起政治责任和领导责任，更加自觉地把文化建设摆在全局工作的重要位置，加强顶层设计、整体谋划，及时研究文化建设的重大问题，牢牢把握文化发展领导权。强化"一盘棋"理念，动员和推动各条战线、各个部门齐抓共管，社会各方面积极参与，形成工作强大合力。

4. 切实抓好党的建设。要选优配强文艺单位领导班子，把那些德才兼备、能同文化文艺工作者打成一片的干部充实到领导岗位上来，推动领导干部提高文化素养，增强工作本领，成为领导文化建设方面的行家里手。落细落实意识形态工作责任制，加大监督执纪问责力度，推动文化文艺界廉政建设，加强纪律，反对腐败，改进作风。党员文化文艺工作者首先是共产党员，必须遵守党章，按照党员标准严格要求自己，在群众中作出表率。

二、营造繁荣发展文化文艺的良好环境

1. 紧紧依靠文化文艺工作者。文化文艺工作者是文化文艺繁荣发展的骨干力量，各级党委和政府要关心他们的工作和生活，切实帮助他们解决实际问题，多办实事，多办好事，团结带领他们共同做好文化文艺工作。各级党的领导和文化文艺部门的干部要把同文化文艺工作者深交朋友当作一项重要工作来抓，不断提高交朋友的水平，使他们真正感受到党的领导的温暖和力量，自觉自愿投入到

党的文化文艺事业中来。

2. 尊重和遵循文化文艺规律。艺术创作和审美鉴赏有其自身的内在法则和客观规律。作家艺术家个人创造能力的发挥，需要有相对独立的创造空间和宽松的创作环境。尊重作家艺术家的创作主体地位，尊重他们的思维方式、创作个性、艺术追求，政治上高度信任，工作上创造条件，生活上热情关心，让他们的积极性、主动性、创造性得到充分调动。把握好政治性与艺术性的关系，在正确导向的前提下提倡创作主题的多元和艺术风格的多样，创作上努力实现思想性和艺术性的有机融合，生态上努力实现主旋律和多样化并行不悖。发扬学术民主和艺术民主，提倡不同形式和风格充分发展、不同观点和学派充分讨论，不能用行政命令来简单化处理，不设置不必要的条条框框。对作家艺术家的创造性劳动，防止横加干涉，注意做好引导、协调、服务工作，帮助他们坚持创作自由和社会责任高度统一，真正做到团结鼓劲、尊重信任、热情帮助、有效引导。

3. 加大政策支持保障力度。各级政府要把文化文艺事业纳入经济社会发展总体规划，纳入考核评价体系，落实中央支持文化文艺发展的政策，制定本地支持文化文艺发展具体措施，不断加大文化文艺事业投入力度。进一步完善各项文艺扶持政策，加大对国有文艺院团改革发展的扶持，加大对文学艺术重点报刊、重点影视项目、重点网络文学网站的扶持。坚持政府引导和市场调节两轮驱动，创新资金投入方式，健全政府采购、项目补贴、贷款贴息、捐资激励等制度，落实公益性捐赠税前扣除等优惠措施，鼓励和引导社会力量参与文艺创作生产、公益性文化活动，逐步建立健全文艺创作生产资助体系。

4. 依法保护文化文艺工作者合法权益。要以名誉权、著作权、社会保障权等基本权利为重点，加快文化文艺领域法治建设步伐，在认真执行现有文化文艺法律法规的同时，逐步建立起较为完整的文化文艺工作法律法规体系。加强知识产权保护，积极有效保护文化文艺工作者的合法权益，降低维权成本，提高维权的力度和影响力。各地区各部门和各行业组织要结合工作实际和专业特点，有针对性地进行专题研究，探索适应本地区、本艺术门类的维权体制机制、服务载体和工作方法。

三、加强和改进评论评奖工作

1. 开展强有力的文艺批评。文艺批评是文艺创作的一面镜子、一剂良药。文艺评论工作者要以强烈的社会责任感和担当精神，打磨好批评这把"利器"，讲真话、讲道理，以情动人、以理服人，积极开展有批评精神的文艺批评，对各种不良文艺作品、现象、思潮敢于表明态度，对大是大非问题敢于表明立场，褒优贬劣，激浊扬清，真正成为作家艺术家的良师净友。

2. 进一步完善评价标准。当前，有的文艺评论套用西方文艺理论剪裁中国人的审美标准，以西方文论为标准评点中国创作实践；还有的用商业标准取代艺术标准，哪些作品在市场上受到热捧，就追踪哪些作品，对文艺健康发展产生极大危害。因此，我们要始终坚持以马克思主义文艺理论为指导，继承创新中国古代文艺批评理论优秀遗产，批判地借鉴现代西方文艺理论，传承弘扬中华美学精神，确立美德、美学、美文相结合的创作评价标准，不断把思想性、艺术性高度统一的精品力作推荐给人民群众。建立客观、公正、权威的评价机制，把专家评价、媒体评价和观众评价结合起来，即时发布评价信息。严格规范内容评价管理，坚决整治通过商业手段刷排名、买热搜、伪造流量等网上炒作行为。

3. 深化文艺评奖改革。加强和改进文艺评奖管理，科学设置奖项，合理控制评奖数量，规范评奖程序，严格评奖标准，集中整治违规举办的全国性文艺评奖，常态化排查清理各类违规评奖活动。完善评委结构，坚持专家评委和群众评委相结合，注重评委的代表性和权威性。严肃评奖纪律，落实评委遴选、轮换、回避与保密等制度，加强廉洁自律，确保评奖风清气正。加强评奖成果的宣传推广，组织获奖文艺作品展映展播、展演展示，优先把优秀获奖作品纳入政府采购和公共文化服务范围。

四、充分发挥文联、作协等人民团体作用

1. 重视和支持文联、作协等人民团体的工作。文联、作协是党委和政府联系文艺界的桥梁和纽带。各级党委和政府要加大对文联、作协的支持保障力度，切实支持其履行团结引导、联络协调、服务管理、自律维权职能，在行业建设中发挥主导作用。充分发挥文联、作协等人民团体文艺门类齐全、文艺资源丰富、文艺人才荟萃和联系面广、影响力大等优势，支持他们在思想政治引领、价值引领、创作引领等方面多做工作，为建设社会主义先进文化贡献力量。

2. 改进文联、作协工作机制和方法手段。文联、作协等人民团体要进一步深化改革，围绕增强政治性、先进性、群众性总要求，切实改进服务方式，提高服务水平，通过改革创新、增强活力，避免机关化、行政化、脱离群众现象，真正成为"文艺工作者之家"。

切实加强队伍教育培训，研究建立一线创作人员全员培训制度，每年保证一定时间参与学习培训。完善行业标准和行业规范，分类制定编剧、导演、演员等职业标准和行为规范，不断完善行业自律制度和机制，引导行业有序发展。健全中国文联文艺工作者职业道德建设委员会，建立相关文艺领域职业道德建设委员会，开展举报受理、问题核查、道德评议等工作。

3. 加强文艺界人民团体领导班子建设。按照文学艺术界人民团体章程的规定，统筹兼顾，周密部署，明确分工，责任到人，认真指导各级人民团体按期圆满完成换届工作。按照全面从严治党的要求，加强文联、作协党的建设，选好配强人民团体领导班子，把讲政治、懂业务、能干事、愿服务的干部放到领导岗位上来。加强文艺界人民团体全委会、主席团、理事会建设，大幅增加基层和创作一线文艺工作者的比例，增加新的文艺群体代表的比例，提高广泛性、代表性。

第六章 互联网内容建设与管理工作

作为冷战时代军备竞赛的产物，互联网发展到今天已远远超出其最初技术工具的功能设定，渗透到了社会生活的方方面面。中国互联网络信息中心（CNNIC）第 47 次《中国互联网络发展状况统计报告》显示，截至 2020 年 12 月，我国网民规模达 9.89 亿，互联网普及率达 70.4%，手机网民规模为 9.86 亿，网民人均每周上网时长 26.2 小时。网络空间已经成为人们生产生活新空间。

宣传思想工作是做人的工作的，人在哪儿重点就应该在哪儿。早在 2013 年 8 月 19 日全国宣传思想工作会议上，习近平总书记就明确指出："根据形势发展需要，要把网上舆论工作作为宣传思想工作的重中之重来抓。"并在之后关于网信工作的一系列重要讲话中，进一步强调"做好网上舆论工作是一项长期任务"，要坚持党管互联网，坚持"正能量是总要求、管得住是硬道理、用得好是真本事"，着力凝聚共识、防范风险、争取人心，为新时期网上舆论工作指明了努力方向、提供了方法路径。

船的力量在帆上，人的力量在心上。网络空间是亿万民众共同的精神家园，应该成为党凝聚共识的新空间，网上网下要形成同心圆。什么是同心圆？就是共同的理想信念、共同的奋斗目标和共同的价值观念，就是在党的领导下，动员全国各族人民，调动各方面积极性，共同为实现中华民族伟大复兴的中国梦而奋斗。在言论汇聚的网上，凝聚共识尤为重要、思想理论更不能缺席，必须旗帜鲜明坚持正确的政治方向、舆论导向、价值取向，在多元中立主导、在多样中谋共识，唱响主旋律，集聚正能量，巩固壮大主流思想舆论，凝聚亿万网民团结奋进的强大力量。

信息流通无国界，网络空间有硝烟。互联网作为冷战工具的使用从未停歇，已经成为西方国家搞意识形态输出、渗透和攻击最直接最便利的工具，成为意识形态斗争的主战场、最前沿。从"唱衰中国"的论调到香港"反修例"街头暴动，再到对共产主义的虚无化、污名化，在互联网这个战场上，我们能否顶得住、打得赢？直接关系我国意识形态安全和政权安全。过不了互联网这一关，就过不了长期执政这一关，我们必须站在确保党长期执政的高度，举旗亮剑、立破并举，提高用网治网水平，构建综合治网格局，坚决打赢防范化解网络意识形态风险主动仗，推动互联网这个最大变量转化为事业发展的最大增量。

"明者因时而变，知者随事而制"。在今天互联网这个主渠道、主阵地、主战场上，牢牢掌握领导权和主动权，必须因势而谋、应势而动、顺势而为，坚定站稳人民立场，动员和依靠广大网民，团结各方力量，本着对社会负责，对人民负责的态度，依法加强网络空间治理，加强网络内容建设，做强网上正面宣传，培育积极健康、向上向善的网络文化，用社会主义核心价值观和人类优秀文明成果滋养人心、滋养社会，做到正能量充沛、主旋律高昂，为广大网民特别是青少年营造一个清朗健康的网络空间。

第一节　让党的声音成为网络空间最强音

在互联网这条信息高速公路上，路线方向即导向，车流即内容，正确的导向才能指引到达，丰富的内容才能满足需求。全面建成社会主义现代化强国、夺取新时代中国特色社会主义伟大胜利、实现中华民族伟大复兴的中国梦，需要全社会方方面面同心干，需要网上网下形成同心圆；需要思想引领、步伐坚定，理直气壮唱响网上主旋律，让党的主张引领网络空间；需要向上向善、多姿多彩，繁荣发展积极健康的网络文化，满足人民群众对美好精神文化的需要。

一、传播党的理论

以习近平新时代中国特色社会主义思想网上宣传作为核心引领，大力推动马克思主义中国化最新成果、中国特色社会主义理论最新成果网上宣传阐释。马克思说过，"批判的武器当然不能代替武器的批判，物质力量只能用物质力量来摧毁；但是理论一经掌握群众，也会变成物质力量。理论只要说服人，就能掌握群众；而理论只要彻底，就能说服人。所谓彻底，就是抓住事物的根本"。这句话深刻揭示出理论被群众理解掌握到理论掌握群众再到转化为改造世界的物质力量的逻辑机理。网上理论传播围绕群众掌握理论和理论掌握群众而展开，通过可视化、互动化的多样载体让党的理论"动"起来、"活"起来、"火"起来，一方面自上而下，发挥理论智库作用，原汁原味、生动活泼展示党的路线方针政策，及时传达党的声音，汇集权威理论重头文章，为网友学习提供丰富参考，为学术研究提供数字图书馆；另一方面自下而上，发挥理论动员作用，最广泛发动群众，与群众互动，实现群众被动听讲向群众主动宣讲转变。马克思诞辰 200 周年之际，上海市委网信办指导推出 19 集《给"90后"讲讲马克思》系列音频党课，全国 26 家电台＋ 72 家新媒体第一时间转载传播，各个主流新闻网站在双首页显著位置、视频频道首页首屏、客户端予以推送，截至节目播出结束，全国累计收听量超过 3 亿人次，在互联网上掀起一股青年人收听马克思生平的热潮。

二、宣传党和国家重大议题

紧紧围绕党和国家中心工作策划开展典型宣传、形势宣传、成就宣传，结合重要会议、重大活动和重要时间节点，用正面议题、强势内容引领网络舆论，重大主题网上宣传议题设置和专题策划是关键环节。议题设置要体现围绕中心、服务大局，其前提必须提高政治站位，准确理解把握党和国家的重大决策部署、把握地方党委政府的中心工作，明确"写什么"，宣传、网信部门要发挥统筹作用，依据年度中心工作明确宣传重点，集合网络宣传力量开展重大议题设置和策划；其次是明确目标受众，即"给谁看"，新媒体宣传区别于传统媒体宣传的特点之一就在于实时、分众、精准化地推送，从"读报一代"到"触屏一代"，不同群体、不同代际的阅读需求各异，把握方向、对接需求、生产内容才能真正把宣传工作做到网民心里，真正提高阅读率、到达率、点赞率；再次是明确实现途径，即"怎么写"，包括宏大主题下的角度切口选择、载体选择、流量资源的调度配合；等等。互联网宣传更适用于"一滴水折射太阳光辉"，小切口体现大主题，讲好平凡故事反映时代篇章。当下更流行的升级版网上主题宣传方法是大主题下让网民生产内容（UGC），好的议题策划能够推动网民主动在主题之下创作相关信息内容，新闻网站跟进网民内容、二次加工生产并传播扩散。这样的网络主题宣传更加贴近网民喜好、更能回应网民关注，进而促成网民引导网民、网民影响网民。

三、以社会主义核心价值观引领网络文化繁荣发展

以社会主义核心价值观引领网络文艺传播，推出更多传播当代中国价值观念、体现中华文化精神、反映中国审美气质的网络文艺精品，推动网络文化繁荣发展。网络文化是现实社会文化的延伸和多样化的展现，同时也形成了其自身独特的文化行为特征、文化产品特色；既包括公益性网络文化事业，也包括市场化网络文化产业，覆盖网络展览、网络文学、网络音乐、网络剧、微电影、网络动漫、网络游戏等种种形态，渗透体现在网络行为的方方面面。培育积极健康、向上向善的网络文化，首先是推动中华优秀传统文化的网络传播，深入挖掘和阐释中华优秀传统文化时代价值，注重创造性转化和创新性发展，围绕礼敬中华、家风家教、乡贤文化、文明礼仪等中华优秀传统文化教育以及网络法制宣传、诚信教育等，结合传统节日、重要纪念日，策划开展网络文艺创作、"网络中国节"等网络文化活动，深化网上群众性精神文明创建，推进网上公民道德建设；开展国学大师网络访谈，加强历史文化典籍、音乐舞蹈、书法绘画等各类文艺形式的数字化典籍建设，推动文化遗产、古籍资料、少数民族文化资源、民间口头文学、曲艺杂技等珍稀文化资源数据

库建设，推进历史博物馆、文物古迹、爱国主义教育示范基地、红色旅游项目等网上展馆建设，通过数字化传承、网络化传播，让中华优秀传统文化资源更多更广惠及人民群众。

网络空间自身兴起的先进文化，其本质是中华优秀传统文化的创造性转化。2015 年 1 月，北京故宫博物院推出《韩熙载夜宴图》APP，制作精美，内容充实，上线第一天即获得苹果应用商店编辑推荐，年下载量超过 30 万次；2015 年底，因"融汇学术、艺术、科技，贯通视觉、听觉、触觉，动态重现华美夜宴"荣获苹果商店"2015 年度最佳 APP"。网络空间自身兴起的文化活动、文艺产品、文化观念，尤其是网民正确的网络观。2016 年中央网信办启动实施"争做中国好网民工程"，聚焦"有高度的安全意识、有文明的网络素养、有守法的行为习惯、有必备的防护技能"，建立一批网络文明示范基地，创建一批中国好网民网络文化精品数据库，组织开展一批中国好网民网络文化活动，打造一批中国好网民品牌项目，分系统、分领域培育了一批校园好网民、职工好网民、青年好网民、巾帼好网民和金融好网民，受到广大网民好评。

四、发布权威信息，正确引导网络舆情

在社会化媒体飞速发展的今天，权威消息"掉链子"，谣言流言一定会"撒欢儿"狂奔。权威信息发布引导既包括日常针对民生关切的信息发布引导，还包括突发事件下的信息发布引导。2016 年 11 月，国务院办公厅出台《〈关于推进全面政务公开工作的意见〉实施细则》，要求对涉及群众切身利益、影响市场预期和突发公共事件等重点事项，及时发布信息；对涉及特别重大、重大突发事件的政务

舆情，要快速反应，最迟在 5 小时内发布权威信息，在 24 小时内举行新闻发布会，并根据工作进展情况，持续发布权威信息。政务新媒体、新闻类新媒体在权威信息发布中发挥关键作用，特别是突发事件信息发布，能够抢到信息的第一落点、先声夺人、回应关切、赢得主动，也就是第一时间公布事实、首发定调，涉事的党委政府要承担起新闻信息的及时发布者、权威定调者、自觉把关者角色，政务新媒体发挥其权威信息资源优势和信息公开"第一平台"作用，新闻类新媒体跟进报道，通过各个互联网平台实时全域把权威、主流声音传播扩散出去。发生突发事件，各方关注，信息发布后网民有质疑，这都是公民知情权的体现，失语失声、反应迟钝、通稿网上一放了之甚或一堆废话，不仅起不到引导作用，反而会让网民质疑更多、更深，给突发事件处置带来被动。因此，首发定调是前提、是基础，关注网络舆情、加强网络评论引导、回应网民关切是重要环节，要通过系列网络新闻评论更加全面地把事实讲清楚、讲透彻，发挥网络意见领袖积极作用，通过他们从不同角度引导网民理性表达、良性互动，争取网民理解。

五、做好网络人士统战工作，培育红色正能量

网络人士大多活跃于网络上，生存于社会中，有实力雄厚的"网企精英"，也有粉丝百千万的"网络大 V"。在这两个群体中，有些经营网络是"搭台"的，有些网上发声是"唱戏"的，往往能左右互联网的议题，还能"带节奏"，其能量不可小觑。他们表达意愿强烈，具有较强的网络话语权，时常在网上发声、表达诉求、褒贬时事、相互碰撞，对社会和民众的团结、信心、奋斗产生较大影响。

2015 年 5 月，习近平总书记在中央统战工作会议上的讲话中强调："要把这些人中的代表性人士纳入统战工作视野，建立经常性联系渠道，加强线上互动、线下沟通，引导其政治观点，增进其政治认同。"加强思想政治引导、凝聚政治共识，是做好网络人士工作、充分发挥正能量的中心环节，坚持线上对话与线下沟通相结合，引导他们增强"四个意识"、坚定"四个自信"、做到"两个维护"，坚持正确政治方向、舆论导向、价值取向，为弘扬主旋律、传递正能量作出积极贡献。政协组织、群团组织在网络代表人士团结工作中发挥重要作用，可以探索建立联谊组织、举办网络名人考察活动、线下沙龙论坛等，加强对"自组织""自媒体"的关注和引导，对政治素质好、社会影响大、议政能力强的网络代表人士，可推荐进入各类特约监督员队伍，吸纳加入群团组织和统战社团；各网络媒体平台可探索建立白名单制度，开辟建言献策的"绿色通道"，为他们在公共舆论平台上提供展示机会，支持他们在壮大红色网络、净化网络环境、维护网络安全、引导社会舆论中发挥骨干和引领作用。2015 年，国家互联网信息办公室指导推出一年一度的"五个一百"网络正能量精品评选活动，旨在评选和集中展示一年来在重大政策、重大主题、重大活动、重大事件、热点问题和突发事件中发挥网上正面引导作用的优秀人物和作品，倡导网民自觉传播和弘扬正能量，吸引了全国网络人士的高度关注和积极参与，在引导网络大 V 正向发声、培育红色正能量方面发挥了引领作用。

第二节　依法管理互联网

网络空间天朗气清、生态良好，符合党和人民利益。网络空间乌烟瘴气、生态恶化，不符合人民利益。谁都不愿生活在一个充斥着虚假、诈骗、攻击、谩骂、恐怖、色情、暴力的空间。互联网不是法外之地。网下管什么，网上就应该管什么。建立网络综合治理体系，形成党委领导、政府管理、企业履责、社会监督、网民自律等多主体参与，经济、法律、技术等多种手段相结合的综合治网格局，营造清朗健康的网络空间，这是党的十九大提出的一项重要任务，也是治网管网的治本之策。

一、防范化解网络意识形态风险

兵法云，善守者藏于九地之下，善攻者动于九天之上，故能自保而全胜也。深入分析斗争形势、特点、规律，找准风险源头、绘制风险图谱，讲究战略战术，才能掌握主动权。网上信息全时全域传播，纷繁复杂、众声喧哗，挖掘出水下的完整山"冰山"，让沉没的真相浮出水面，需要日常不间断地网络舆情收集和研判，重点收集的内容包括：网民对政治人物、重大政治事件的思想反映，对党委政府决策部署的反映，对社会热点、难点的反映，对突发事件、群体性事件的反映以及意识形态领域倾向性、苗头性问题类信息。分析研判、去伪存真、去粗取精之后，对零散的、初级的信息归纳和提炼，形成有情况、有思想、有深度的网络舆情分析报告，为党委政府决策提供参考，为涉事部门提出警示。发现的违法违规信息内容，及时落地取证、依法处理。适时组织网络生态专项行动，集中整治互联网领域突出问题，清理人民群众反映强烈的有害信息。各级党委（党组）在网络意识形态工作中肩负着主体责任，应严格落实属地管理、分级负责和谁主管谁负责的原则，健全完善网络舆情应急处置机制，旗帜鲜明、针锋相对地开展网上舆论斗争，做到："守土有责、守土负责、守土尽责"，切实维护网络意识形态安全和网络主权、安全和发展利益。

二、依法规范互联网信息服务活动

加强互联网信息服务行政许可和行业管理，所有从事新闻信息服务、具有媒体属性和舆论功能的传播平台都要纳入依法管理范围，所有新闻信息服务和相关业务从业人员都要实行准入管理，规范网络内容生产、信息发布和传播流程。

近年来，国家有关部门围绕互联网内容建设治理出台和实施多项管理规定，主要集中在以下三类：

1. 针对规范互联网信息内容的，国家互联网信息办公室发布《网络信息内容生态治理规定》，明确了正能量信息、违法信息和不良信息的具体范围，对网络信息内容生产者、网络信息内容服务平台、网络信息内容服务使用者在网络内容生态治理中的法律责任做出规定；《互联网信息内容管理行政执法程序规定》，对互联网信息内容行政处罚的管辖、违法内容的调查和立案等做出程序性规定。

2. 针对规范互联网新闻信息服务的，国家互联网信息办公室发布《互联网新闻信息服务管理规定》《互联网新闻信息服务许可管理实施细则》，明确对新闻信息采编发布服务、转载服务、传播平台服务三类实施许可，许可服务形式扩展为互联网站、应用程序、论坛、博客、微博客、公众账号、即时通信工具、网络直播等，实施许可审批的主体为国家和地方互联网信息办公室两级；《互联网新闻信息服务单位内容管理从业人员管理办法》《互联网新闻信息服务新技术新应用安全评估管理规定》，分别对互联网新闻信息服务单位内容管理从业人员行为、用于提供互联网新闻信息服务的创新性应用及相关支撑技术安全评估做出相应规定。

3. 针对互联网社交行为与互联网用户公众账号治理的，国家互联网信息办公室发布《互联网群组信息服务管理规定》《互联网跟帖评论服务管理规定》《互联网论坛社区服务管理规定》《互联网用户公众账号信息服务管理规定》《微博客信息服务管理规定》等，主要集中在规范互联网群组信息服务、互联网跟帖评论、互联网论坛社区服务以及互联网用户公众账号等领域。

这些管理规定聚焦互联网内容管理的基本规范，瞄准企业主体责任，把原本互联网运营、管理和网络行为有序化、清晰化、具体化，无论是从网络媒体信息发布的规范还是从信息的传播秩序角度，都对维护良好网络生态具有重要意义。

三、推进社会协同治理

网络生态治理的社会协同覆盖三大主体：企业履责、社会监督和网民自律。网络信息内容生产者是制作、复制、发布网络信息内容的组织或者个人，应当遵守法律法规，遵循公序良俗，不得损害国家利益、公共利益和他人合法权益，特别是网络信息内容服务平台企业应当履行信息内容管理主体责任，谁主办谁负责、谁运营谁负责，加强本平台网络信息内容生态治理，培育积极健康、向上向善的网络文化；社会监督是最广泛、最有效的方法，畅通举报渠道，发挥网民监督作用，动员网民积极举报违法不良信息，能够形成在网络信息内容治理领域"人人皆监督、人人受监督"的局面；开展网民网络素养教育，引导网民形成崇德向善的网络行为规范，推进网民自律是网络信息内容生态治理一个极其重要的方面。

第三节　占领网络宣传主阵地

有道是："众寡同力，则战可以必胜，而守可以必固。"互联网已经成为意识形态斗争的主战场，主战场要有主力军。习近平总书记在全国宣传思想工作会议讲话中强调："做好宣传思想工作必须全党动手。""要树立大宣传的工作理念，动员各条战线各个部门一起来做，把宣传思想工作同各个领域的行政管理、行业管理、社会管理更加紧密地结合起来。"① 当前，网络舆论工作是宣传思想工作的重中之重，更需全党动手、全党参与，各级党委（党组）严格落实网络意识形态工作责任制；全体党员按照中共中央宣传部、中共中央组织部、中央网信办《关于规范党员干部网络行为的意见》要求，发挥模范带头作用，走好网上群众路线，规范网络行为；主流媒体融合发展，打造现代传播体系，共同促进形成健康向上、风清气正的网络环境。

一、通过网络走群众路线

2016 年 4 月 19 日，习近平总书记在网络安全和信息化工作座谈会上强调："网民来自老百姓，老百姓上了网，民意也就上了网。群众在哪儿，我们的领导干部就要到哪去，不然怎么联系群众呢？各

---

① 习近平：《在全国宣传思想工作会议上的讲话》，《人民日报》2013 年 8 月 21 日。

级党政机关和领导干部要学会通过网络走群众路线，经常上网看看，潜潜水、聊聊天、发发声，了解群众所思所愿，收集好想法好建议，积极回应网民关切、解疑释惑。"要让互联网成为我们同群众交流沟通的新平台，成为了解群众、贴近群众、为群众排忧解难的新途径，成为发扬人民民主、接受人民监督的新渠道。近年来，各地顺应互联网发展的最新趋势，用新技术手段服务群众，在政务新媒体应用方面，通过政务网站和移动政务类平台账号，打造政务新媒体矩阵，加强和改进网上公共信息发布和服务工作，日益成为公众获取政府信息的权威来源、传播主流声音的主要载体，政府同人民群众互动交流的重要渠道；在"互联网＋群众路线"方面，将信息技术运用到"网络群众路线"中，通过多平台打造"网上民声""民意直通车"等，设立"办理期限""群众满意度"指标和网络信访、网络举报窗口，为联系群众、服务群众畅通"绿色通道"，这些好经验、好做法让广大网民有了更多参与感、获得感、认同感。

二、强化管理部门监管责任

2014 年 8 月 26 日，国务院授权国家互联网信息办公室负责互联网信息内容管理工作。新一轮党和国家机构改革加强了全国网信工作体系力量，覆盖中央、省、市三级，各级网信部门在党委统一领导、党委宣传部指导下，开展互联网宣传和信息内容管理工作。2019 年 12 月 15 日，国家互联网信息办公室发布《网络信息内容生态治理规定》，进一步明确国家网信部门负责统筹协调全国网络信息内容生态治理和相关监督管理工作，各有关主管部门依据各自职责做好网络信息内容生态治理工作；要求各级网信部门会同有关主管部门，建立健全信息共享、会商通报、联合执法、案件督办、信息公开等工作机制，协同开展网络信息内容生态治理工作。做好网络信息内容管理工作，机构是保障，队伍是根本，这里的队伍不仅仅是从事网信工作的国家工作人员，还包括基于使命感、责任感和共同兴趣广泛发动起来的网络宣传员队伍、网络评论员队伍、网络文明监督员队伍、网络舆情信息员队伍等。从实践来看，他们在营造清朗网络空间、筑牢网络安全防线中发挥了积极作用，是不可或缺的重要力量。

三、打造新型主流媒体

全媒体不断发展，信息无处不在、无所不及、无人不用，出现全程、全息、全员、全效媒体，舆论生态、媒体格局、传播方式发生深刻变化，推动媒体融合发展、建设全媒体是当前一项紧迫课题。"传统媒体和新兴媒体不是取代关系，而是迭代关系；不是谁主谁次，而是此长彼长；不是谁强谁弱，而是优势互补"①。习近平总书记在 2019 年中央政治局第十二次集体学习中提出媒体融合发展的方法路径："要坚持一体化发展方向，加快从相加阶段迈向相融阶段，通过流程优化、平台再造，实现各种媒介资源、生产要素有效整合，实现信息内容、技术应用、平台终端、管理手段共融互通，催化融合质变，放大一体效能，打造一批具有强大影响力、竞争力的新型主流媒体。"当前，移动互联网已经成为信息传播主渠道，5G、大数据、云计算、物联网、人工智能等技术飞速发展，势必推动移动

---

①　习近平：《加快推动媒体融合发展　构建全媒体传播格局》，《求是》2019 年第 6 期。

媒体加速发展，因此，媒体融合发展优先策略为移动布局和建设优先，平台建设向移动端倾斜，内容生产符合竖屏、小屏阅读习惯，内容分发全平台覆盖、全业态传播，让主流媒体借助移动传播，牢牢占据舆论引导、思想引领、文化传承、服务人民的传播制高点。

第七章　对外宣传工作

对外宣传工作是党和国家一项全局性战略性工作。党的十八大以来，习近平总书记多次对外宣工作作出重要部署，提出明确要求，推动对外宣传工作取得历史性成就、发生历史性变革。外宣工作要以习近平新时代中国特色社会主义思想为指导，全面贯彻落实全国宣传思想工作会议精神，增强"四个意识"、坚定"四个自信"、做到"两个维护"，充分展现真实、立体、全面的中国，大力推动中华文化走出去，有效开展国际舆论引导和舆论斗争，为实现"第二个百年"奋斗目标和中华民族伟大复兴的中国梦、推动构建人类命运共同体营造良好国际舆论环境。

第一节　对外宣传工作的基本原则

一、服务奋斗目标

中国特色社会主义进入新时代，我国综合国力显著提升，融入国际体系的程度不断加深，为国际社会作出的贡献越来越大。要立足我国发展新的历史方位，深刻认识世界大变局和中国大发展之间的历史性交汇，牢牢把握服务民族伟大复兴、促进人类进步这条主线，全面客观地向世界介绍中国，增进了解和理解，消除误解和偏见，展示良好的国家形象。生动介绍中国共产党的发展历程、执政理念、执政方式、执政成就，深入挖掘中国共产党治国理政的中国特色和创新创造。积极宣介中国共产党走和平发展道路的决心，尊重每个国家选择的发展道路，既不"输入"外国模式，也不"输出"中国模式。积极宣介中国为推动建设新型国际关系，推动构建人类命运共同体，为维护全球和平与安全、促进世界发展与繁荣作出的努力和贡献。对外宣传工作要紧紧围绕国家总体发展战略和对外战略，为维护国家主权、安全、发展利益构建良好的外部环境，巩固全党全国人民团结奋斗的共同思想基础，为全面建设社会主义现代化国家、实现中华民族伟大复兴的中国梦创造有利条件。

二、捍卫国家利益

当前，我们正前所未有地接近中华民族伟大复兴的目标，意识形态工作面临的环境更趋复杂，对外宣传工作的压力明显增加。西方敌对势力一直把我国发展壮大视为对西方价值观和制度模式的威胁，一刻也没有放弃对我进行意识形态攻击和渗透。"灭人之国，必先去其史。"他们极力对中国革命、建设、改革的伟大实践进行歪曲、丑化，对中国的社会主义制度进行攻击，对中华民族的历史文化进行否定。历史和现实一再说明，思想舆论阵地一旦被突破，其他防线就很难守住。境外敌对势力和境内一些组织不断变换手法，制造思想混乱。一方面，在国际社会散布"中国威胁论"和"中国崩溃论"，企图孤立中国，唱衰中国；另一方面，企图割裂中国共产党和中国人民的血肉联系，处心积虑地炒作我内部热点难点问题，煽动基层群众对党和政府的不满情绪，将具体问题炒作成政治问题，将国内问题炒作成国际问题，伺机发动"颜色革命"，妄图颠覆中国共产党的领导和中国特色社会主义制度。对外宣传工作要坚决捍卫国家利益，坚决维护国家主权、安全、发展利益。面对敌对势力的攻击抹黑要旗帜鲜明、敢于亮剑，同时，积极争取国际话语权，研究部署有效的反制措施，回击各种反华论调，有力维护国家形象。

三、坚持开放包容

人类只有肤色语言的差别，文明没有高低优劣之别。一种文明要保持长久的生命力，就必须借鉴吸收人类文明的一切优秀成果。发展面向现代化、面向世界、面向未来的，民族的、科学的、大众的社会主义文化，需要以虚怀若谷的胸怀、开放务实的态度与世界广泛对话、平等交流、相互借鉴。交流互鉴是文明发展的本质要求，只有同其他文明交流互鉴、取长补短，才能保持旺盛的生命力。对外宣传工作既要贴近中国实际，反映中华文明的历史和现实，也要贴近国际关切，吸收借鉴人类文明的一切优秀成果，既不盲目自大，也不妄自菲薄，向国际社会展示新时代中国对于增进世界人民相互了解和信任、推动不同文明交流互鉴、构建人类命运共同体所作出的不懈努力和卓越贡献。

四、务求客观平实

新中国成立 70 多年，从一穷二白到世界第二大经济体，创造了人类发展历史上的伟大奇迹。国际社会有些人一直不愿意正视中国的发展成就，不愿意承认中国的成就来自中国共产党的领导和社会主义制度。对外宣传工作要讲好中国共产党治国理政的故事，积极宣介中国共产党将"为人民谋幸福、为民族谋复兴、为世界谋大同"确立为自身的使命，并为此不懈奋斗，生动宣介中国人民依靠勤劳、勇敢、智慧、团结开创美好家园、建设伟大国家的奋斗实践，反映人民群众不断增强的获得感、幸福感、安全感，阐明中国的发展成就是中国人民奋斗出来的。与此同时，要清醒地认识到，我国仍处于并将长期处于社会主义初级阶段的基本国情没有变，我国作为世界上最大的发展中国家的国际地位没有变。世界格局的变化是一个漫长的过程，发达国家在经济、金融、科技、军事等方面仍占有明显优势，在未来相当长的时期内，中国以及其他发展中国家仍将处于追赶和学习的过程。坚持平实平和、理性对话，注重场合感和分寸感，不说过头话，避免高调张扬，既不夸大，也不回避；既讲我们取得的巨大成就，又讲我们需要解决的困难和问题，引导国际社会全面客观看待我国发展阶段，理性对待我国发展成就。

五、做到精准传播

对外宣传工作既要重视对外传播，又要重视在外传播。坚持"一国一策"，精心制定国别传播方案，推动传播阵地前移，深入实施本土化战略，选题策划、制作生产、传播推广等环节前置，更加精准地定位新闻产品和传播对象。坚持"内容为王"，加强信息内容供给侧改革，使新闻产品更具吸引力，接本土"地气"，聚当地"人气"。适应当地文化传统、接受习惯和受众需求，用好本土化人才，做好本土化包装，打造贴近本土、特色鲜明的优质内容产品，更好地赢得市场、赢得受众。加快调整媒体驻外机构职能，探索"一岗双责"、内外兼顾的工作模式，鼓励打造海外本土化制作中心、传播中心、推广中心，既要把国际新闻传回来，更要把中国故事讲出去，积极参与国际舆论竞争。加强国别传播研究，深入外国受众的文化语境，了解他们的价值理念、思维方式、话语风格，采取有针对性、差异化、个性化的传播策略，把工作做深做细做实。

六、对外宣传工作要把握好时度效

把握好"时"，就是要掌握有利时机，无论是社会热点应对还是突发敏感事件处置，都要强化时效意识，第一时间发布权威信息，抢占舆论引导先机，争取先入为主、先声夺人。把握好"度"，就是要把握分寸、掌握火候，根据不同情况恰如其分地掌控引导的密度、强度。对于境外媒体的负面报道、别有用心者的攻击污蔑，既要针锋相对、据理力争，又要讲究策略，有理有利有节，有时也可不予理睬，做到"此时无声胜有声"。把握好"效"，就是要以效果为导向，遵循外宣规律，讲究外宣艺术，把想说的与国外受众想听的结合起来，把原则性与灵活性结合起来，使我们的对外宣传更加鲜活生动，更富有吸引力、感染力。因此，把握好时度效，不仅是工作要求，也是宣传艺术，需要在对外宣传的实践中不断总结、完善提高。

第二节　对外宣传工作的使命和任务

一、讲述好中国故事

习近平总书记高度重视讲好中国故事、传播好中国声音。他指出，从传播规律看，故事最有吸引力，讲好故事事半功倍；讲故事，是国际传播的最佳方式；讲故事就是讲事实、讲形象、讲情感、讲道理，讲事实才能说服人，讲形象才能打动人，讲情感才能感染人，讲道理才能影响人；要组织各种精彩、精练的故事载体，把中国道路、中国理论、中国制度、中国精神、中国力量寓于其中，使人想听爱听，听有所思，听有所得。特别是在 2018 年 8 月 21 日召开的全国宣传思想工作会议上，习近平总书记把"坚持讲好中国故事、传播好中国声音"作为新形势下做好宣传思想工作"九个坚持"重要内容之一。习近平总书记为讲好中国故事作出表率，多年来身体力行、亲力亲为，语言朴实清新，文字优美生动，内容深入浅出，道理明白易懂，展现了政治家的丰厚学养和深厚积淀，彰显了国家元首的宽阔眼界和宽广胸襟，凸显了大国领袖的睿智思考和高超技艺。这些重要论述、重大部署、重要实践，为做好新时代外宣工作提供了根本遵循、行动指南和成功范例。

要积极主动讲好中国共产党治国理政的故事、中国人民奋斗圆梦的故事、中国共产党和中国人民血肉联系的故事、博大精深的中华文化的故事、中国坚持和平发展合作共赢的故事，讲清楚中国共产党为什么"能"、马克思主义为什么"行"、中国特色社会主义为什么"好"，回答好世界的"中国之问"。讲述好中国故事，要满怀信心地讲，坚定"四个自信"，大大方方地讲清楚新中国成立 70 多年和改革开放 40 多年取得的成就；立场坚定地讲，把"道"贯通于故事之中，深刻揭示精彩故事蕴含的中国理念、中国精神、中国力量；客观全面地讲，既要自信地讲取得的成绩，又要坦然地谈存在的问题；理性平和地讲，善于用事实和数据说话，以开放从容的心态纠正误解和偏见，用理性平和的话语阐释中国立场观点；有血有肉地讲，通过生动鲜活的故事，把客观真实的中国展现在世界面前，使国外受众愿意听、能接受；融通中外地讲，善于用国际社会能够听得懂、可接受的话语，使我们的话语既有"中国味"又具"世界范"。

二、构建好中国话语体系

话语体系是思想体系和知识体系的外在表达形式，是构成国家文化软实力的重要元素。对外话语体系承载着国家形象和国家利益。创新对外话语体系，旨在更有效地向世界说明中国，展示良好国家形象、团结凝聚更多朋友，为维护国家主权、安全和发展利益提供舆论支持。

习近平总书记高度重视对外话语体系建设，强调创新对外宣传方式，加强话语体系建设，着力打造融通中外的新概念新范畴新表述，讲好中国故事，传播好中国声音，增强在国际上的话语权。习近平总书记总是用富有中国特色的话语表达影响国际舆论，提出中国梦、人类命运共同体、"一带一路"等重大理念，获得国际社会广泛认同，为加快构建对外话语体系指明了方向。《习近平谈治国理政》《之江新语》《摆脱贫困》等重要著作多语种版本的出版发行，为对外话语体系建设起到表率、典范作用。

主流媒体在外宣工作中坚持贴近中国实际、贴近国际关切、贴近国外受众的外宣"三贴近"原则，注重用事实、数据和案例说话，用小切口折射大图景、用小故事反映大道理，对外特色更加鲜明。智库学者在国际知名媒体、高端论坛和学术刊物发表文章、接受采访、发声亮相，提升了中国学术话语的国际影响力。

构建融通中外的话语体系，要坚持国家站位，坚持用中国理论阐释中国实践、观察国际问题，努力在国际舆论场形成中国表达、中国修辞、中国语意；坚持全球视野，深入挖掘中国实践的世界意义，充分展示中国事务的世界影响，对于关系人类发展、世界和平、国际稳定的重要议题，用国际社会乐于接受的话语表达中国观点、反映中国视角、提出中国方案，有效回应国际社会期待；坚持用事实说话，把握好正面宣传与客观报道的平衡，大大方方讲成绩，从容不迫谈问题，敢于直面敏感问题；坚持平等交流，以理服人、以诚待人，在互动交流中实现传播效果最大化。

三、阐释好中国特色

在新时代做好对外宣传工作，一项重要任务就是引导国际社会全面客观地认识当代中国、了解中国特色。我国有独特的历史文化、独特的发展道路、独特的价值观念，这是中华民族屹立于世界民族之林的根，是当代中国人的骨气和底气。做好对外宣传工作，就是要把中国特色向世界讲清楚、说明白。

要讲清楚每个国家和民族的历史传统、文化积淀、基本国情不同，其发展道路必然有自己的特色。讲清楚中华民族在 5000 多年的文明发展进程中创造了博大精深的中华文化，中华文化积淀着中华民族最深沉的精神追求，包含着中华民族最根本的精神基因，代表着中华民族最独特的精神标识。讲清楚中华优秀传统文化是中华民族的突出优势，是中华民族自强不息、团结奋进的重要精神支撑，是我们最深厚的文化"软实力"。讲清楚中国特色社会主义植根于中华文化沃土、反映中国人民意愿、适应中国和时代发展进步要求。讲清楚独特的文化传统、独特的历史命运、独特的基本国情，决定了中国必然要走适合自己特点的发展道路。

四、展示好中国形象

外宣工作的重要任务是引导国际社会全面客观认识当代中国、了解中国国情和中国特色，努力在世界上展示真实、立体、全面的中国。

国家形象由历史和现实诸多因素构成，是国家综合国力的重要体现。当前，中国在世界上的形象很大程度上仍是"他塑"而非"自塑"，中国真实形象和西方主观印象仍存在反差。要注重展示好中国形象，重点展示中国历史底蕴深厚、各民族多元一体、文化多样和谐的文明大国形象，政治清明、经济发展、文化繁荣、社会稳定、人民团结、山河秀美的东方大国形象，坚持和平发展、促进共同繁荣、维护国际公平正义、为人类作出贡献的负责任大国形象，对外更加开放、更加具有亲和力、充满希望、充满活力的社会主义大国形象。要以政府为主导，充分运用市场机制，调动社会组织、企业、媒体、公众等各类主体的积极性，共同参与国家形象塑造工作。加强国家形象系统研究和整体策划，把日常外宣工作和展示国家形象结合起来，在外宣工作中充分体现国家形象要素，使中国形象更加具体、更加闪亮。

第三节　加强国际舆论引导和舆论斗争

一、大力开展习近平新时代中国特色社会主义思想对外传播

随着我国日益走近世界舞台中央，国际社会对中国发展高度关注。必须充分认识新形势下做好国际新闻舆论工作的重要性紧迫性，加强习近平新时代中国特色社会主义思想对外宣介，做好重大主题对外宣传，加强权威信息发布，更好展示中国共产党形象、中国领袖形象、中国国家形象、中国人民形象、中华民族形象。

习近平新时代中国特色社会主义思想是引领当代中国发展进步的旗帜，集中体现中国共产党和当代中国的人民观、发展观、世界观，是国际社会了解认识新时代中国的"总钥匙"。要把宣传阐释好习近平新时代中国特色社会主义思想作为对外宣传工作的首要任务，精心组织习近平总书记出访以及出席重要国际会议的对外宣传，通过新闻报道、媒体合作、智库交流、文化活动等多种形式，及时充分报道习近平总书记重要活动，深入宣传阐释习近平总书记重要讲话，展示我国坚持和平发展、合作共赢的负责任大国形象，积极宣介共建"一带一路"、推动构建新型国际关系、推动构建人类命运共

同体等重要理念，引导国际社会更好了解我发展道路、发展理念、发展成就。

积极开展习近平总书记重要著作国际传播工作，为世界读懂中国打开"思想之窗"。截至 2020 年 10 月，《习近平谈治国理政》第一卷已推出 33 个语种、38 个版本，第二卷已推出 12 个语种、15 个版本，第三卷推出中、英文版。《之江新语》已推出中、英、法、日、德、西、西文（古巴版）7 个语种版本。《摆脱贫困》已推出中、英、法、西、西里尔蒙古文 5 个语种版本。《习近平谈"一带一路"》已推出中、英、法 3 个语种版本。《习近平扶贫论述摘编》已推出中、英、法、西、俄、阿 6 个语种版本。《习近平谈治国理政》第一卷中英文版和第二卷中文版，《摆脱贫困》英、法文版电子书已在亚马逊、赛阅、掌阅、易阅通等数字阅读平台上线。习近平总书记重要著作日益受到国际社会广泛关注和高度评价，特别是《习近平谈治国理政》系列图书多语种版已成为国际出版领域"现象级"读物。2014 年 10 月至 2020 年 10 月，在国外共举办习近平总书记署名著作首发式、读者会 30 场，其中 7 场有外方国家元首（首脑）出席或致贺信。这些国家领导人热情称赞习近平总书记的治国理念和执政方略，对中国在习近平总书记领导下政治清明、经济繁荣、人民安居乐业表示钦佩。

二、做好权威信息发布工作

我国的新闻发布制度是伴随新中国的发展尤其是改革开放的进程成长起来的。1983 年 2 月，中央宣传部、中央对外宣传领导小组联合下发《关于实施（设立新闻发言人制度）和加强对外国记者工作的意见》开启了我国新闻发布的历程。多年来，特别是党的十八大以来，新闻发布取得长足发展。中央宣传部（国务院新闻办）、中央各部门、各省（区、市）三个层级的新闻发布工作机制在全国范围内建立，设有新闻发言人 200 多位且绝大多数由厅局级以上干部担任，大多数部门和地方制定了日常新闻发布、突发事件热点问题新闻发布、外媒采访服务等文件，建立了舆情、口径、专家解读等机制。以坚持正确的舆论导向引导工作机制为基础，使新闻发布活动不断丰富。从最初少数国务院部门率先举行记者会，到现在国务院新闻办一年举办发布会 200 多场，各地各部门每年举办发布活动数千场，几十个部门定时定点发布信息，内容覆盖经济、政治、文化、社会、生态文明、港澳台、国防、外交、党的建设等各领域的政策举措。2020 年新冠肺炎疫情暴发后，坚持国家与地方相结合、现场发布与网上发布相结合，建立多层次多渠道多平台的信息发布机制，国务院新闻办、国务院联防联控机制、各省（区、市）举行新闻发布会 1000 多场，围绕国内外关注的疫情形势、疫情防控、医疗救治、科研攻关等热点问题，发布大量权威信息。

中国共产党高度重视党的新闻发布工作。2009 年党的十七届四中全会决定提出"建立党委新闻发言人制度"。此后，中央纪委国家监委机关、中央组织部、中央宣传部、中央统战部、中央对外联络部等党中央部门和 31 个省（区、市）、新疆生产建设兵团党委设立了新闻发言人，举行了发布活动。2017 年《中国共产党党务公开条例（试行）》提出"建立和完善党委新闻发言人制度"。2020 年 10 月 30 日中共中央举行首场新闻发布会，标志着中共中央新闻发布制度的建立。这是在中国特色社会主义进入新时代的历史条件下，适应形势发展和时代要求，坚持和加强党的全面领导、提高党的治国理政能力的重要制度安排和制度创新。

目前，新闻发布工作主要有以下几种做法：一是新闻发布会，发布党和政府的权威信息，结合媒体和公众关注的热点回应关切。二是吹风会，向媒体进行深度解读，解疑释惑。三是集体采访、专访，安排媒体就有关主题进行多家或独家采访。此外，还可通过电话、传真、邮件答复记者问询，通过新媒体平台、报纸、广播、电视等以官方名义发布新闻公报、声明等，阐明有关立场态度观点。

针对国际社会对中国的信息需求，要进一步加强新闻发布工作，加强新闻发布培训特别是加大突发事件新闻发布培训，积极研发网络在线培训课程，有效扩大培训覆盖面。发挥政府白皮书政策宣示、政府文告重要作用，全面介绍我国政府在重大问题上的政策主张、原则立场，增进国际社会对中国的了解和认知。截至 2020 年 10 月，国务院新闻办共发布政府白皮书 132 部。

三、做好重大主题对外宣传

做好重大主题对外宣传，对于展示和塑造中国形象具有重要作用。要做好重大活动的对外宣传。结合重要时间节点，精心策划宣传议题、宣传主题，通过组织策划撰写重点文章、组织外宣媒体集中采访、组织办好专题专栏等方式，有序开展重要会议重要活动的对外宣传，高扬主基调、打好主动仗。近年来，围绕"一带一路"国际合作高峰论坛、二十国集团领导人杭州峰会、金砖国家领导人厦门会晤、北京世界园艺博览会、亚洲文明对话大会、中国国际进口博览会等主场外交活动，党的全国代表大会、中央全会、中央经济工作会议、全国两会、庆祝改革开放 40 周年大会、庆祝新中国成立 70 周年大会、庆祝中国共产党成立 100 周年大会等重要会议，以及博鳌亚洲论坛、夏季达沃斯论坛、中国—东盟博览会等多边会议，响亮发出中国声音、给出中国方案。做好改革开放对外宣传。生动活泼地讲好中国改革开放的故事，深入阐明改革开放的世界意义，向外界发出将改革开放进行到底的坚定声音。做好经济形势对外宣传。积极宣传经济社会发展成就，生动讲好中国经济社会发展的精彩故事，深入阐释我经济政策、发展亮点和新发展理念，稳定预期、坚定信心，充分展示中国经济光明前景。做好中国发展理念对外宣传。宣介中国在打好脱贫攻坚战、推进生态文明建设、共建"一带一路"等方面的进展和成就，引导国际社会更好理解和认同"中国发展离不开世界，世界发展也需要中国"。做好涉新冠肺炎疫情对外宣传，充分宣介中国抗疫的艰辛历程和中国抗疫的努力、成效和贡献。

四、积极开展对外舆论斗争

习近平总书记指出，落后就要挨打，贫穷就要挨饿，失语就要挨骂。这一论断深刻阐明了掌握话语权的极端重要性。事实上，在一些热点问题上，别人乱说了一通，如果不及时加以澄清和纠正，在国际舆论格局中"无语""失语"，就会以讹传讹，影响我国形象和利益。近年来，在涉我主权、安全和发展利益问题上，我们敢于发声、善于发声，积极围绕服务国家对外工作大局，主动阐明我国政策立场主张，及时澄清模糊认识，有力驳斥错误论调，抢占道义与舆论制高点，增进国际社会对中国的正确认知，有力维护了国家利益和国家形象。

当今世界正经历百年未有之大变局，面对错综复杂的国际形势，要充分认识对外舆论斗争的长期性、复杂性、艰巨性。要着力提高对外舆论斗争的针对性实效性，针对"中国威胁论""中国崩溃论"等错误言论，通过各种途径、采用多种方式，旗帜鲜明地发出中国声音，有力有效开展对外舆论斗争，坚决维护国家利益和国家形象。要提高反应速度，针对反华势力对我的攻击抹黑和炮制的谣言谎言，第一时间开展批驳，澄清事实。

第四节 积极开展人权宣传

一、大力宣传党和政府尊重和保障人权

人民幸福生活是最大的人权。新中国成立 70 多年来，在中国共产党领导下，中国人权事业发展取得巨大成就，成功走出一条符合国情的人权发展道路，丰富了人类文明多样性。党的十八大以来，在习近平新时代中国特色社会主义思想指引下，中国不断总结人类社会发展经验，在建设中国特色社会主义的伟大实践中，坚持把人权的普遍性原则与自身实际相结合，奉行以人民为中心的人权理念，始终把生存权、发展权作为首要的基本人权，协调增进全体人民的各项权利，努力促进人的全面发展，中国人权事业取得举世瞩目的伟大成就。"尊重和保障人权"先后被载入中国共产党全国代表大会报告、中华人民共和国宪法、中国共产党党章以及国家发展战略规

划，成为中国共产党和中国政府的重要政策目标和治国理政的重要原则。开展人权宣传，讲好中国人权故事，争取国际人权话语权，增进国际社会对中国人权事业发展的了解和理解，提升国家文化软实力，树立良好国家形象，是新时代人权宣传工作的主要任务。

2015年以来，习近平总书记多次向我国举办的重要人权国际会议致贺信，并在多个场合发表重要论述，就中国和世界人权事业发展提出一系列新观点新思想新论断。这些重要论述是当代中国共产党人人权观的集中表达，为新时代中国人权事业的发展指明了方向，对推动世界人权事业发展产生重要影响。要宣传好习近平总书记关于人权工作的系列新观点新思想新论断。宣传人权保障没有最好，只有更好；宣传人民幸福生活是最大的人权；宣传世界上没有放之四海而皆准的人权发展道路和保障模式，人权事业必须也只能按照各国国情和人民需求加以推进；宣传国际社会应该秉持"和平、发展、公平、正义、民主、自由"的人类共同价值，推动形成更加"公正、合理、开放、包容"的全球人权治理体系，共同构建人类命运共同体，实现各国共同发展，开创世界美好未来。

着力推进人权理论研究与话语体系建设。组织人权课题研究，举办发展权、和平权、中国梦与人权、人权法治保障、构建人类命运共同体与人权等理论研讨会，形成了较为系统的既符合中国国情又适应时代发展要求的人权理念。其基本点包括人权是历史的、发展的；生存权、发展权是首要的基本人权；人权是个人人权与集体人权的有机统一；整体推进各项权利是人权实现的重要原则；人民的获得感、幸福感、安全感是检验人权实现的重要标准；公正合理包容是国际人权治理的基本原则；促进人的自由全面发展是人权的最高价值追求等。

持续凝聚人权舆论正能量。连续实施三期国家人权行动计划，发表《发展权：中国的理念、实践与贡献》《中国保障宗教信仰自由的政策和实践》《为人民谋幸福：新中国人权事业发展 70 年》等多部白皮书，发布年度《中国人权事业发展报告》（人权蓝皮书）。开展人权主题宣传，阐释我人权主张和成就，讲好中国人权故事。面对突如其来、席卷全球的新冠肺炎疫情，对外宣介中国共产党和中国政府坚持人民至上、生命至上，把人民的生命安全和身体健康放在第一位，切实尊重和保障人权；中国倡导加强国际团结合作、携手战胜疫情，共同护佑人类生命和健康，共同构建人类卫生健康共同体。建立国家人权教育与培训基地，推动普及人权知识，提高全社会人权法治意识。

不断开辟人权国际交流合作新空间。积极参与联合国人权理事会等多边人权会议，打造北京人权论坛、南南人权论坛、中欧人权研讨会等人权交流高端平台，开展多种形式的人权国际交流，推动人权项目合作，提升我国在国际上的人权话语权。

二、有效开展国际人权舆论斗争

人权领域是我国与国际反华势力开展舆论斗争的重要战场。长期以来，以美国为首的西方国家片面强调公民权利和政治权利，忽视广大发展中国家关于保障经济、社会及文化权利和发展权的诉求。我国在以联合国人权机制为主的多边场合与观点相近国家高举发展权旗帜，强调所有人权同等重要不可分割，倡导重视保障广大发展中国家的发展权利，国际影响力不断提升：自 2006 年联合国人权理事会成立以来，我国已五度当选人权理事会成员，先后三次接受人权理事会普遍定期审议并顺利通过核可。我国提出的"构建人类命运共同体""发展促人权""合作促人权"等理念多次被写入联合国人权理事会、联合国安理会等机构的决议，为推动国际人权治理向着更加公正合理包容的方向发展发挥了重要作用。

针对以美国为首的西方国家以及国际上各类反华组织炮制出笼的所谓涉华人权报告，及时以多种方式进行有力反击。如针对美国年度国别人权报告涉华部分对我人权状况的不实指责和诬蔑抹黑，国务院新闻办公室自 2000 年以来每年发表年度"美国的人权纪录"，制作播出《"人权卫士"的人权纪录》《"自由女神"背后的枪声》《美国人权真相揭底》等专题影视片，深刻揭露美国自身存在的诸多严重人权问题，引导国内外受众认清美国奉行人权双重标准、以人权维护自身霸权的虚伪实质。针对西方国家暴露出的严重人权问题，中国人权研究会通过发表专题研究文章，深入揭露其在种族歧视、枪支暴力、性别歧视、金钱民主、贫富分化、排斥移民等方面的人权劣迹，深入分析问题背后的社会制度根源，积极引导国际舆论。

三、做好涉藏外宣工作

西藏自古以来就是中国的一部分。唐朝文成公主和金城公主入藏，西藏和祖国内地建立起密切的政治、经济、文化联系。元朝时期中央设置总制院（后改为宣政院）直接管理西藏地区军政要务，西藏正式纳入中央政府的行政管辖。1951 年 5 月 23 日，《中央人民政府和西藏地方政府关于和平解放西藏办法的协议》正式签署，西藏实现和平解放。

所谓"西藏问题"，是帝国主义侵略西藏的产物。19世纪末至20世纪初，英国曾两次发动侵略西藏的战争，在武力未达到目的的情况下，在西藏培植亲英势力，鼓动"西藏独立"，企图把西藏从中国分裂出去。在中国政府和人民的坚决斗争下，"西藏独立"的阴谋始终未能得逞。1959年，西藏上层统治集团的一些人为维护封建农奴制度和既得利益，在帝国主义支持下发动全面武装叛乱。叛乱失败后，十四世达赖出逃印度。20世纪60年代，达赖集团在外部势力支持下公开主张以暴力手段实现"西藏独立"，70年代末之后，随着国际形势变化，十四世达赖集团开始改变策略，提出所谓"中间道路"，由公开独立转为变相独立。其中间道路是以表面上承认中国对西藏的主权来换取十四世达赖集团对西藏的治权，建立由他们控制的半独立政治实体，待治权巩固后再谋求主权，分步实现"西藏独立"。

涉藏对外宣传是西藏工作的重要组成部分。围绕国外关注的涉藏重大问题，国务院新闻办公室先后发表《西藏的发展与进步》《西藏发展道路的历史选择》《伟大的跨越：西藏民主改革60年》等10多部白皮书，就西藏主权归属、民主改革、民族区域自治制度实施、现代化建设、文化发展、环境保护、宗教信仰等方面进行权威阐述；举办"中国西藏发展论坛"，邀请境外政要、智库、学者、媒体记者等赴西藏和四川、云南、甘肃、青海等涉藏工作重点省参访，组织藏学专家、基层干部、宗教人士等出访欧美等国家，全面介绍西藏真实情况；先后创设"感知中国——中国西部文化行""相约千年·

魅力丝路文化行"等多个重要品牌和平台，通过歌舞表演、电影展映、图书展赠、图片展览、专家交流等多种形式，对外介绍多元一体的中华文化，增进不同文明间的相互理解；组织制作并播出《第三极》《香巴拉深处》《生活在世界屋脊》《走向光明》《废奴》等深受境内外观众喜爱的优秀涉藏纪录片，编写一批涉藏外宣图书，引进国外专家学者撰写的优质涉藏图书，立体、生动展现西藏和涉藏工作取得的发展进步和辉煌成就。

四、做好涉疆外宣工作

18 世纪至 19 世纪上半叶，随着西方对阿尔泰语系突厥语族各族语言的划分，一些国家的学者和作家频繁使用"突厥斯坦"一词，指代天山以南到阿富汗北部地区。19 世纪末 20 世纪初，"泛突厥主义""泛伊斯兰主义"思潮传入新疆以后，境内外分裂势力将这个地理名词政治化，将其内涵扩大化，鼓噪所有操突厥语族语言和信奉伊斯兰教的民族联合起来，组成政教合一的所谓"东突厥斯坦国"。所谓的"东突厥斯坦国"论调，成为境内外民族分裂势力、国内外反华势力企图分裂中国、肢解中国的政治工具和行动纲领。20 世纪初至 40 年代末，"东突"势力为了达到分裂和控制新疆、建立所谓"东突厥斯坦国"的目的，大肆传播"泛突厥主义""泛伊斯兰主义"，宣扬暴力恐怖主义，组织策划一系列分裂活动。形形色色的极端组织和分裂分子打着"东突"旗号进行颠覆分裂活动，妄图建立所谓的"东突厥斯坦国"。

20 世纪 70 年代末 80 年代初，宗教极端主义进一步向新疆渗透。

80 年代以后，宗教极端主义与恐怖主义沆瀣一气、兴风作浪，成为严重危害新疆稳定安全的毒瘤。90 年代以来，特别是美国"9·11"事件后，受国际局势变化和恐怖主义、极端主义全球蔓延的影响，境内外"东突"势力加紧勾连，扬言通过发动"圣战"建立"东突"国家。据不完全统计，自 1990 年至 2016 年年底，暴力恐怖势力、民族分裂势力、宗教极端势力"三股势力"在新疆策划实施了数千起暴力恐怖案（事）件，造成大量无辜群众被害，数百名公安民警壮烈殉职，财产损失无法估算。然而，国际上一些国家、组织或个人出于意识形态的偏见和不可告人的目的，奉行反恐和人权双重标准，仍以各种方式对新疆进行大肆攻击、肆意抹黑。

近年来，涉疆外宣工作紧紧围绕习近平新时代中国特色社会主义思想，不断加大涉疆正面宣传力度，全面、真实、客观反映新疆经济社会发展、生态环境保护、民生不断改善、脱贫攻坚进展、民族团结平等、宗教信仰自由、文化保护传承、人权事业发展进步以及反恐维稳取得的显著成效。先后发表《新疆的文化保护与发展》《新疆的反恐、去极端化斗争与人权保障》《新疆的若干历史问题》《新疆的职业技能教育培训工作》等多部涉疆白皮书；多层次多角度做涉疆重点国家各界人士工作，通过打造"走进丝绸之路经济带核心区"主题采访、"丝绸之路经济带"相关国家媒体负责人研修班、"丝路名人中国行"、"东盟英才中国行"等品牌活动，组织邀请境外媒体记者、智库学者实地赴疆参访；依托"中国新疆文化交流团"等品牌活动，组织有关政府官员、专家学者团组赴涉疆重点国家交流访问；举办"中国新疆发展论坛""感知中国——中国西部文化行"等对外文化交流活动；创新涉疆外宣品生产和推广方式，以国际视角和话语打造多部涉疆题材图书、纪录片；密切跟踪研判境外涉疆舆情，抓住典型案例和突发事件，统筹做好对外舆论斗争和舆论引导工作，旗帜鲜明地同各种敌对势力和反华势力开展舆论斗争，有力地维护了国家主权、安全、发展利益和国家形象，有力地维护了新疆的社会政治稳定、经济发展和民族团结进步事业。

第五节　推动中华文化走出去

一、提高对外出版推广能力

随着世界多极化、经济全球化、文化多元化、社会信息化的深入发展，对外出版工作的地位和作用越发凸显。对外出版是对外宣传的有力抓手，肩负着讲好中国故事、传播好中国声音、树立好中国形象的职责使命，无论是主动宣介我们的立场主张，还是澄清误读误解、反制攻击污蔑，都需要发挥对外出版的独特优势，不断推动中国形象由"他塑"为主向"自塑"为主转变，让世界更好地读懂中国、亲近中国。对外出版是向世界推广中华文化的有效途径，肩负着"以书为媒"展示中华文化成果、促进中外人文交流的职责使命，要在激烈的文化软实力较量中站稳脚跟、行稳致远，让国外受众在中华文化中获得滋养、汲取智慧，迫切需要对外出版战线植根中华沃土进行创新创造，让全世界在承载中国精神、中国价值和中国力量的出版精品中感知博大精深的"文化中国"。对外出版是中国出版体系的有机组成部分，肩负着增强我对外出版能力、促进中外出版合作的职责使命。中国出版企业要在世界出版版图中占有一席之地，必须具备强大的跨国经营能力，拥有一批精于对外出版的专业机构和专业人才。自觉从全局和战略高度审视和谋划对外出版工作，统筹把握好对外出版的外宣属性、文化属性、产业属性，下大气力推动中国出版高质量走出去。

提升选题策划能力，切实找到中国故事与世界关切的契合点，挖掘选题、提炼素材，更好兼顾宏大叙事和鲜活表达，努力推出既体现中国主张、中国方案、中国智慧，又富有人文内涵、生活情趣、文化品位的精品图书。

提升翻译转换能力。深入研究不同受众的思维模式、接受心理和阅读习惯，精心做好内容改写、语境切换、话语转变，最大限度减少文化折扣、消除阅读障碍；努力突破翻译瓶颈，更多采用中外合作翻译、对象国本土化翻译等方式，提升译文的准确性、亲近感，使海外受众爱读爱看，在阅读中引发共鸣、增进认同；注重借助外部翻译力量，用好汉学家、来华留学生、长期在华生活工作的外国人群体，鼓励和支持其译介中国好书。

提升宣传推广能力。继续用好各类图书节、展、会等平台，深度参与国际书展中国主宾国活动和北京国际图书博览会等主场书展，丰富活动内容，提升参展质量，放大传播效应；积极借助中国馆、中国图书中心、中国书架、海外华文书店、海外中餐馆等海外本土化平台，推动中国图书进入国外主流社会和主流人群；尊重跨文化传播规则和国际出版规律，更多采取商业化、市场化手段探索建设中国图书海外营销网络，将中国图书"卖出去"；发挥各类海外媒体、中介机构、公关公司的独特作用，增强与其打交道的能力，让中国出版物更顺畅地进入国际市场。提升海外运营能力。引导大型出版集团对标国际出版巨头，加强核心能力建设，加快成长为知名跨国出版企业；支持海外分支出版机构差异化、精准化定位内容产品，以适销对路的图书赢得海外读者。同时，鼓励有条件的出版机构以资本为纽带，通过合资、合作、参股等方式加快本土化发展，提高本土化运营水平，秉持合作思路统筹发挥内外优势、有效对接当地需求，推出更多既有"中国味"又接"洋地气"的精品图书。

提升全链条创新能力，因地制宜将新技术、新应用、新业态等有序引入对外出版领域，以多种方式推动中国优质出版产品进军国际市场，更好满足受众需求。

二、加大对外影视交流力度

影视作品形象生动、娱乐性强、受众面广、传播力持久，是人们认识世界、沟通心灵的重要方式，是对外展现中国风貌、传播中华文化、阐发中国精神的生动载体和重要手段，是中华文化走出去的"排头兵"。当今世界文化交流、交融、交锋日益频繁激烈，影视作品已成为各国传播价值观念、进行意识形态博弈、争夺国际话语权的重要手段。精彩动人的影视作品，能够以轻松愉悦、易于接受的方式向世界讲清楚中国人的世界观、人生观、价值观，讲清楚中国的文化传承、发展道路、制度模式，讲清楚破解人类社会共同难题的中国智慧、中国方案，增强中国道路、中国价值、中国精神的吸引力、感召力。

在优质内容创作、渠道平台建设、宣传推广等方面对影视作品走出去加强扶持引导，不断壮大中国影视作品在海外的受众基础，切实提升传播力影响力。

一是加强精品创作生产。深化国外受众研究，引导各类影视机构树立全球视野，面向国际市场打造适销对路的影视作品。强化价值引领，提升作品思想内涵，梳理提炼一批彰显中国精神、融合人类共同价值追求、适合影视艺术表现的核心价值理念，与国外观众实现情感共鸣、价值认同。鼓励支持中外合拍，充分借助国外的创意力量、制作技术、发行播出渠道打造融通中外的精品。近年来，中外有关机构合作打造《习近平治国方略》《中国：变革故事》等反映当代中国发展变化和历史文化传统的影视节目，采用国际化表达方式，贴近国外受众观看习惯，通过国际主流媒体平台传播，在国际社会引发热烈反响。

二是拓展对外传播渠道平台。通过实施"中国联合展台"等，组织并资助影视机构集中在国际知名影视节展集中设展，打造影视作品走出去的贸易平台。鼓励支持相关机构在国外主流媒体平台开设中国专栏、中国剧场、中国专区专页等，探索建立中国影视作品全球化发行、播出网络。近年来，《神奇的中国》《华彩中国》《丝路时间》《中国剧场》等中外合办电视栏目相继在美国探索频道、国家地理频道和"一带一路"沿线国家主流媒体播出，在固定的黄金时段、以固定的频率播出中国题材精品节目，有力推动中国影视作品的对外传播，成为国外民众认识中国、理解中国的新窗口新平台。

三是加大扶持力度。着力推动外向型影视精品的创作生产和对外传播，推进中国影视作品对外传播渠道平台、国际发行播出网络的建设，对取得较好国际传播效果的影视作品进行适当表彰和奖励。

同时，完善扶持中国影视作品走出去的一系列政策措施。

三、做优做精对外文化品牌

加强中华文化的创造性转化、创新性发展，强化创意策划，改进呈现表达，抓好内容建设，继续做好"感知中国""欢乐春节""文化中国""四海同春"等大型文化交流活动，加强资源整合、扩大规模效应，做好央视春晚、环球春晚、边境春晚等系列综艺演出的国际化包装和营销推广，努力打造一批"具有中国特色、蕴含中国理念、贴近海外受众、具备国际水准"的文化品牌。

树立精品意识，强化价值引领，体现人文关怀，注重内容创新、技术创新、营销创新和渠道创新。广泛调动创意研发力量的积极性，增强国外受众研究和选题开发，利用先进技术，借鉴国际经验，强化国际合作，研创新内容、拓展新领域。加大文化交流力度，推动更多中华文艺精品亮相国际舞台。在具有较高国际知名度的民族产品中注入更多中华文化元素，将其打造为承载中华文化的靓丽名片，充分挖掘中华医药、中国餐饮、中华武术等特色优质文化资源，注重阐发中华老字号、传统品牌、经典标志形象等的文化内涵，加强创造性转换和国际化包装。加大对优秀影视剧、图书、动漫、文艺剧目等文化产品的包装设计、市场营销和版权保护，引导和推动文化企业加大创意研发力度，走精品化、国际化之路，培育当代文化品牌。

四、用好各类文化交流机制

加强与共建"一带一路"沿线国家的文化交流合作，依托高级别人文交流机制，积极为上海合作组织、金砖国家领导人会晤等注入人文交流内容，全面推进跨太平洋、中俄、中欧、中阿、中非、中拉以及中国与周边国家间的人文交流项目。完善与各国双边文化交流合作机制，加大交流合作力度。健全中外互设文化中心机制，建好用好海外中国文化中心。扩大与各国青少年的文化交流，鼓励开展健康向上、丰富多彩、形式多样的民间文化交流活动。加强与联合国教科文组织等国际组织的互动合作，深度参与国际文化规则的制定、修改和实施，助推中国文化走向世界。进一步完善和丰富地方政府对外文化交流机制，发挥友好省州、友好城市等平台的独特作用，依托丰富的地域文化资源，主动开展多层次多领域的文化走出去活动。

第六节　加强国际传播能力建设

一、建设国际一流媒体

习近平总书记高度重视国际传播能力建设，强调加强国际传播能力建设，加快建设国际一流媒体，积极增强国际话语权，要求人民日报"改进宣传报道，讲好中国故事，构建全媒体传播格局，不断提升传播力、引导力、影响力、公信力"；要求新华社"锐意改革创新，加快融合发展，扩大对外交流，加快建设国际一流的新型世界性通讯社"；要求中国国际电视台（中国环球电视网）"坚定文化自信，坚持新闻立台，全面贴近受众，实施融合传播，以丰富的信息资讯、鲜明的中国视角、广阔的世界眼光，讲好中国故事、传播好中国声音，让世界认识一个立体多彩的中国，展示中国作成世界和平的建设者、全球发展的贡献者、国际秩序的维护者良好形象，为推动建设人类命运共同体作出贡献。"

传播力决定影响力。谁的传播手段先进、传播能力强大，谁的文化理念和价值观念就能广为流传，谁就能在国际话语竞争中赢得主动。党的十八大以来，国家加大国际传播能力建设力度，外宣媒体对外传播实力不断壮大，传播覆盖更加广泛，我国国际传播能力建设上了一个大台阶。2016 年年底，外宣旗舰媒体中国国际电视台（CGTN）正式开播，以丰富的内容和专业的品质为全球受众提供良好的新闻信息服务。有关重点外宣媒体大踏步走向海外，深入实施本土化战略，积极参与国际传媒市场竞争，在全球初步建成覆盖广泛、技术先进、反应快捷的新闻信息采集和传播网络，新闻产品的数量、种类大幅增加，对外报道从选题到语言、风格更加贴近海外受众，新闻报道的原创率、首发率、落地入户率、收视收听率、转引转载率大幅提升。

二、突出开展网络外宣工作

互联网的快速发展促使国际主流媒体网络化、数字化进程加快，互联网正在重塑国际舆论格局和国际传媒生态，日益成为大国话语权争夺的重要战场，网络外宣在对外宣传工作中的地位和作用日益凸显。

网络外宣工作把全面展示习近平总书记大国领袖的思想、风范和魅力作为首要任务。结合国际关切和境外网民关注，运用境外网民喜闻乐见的方式、载体，重点做好习近平总书记高访活动、重大主场外交活动和重大主题的网络外宣，大力宣介习近平新时代中国特色社会主义思想，鲜活生动讲好习近平总书记治国理政的故事。加强国际新闻网络外宣策划能力，增强重大国际突发事件反应能力、国际热点网评能力和全媒体传播能力，提升外宣重点国家的网络报道时度效，更快更好发出中国声音、表达中国立场，解疑释惑、正本清源，有力驳斥各种涉华错误观点和言论。充分发挥互联网在文化传播中独特而重要的作用，制作和传播原创短视频，运用网络直播、"动新闻"等新的传播形态，充分展示中华文化的精髓、当代价值和世界意义，不断提升中华文化国际影响力。

加强网络外宣阵地建设。加强顶层设计，突出工作重点，面向海外继续推进、建立、运营多语种网站和客户端。坚持差异化发展，整合优质资源，加大原创力度，提升内容供给能力，不断巩固壮大互联网外宣主阵地、资源库。加强中外媒体网站交流合作，共同搭建新媒体网络平台，提供多样化新闻产品，鼓励加强移动端的合作。加强技术创新能力建设，充分运用5G、云计算、大数据、人工智能等新技术，推动网络外宣工作转型升级。积极支持外宣媒体在海外社交媒体发力，扩大影响力，成为外国受众获取中国信息不可或缺的信息源。

三、加强合作传播能力建设

深化拓展中外媒体合作，是加强国际传播能力建设的重要抓手。

广泛建立国际人脉，在国外政要、议会政党、商业精英、各界名流、民间团体中交一批好朋友，充分凝聚国际知名媒体高层的名笔、名嘴、名记者、名主编、名编导、名制作人、名评论员中的知华友华力量，通过他们把真实、立体、全面的中国传播到世界各地。

加强中外媒体对话交流。中央部门牵头建立一系列多双边媒体高层对话机制，举办中俄、中美、中德、中澳、中日、中韩、中印、中拉、中阿等媒体交流活动，地方媒体层面也建立很多对口交流机制，有力推动中外媒体间人员、信息、业务的交流交往，大大增进中外媒体的互尊互信。人民日报社牵头建立"一带一路"新闻合作联盟，首届理事会有亚、非、欧、拉美的 25 个国家的 40 家主流媒体参加。设立国际传播"丝路奖"，成为我国际传播能力建设的标志性品牌。

加强与境外主流媒体的内容与渠道合作。很多媒体通过联合采制、定制推送、供版供稿、植入播出等方式，把中国新闻信息传向世界，扩大叠加传播效应和二次传播效果。随着综合国力不断增强，媒体实力日益提升，我们现在有条件与国外媒体开展平等互利、更高水平的合作，不断推动合作传播能力建设提质增效。

四、增强智库对外发声能力

党中央高度重视我国智库的发展和建设，2015 年 1 月 20 日，中共中央办公厅、国务院办公厅印发《关于加强中国特色新型智库建设的意见》，指出智库是国家软实力的重要载体，越来越成为国际竞争力的重要因素，在对外交往中发挥着不可替代的作用。要把争取人心工作放在更加突出位置，制定实施"人脉工程"规划，调动各方面资源和力量做工作，在各界人士中广结人缘、深交朋友，积极影响"有影响的人"。加强与世界各国政党议会、政要高层等政治精英阶层的对话交流，深入各国政策源头和决策核心做工作，深化政治互信，增进了解理解。建立全国智库外宣协作会议机制，扶持一批面向国际有实力的高端智库，吸引更多外国知名学者专家参与到研究、解读中国的事业中来。加大对社会组织走出去扶持力度，鼓励民族宗教界爱国人士走出去，以民间对民间方式争取更多话语权。完善与世界各国侨领的沟通联谊机制，借助其人脉积极影响当地民意走向。

支持研究机构、高校、高端智库围绕我国重大外宣议题举办论坛、研讨会等，通过学术平台传播我国立场主张。支持更多专家学者参与重要国际论坛，在境外主流媒体发声，积极影响国际涉华议题走向。鼓励研究机构、高校、智库与外方相应机构开展合作研究、委托研究，有效借力外方学术资源和平台影响。推动智库在海外设立分支机构或联合设立中国研究中心，提高本土化研究水平和境外发声能力。

近年来，有关部门和智库机构搭建的金砖国家治国理政研讨会、共建"一带一路"国际论坛、中外全球治理论坛、国际扶贫论坛、世界中国学论坛等，已成为向世界宣介中国的重要对话平台。由新华社牵头，16家中外智库共同发起建立的"一带一路"国际智库合作委员会，国际影响日益扩大。为贯彻落实习近平总书记重要讲话精神，中国社会科学院牵头建立"亚洲智库交流合作网络"，已在2019年年底于虹桥论坛上宣布成立，目前已有20家中外智库加入。

五、发挥企业外宣的独特作用

企业是做好外宣工作的一支不可替代的重要力量。改革开放以来，中资企业大踏步走向海外，特别是中国提出"一带一路"倡议，为中资企业走出去插上腾飞的翅膀。在不断走向世界的进程中，中资企业日益成为展现当代中国开放自信形象、中国人民奋发进取风貌的重要窗口，成为促进文明交流互鉴、增进民心相通的重要载体，成为新时代中国践行人类命运共同体理念、促进世界和平发展的重要标志。

中资企业在海外市场求生存、谋发展，要在对外宣传上积极进取。推动企业在国际经营活动中强化外宣意识，塑造合规经营、诚实守信、热心公益的企业形象和自主创新、质量过硬、品质优秀的品牌形象，进而展现中国形象。推动中资企业把对外宣传公关工作与海外生产经营同步谋划、同步推进，制定引导预案、组建公关团队，团结当地媒体、联系知名智库，开通海外社交账号，建立企业文化融合机制，不断提升外宣工作能力和危机公关水平。

第七节　加强对外宣传工作的管理

一、加强统筹协调

新时代，党对外宣工作的领导全面加强，顶层设计和战略谋划得到强化，内宣外宣体制进一步理顺，资源力量有效整合，平台渠道大大拓展，方法手段更为丰富，各部门各地方积极性主动性不断增强，奏响了对外宣传的交响乐、唱响了大合唱。对外宣传工作，必须全党动手，全社会参与，把我国改革开放以来形成的综合国力转化成对外宣传工作的强大实力，形成立体化的传播体系，形成既步调一致、齐头并进，又各具特色、各展所长的良好局面。

与此同时，各级党委和政府要把对外宣传工作摆在重要议事日程，加强制度机制建设，建立舆情监测、快速反应、会商研判等工作机制，密切关注重大动向，及时采取应对措施，掌握主动权主导权。要整合各方面资源，调动各方面力量，充分发挥国内不同主体作用，推动宣传部门、媒体、实际工作部门、各条战线都讲好中国故事。各有关部门和地方要充分利用党际交流、议会交往等重要平台开展外宣，积极推动经贸、文化、旅游等领域对外宣传，发挥各地特色和优势开展地方外宣。要充分发挥驻外使领馆等驻外机构重要作用，充分发挥外国知华友华力量作用，形成协调一致、密切配合、协同联动的工作格局。

二、加强地方外宣

地方外宣工作是对外宣传工作极其重要的组成部分。地方有着丰富的外宣资源、宏大的外宣队伍、生动的外宣实践，是外宣工作的坚实根基、有生力量和不竭源泉。新形势下，地方外宣工作对于宣介习近平新时代中国特色社会主义思想及其地方生动实践的责任更加重大，对于展示真实、立体、全面的中国形象和服务地方经济社会发展的责任更加重大，对于坚定文化自信、提升中华文化影响力的责任更加重大，对于加强国际交流合作、争取国际舆论引导权的责任更加重大。要进一步发挥地方外宣的重要作用，按照中央有关对外宣传工作的总体部署，加快实现地方外宣的资源整合、布局调整、队伍建设、主体拓展、能力提升、方式创新等，根据东中西部、沿边沿海的客观实际、资源禀赋、区位特点等，形成层次分明、特色鲜明的地方外宣格局。

三、增强全民外宣意识

随着中外民间交往日趋活跃，民间组织、社会团体在外宣中的作用日益凸显。提高文联、作协、科协、友协、记协等群众团体对外交往水平，促进工人、青年、妇女、华人华侨等不同群体广泛开展对话交流，增进理解、深化友谊。积极支持社会团体、行业机构、民间组织等，利用民间身份与海外不同群体广泛开展交往，通过民间方式、个体交流增进国外民意对中国的正确认识。

广泛开展国家形象教育，倡导每个公民都代表着国家形象的观念，引导公民特别是青少年树立国家意识，增强全体人民的国家荣誉感，培育国民良好心态。加强对出境人员的教育，引导公众在境外尊重当地法律法规和民俗习惯，注意公众场合的言谈举止，当好中华文化的传播者和中国形象的展示者。加强对我国公民出境旅游的引导，强化国家意识，维护国家形象，使每个人都成为合格的"国家形象大使"。

四、加强外宣工作队伍建设

做好新时代外宣工作，关键在人、在队伍。要选优配强各级领导班子，突出绝对忠诚、绝对可靠的政治标准，确保外宣工作领导权牢牢掌握在忠于党、忠于人民、忠于马克思主义的人手里。扎实开展增强"脚力、眼力、脑力、笔力"教育实践工作，培养造就一支"政治过硬、本领高强、求实创新、能打胜仗"的外宣工作队伍。加强思想政治引领、业务培训和实践锻炼，抓紧研究拴心留人、筑巢引凤的政策措施。爱护外宣工作者，完善工作待遇和生活保障，增强"外宣人"的归属感、荣誉感。实施外宣人才队伍建设工程，以"五支队伍"建设为抓手，打造一支熟悉国情世情、适应新时代外宣工作需要的新闻发言人、国际新闻评论员、专家学者、文化交流使者和出境人员讲故事骨干队伍。加强外宣专业人才培训培养，开阔国际视野、提升业务能力。制定专门政策支持"中译外"人才队伍建设。高度重视青年人才、复合型人才的发现、历练和储备，注重面向国内外吸收和引进，努力造就一批文化传播、对外报道、对外翻译和国际公关专家，为做好新时代对外宣传工作提供有力支撑，构筑起新时代对外宣传的人才高地。

第八章　党的意识形态工作

意识形态决定文化前进方向和发展道路，对一个政党、一个国家、一个民族的生存发展至关重要。意识形态工作是党的一项极端重要的工作，是为国家立心、为民族立魂的工作。历史和现实反复证明，能否做好意识形态工作，事关党的前途命运，事关国家长治久安，事关民族凝聚力和向心力。在集中精力进行经济建设的同时，一刻也不能放松和削弱意识形态工作。

党的十八大以来，以习近平同志为核心的党中央高度重视意识形态工作，就意识形态领域的一系列方向性、战略性、全局性问题作出明确部署，召开系列重要会议，全面深刻透彻地解决了困扰全党的意识形态"怎么看""怎么办"的一些重大问题，为制定和施行相应的方针政策举措提供了科学指南和根本遵循。意识形态工作积极主动，阵地意识明显提升，主旋律更响亮，正能量更强劲，从根本上扭转了意识形态领域一度出现的被动局面，使我国意识形态领域形势发生了全局性、根本性的转变，巩固和发展了主流意识形态。

同时要看到，意识形态领域仍不平静，斗争和较量有时十分尖锐。一段时期内，以历史虚无主义、"普世价值"、西方宪政民主、新自由主义、公民社会、西方新闻自由等为代表的错误思潮和错误观点，颠倒黑白，混淆视听，在社会上产生了不良影响。从国际看，当今世界正经历百年未有之大变局，国际政治经济格局"东升西降"的鲜明反差日益凸显，特别是中国创造了经济快速发展和社会长期稳定的"两大奇迹"，中国特色社会主义展现出蓬勃生机活力和旺盛生命力，世界范围内两种意识形态、两种社会制度的斗争和较量是长期的、复杂的、尖锐的。我们越是接近实现民族伟大复兴目标、越是走近世界舞台中央，西方敌对势力越会一刻不停地想方设法对我打压、遏制，加大渗透和"两化"力度，不断变换手法企图制造思想混乱、与我争夺人心，这种斗争不是短期的而是长期的，至少要伴随我们实现"第二个百年"奋斗目标全过程。

面对意识形态工作更趋复杂的内外环境，建设具有强大凝聚力和引领力的社会主义意识形态，是新时代坚持和发展中国特色社会主义的一个重大命题，是全党特别是宣传思想战线必须担负起的一个战略任务。要从讲政治的高度，旗帜鲜明做好意识形态工作。要把意识形态工作摆在重要位置，建立健全意识形态领域的分析研判和通报制度，加强阵地管理，发扬斗争精神，严格落实意识形态工作责任制，牢牢掌握意识形态工作的领导权、管理权、话语权，任何时候都不能旁落，否则就要犯无可挽回的历史性错误。

第一节　严格落实意识形态工作责任制

做好意识形态工作，关键在党，关键在党委（党组）。近年来，中央相继出台《党委（党组）意识形态工作责任制实施办法》，第一次以党内法规的形式，对党委（党组）意识形态工作责任作出制度规定，划清了意识形态工作的底线、红线，明确了刚性约束，从不同角度和不同方面对责任进行分解细化，形成了"知责、明责、履责、追责"的全链条体系，层层传导压力、倒逼责任落实，匝紧了责任的"紧箍咒"。各地各部门按照中央要求，加强组织领导，完善配套措施，推动责任制有效落实，不断增强意识形态领域主导权和话语权，维护意识形态安全和文化安全。

同时，还要清醒看到意识形态工作责任制在贯彻落实中存在着短板和不足。特别是从中央、各地近年来的巡视巡察反馈情况来看，做好意识形态工作依然任重而道远。比如，有的地方落实责任不到位，没有传达中央有关文件精神，没有及时研判研究，意识形态工作打折扣；有的阵地管理存在风险和漏洞，甚至有问题的人站讲台、上电视，个别媒体发表错误言论；有的对敏感舆情迟钝麻木，酿成事件；有的追责不力，不表态、不处理；有的在重大意识形态问题上含含糊糊、遮遮掩掩，助长了错误思潮的扩散和蔓延；等等。

面对这些短板不足和薄弱环节，需要我们在"乱花渐欲迷人眼"的干扰面前，保持"乱云飞渡仍从容"的政治定力，以更有力的领导、更有效的举措，坚决履行和落实意识形态工作责任制，做到任务落实不马虎、阵地管理不懈怠、责任追究不含糊。

一、压紧压实党委（党组）的政治责任和领导责任

各级党委（党组）要始终把意识形态工作摆在突出位置，坚决履行好意识形态工作的主体责任，加强对意识形态领域重大问题的分析研判，加强对重大战略性任务的统筹指导，推动重大部署、重要任务的落实。意识形态工作的主体责任主要包括履行好把握正确

方向导向的责任，巩固壮大主流思想文化的责任，加强网上舆论工作的责任，强化意识形态阵地管理的责任，处理好意识形态领域问题的责任，以及履行好意识形态工作队伍管理和党员干部管理的责任等。

党委（党组）主要负责同志作为"第一责任人"，既要挂帅又要出征，要站在第一线，带头抓意识形态工作，带头阅看本地区本部门主要媒体的内容，带头把住本地区本部门媒体的导向，带头批评错误观点和错误倾向，坚定不移加强对意识形态工作的领导、引导和管理。党委（党组）分管领导是分管部门意识形态工作的直接责任人，班子其他成员在意识形态工作方面必须认真履行"一岗双责"制，抓好各自分管部门、单位的意识形态工作。

二、牢固树立"一盘棋"的工作理念

意识形态工作是全党的工作，仅靠宣传思想战线是远远不够的，每个部门、每个地区都应当种好自己的"责任田"。必须树立"大宣传理念"，全党动手，齐抓共管，动员各条战线各个部门一起来抓。要坚持上下互动、左右联动、整体推动，打"集团战"、出"组合拳"、奏"交响乐"，统筹协调好工作机制，形成工作合力。

一方面，党委宣传部门首当其责。党委宣传部门作为意识形态工作的主管部门，既要把好导向，不断壮大主流思想舆论，牢牢掌握意识形态工作的领导权、话语权，又要切实担负起统筹谋划、指导协调的责任，推动其他部门共同做好意识形态工作；另一方面，各部门责无旁贷。每个部门都要落实责任，不能置身事外、当局外人。党委工作部门和经济、教育以及其他承担社会管理职能的各部门，要立足自身职能定位，把自身工作同意识形态工作贯通起来，集中一切可以运用的资源和力量，动员全社会广泛参与，共同做好意识形态工作。

三、持续加强意识形态人才队伍建设

"政治路线确定之后，干部就是决定因素。"做好意识形态工作，归根到底靠人才、靠队伍。要以政治家的标准严格要求、以专家的标准提升素质、以实干家的标准推进工作，建设一支"政治过硬、本领高强、求实创新、能打胜仗"的干部队伍。要选好配强宣传思想部门领导班子，确保宣传思想工作领导权牢牢掌握在忠于党和人民的人手里。各级宣传思想部门特别是领导干部要加强学习、深入实践，真正成为在理论上、笔头上、口才上或其他专长上有"几把刷子"、让人信服的行家里手。要加强基层意识形态工作队伍建设，做到人员落实、责任明确、制度健全。要把加强基层党组织建设和加强意识形态工作紧密结合起来，广大党员干部要立足本职工作，增强做好宣传思想工作的意识，不断提高组织群众、宣传群众、教育群众、引导群众的本领。进一步做好宣传思想领域干部培训规划，加大教育培训力度，把意识形态工作纳入党校（行政学院）培训主体班次，通过培训提高工作水平。高度重视做好知识分子工作，加强团结和引导，加强政治引领和政治吸纳，注重同社科理论界、新闻出版界、广播影视界、文学艺术界、教育科技界知识分子交朋友，加强与各领域学术带头人、领军人物和新媒体代表人士的联络，加强同非公有制经济组织、社会组织和新文艺组织、文艺群体中知识分子的联系，把他们紧紧团结凝聚在党的周围。

第二节　加强意识形态阵地管理

阵地是意识形态工作的基本依托，建阵地、管阵地，任何时候都不能放松。意识形态工作是做人的工作的，人在哪里，意识形态阵地就应该在哪里。宣传思想阵地，马克思主义不去占领，各种非马克思主义、反马克思主义就会去占领。要发扬斗争精神，敢抓敢管、敢于亮剑，旗帜鲜明支持正确思想言论，旗帜鲜明反对和抵制各种错误观点，使各类意识形态阵地始终成为传播先进思想文化的坚强阵地。在风口浪尖、大是大非面前，要强化阵地意识，以战斗的姿态、战士的担当，当战士不当"绅士"，关键时候敢于担当、敢于动手，不做"骑墙派"和"看风派"，不能搞"爱惜羽毛"那一套，做到"守土有责、守土负责、守土尽责"。

一、严格落实主管主办和属地管理原则

加强对新闻媒体管理，按照"两个所有"要求，统筹新闻和网络阅评，强化对新闻报道、网络信息内容导向的审读审听审看。深入开展"扫黄打非"，严厉打击政治类非法出版物，坚决封堵境外政治性有害出版物向境内渗透，加强图书出版审看审读。加强对境外非政府组织的审批把关和动态监管。加强对讲座、论坛、报告会、研讨会等的管理，严格申报审批制度、严把审查和入口关，做好对

拟请报告人的背景核查，全面了解其思想倾向和报告内容，同时严肃宣传报道纪律，绝不给错误思想和观点提供传播渠道，确保各类宣传文化阵地可管可控。

二、加强学校思想阵地管理

各级党委（党组）要把社会主义核心价值观贯穿师生思想政治教育全过程，推动社会主义核心价值观进教材、进课堂、进头脑。加强学校思想政治工作，坚持不懈用中国特色社会主义理论体系武装师生头脑，密切关注师生思想动态，注重发挥社会实践养成作用和校园文化熏陶作用，落实思想政治课重点建设地位，在教师队伍管理、教材编写使用上严把政治关。在学校课堂教学管理上，严格落实主管部门关于课堂建设管理的意见，建立健全课堂教学管理办法和管理体系，划定课堂教学意识形态安全底线和红线。加强各类学校社团组织，各种读书会、对外文化交流活动和校报校刊校园网等阵地管理，不给违法有害言论提供任何传播空间。要按照"一岗双责"、党政同责、属地管理的要求，推动高校各级党组织落实意识形态工作责任制，确保高校成为维护主流意识形态的坚强阵地。

三、坚决打赢网络意识形态斗争

互联网日益成为意识形态斗争的主战场、主阵地、最前沿，我们能否顶得住、打得赢，直接关系国家政治安全。要坚持"正能量是总要求、管得住是硬道理、用得好是真本事"要求，综合运用法律、行政、技术等手段，提高用网治网水平。要突出重要节点、重点话题，加强对微博、微信、移动客户端等新技术新应用的监管，加强对重点人员的教育引导和管理约束，加强对各种有害信息和网络谣言的管控，特别是严格治理、打击政治谣言，切实维护网络意识形态安全。

四、坚决抵御境外利用宗教进行渗透，深入开展反邪教斗争

一方面，境外利用宗教对我渗透活动的渠道越来越多，手段层出不穷，花样翻新，其目的是企图搞垮中国共产党的领导和我国社会主义国家政权。抵御境外利用宗教进行渗透，防范宗教极端思想侵害，必须全面贯彻党的宗教工作基本方针，更好把握宗教自身规律，不断提高宗教工作法治化水平，增强做好宗教领域重点工作的针对性和有效性。另一方面，当前邪教滋生蔓延的土壤仍未彻底铲除，一些地方邪教案件时有发生，邪教活动依然活跃乃至猖獗，严重威胁人民群众生命财产安全。必须充分认识这场斗争的长期性、复杂性、艰巨性，深入扎实做好反邪教工作，坚持依法治理邪教，始终严密防范和严厉打击非法活动，严防形成大的现实危害；坚持以人民为中心，认真贯彻团结教育挽救绝大多数、依法打击极少数的基本政策，深入推进教育转化工作；深入开展多种形式的反邪教宣传教育活动，进一步扩大覆盖面、增强针对性，使广大群众高度警觉邪教的侵袭。特别是突出加强对农村妇女、宗教信众和青少年等重点群体的教育，引导他们正确识别、自觉远离邪教。要广泛动员社会各界和广大群众积极支持和参与反邪教斗争，切实形成见了邪教犹如"过街老鼠——人人喊打"的局面。

第三节 正确把握做好意识 形态管理中的几个方面

做好意识形态工作，既要提高站位、端正态度，又要站稳立场、善用方法．祛除畏惧心理，克服"本领恐慌"，学会正确处理牵涉的方方面面关系，做到处变不惊、沉着应对，砥砺奋进、攻坚克难。

一、切实解决"不愿做、不会做、不敢做"的问题

各级党委（党组）对意识形态管理工作的思想认识和重视程度越来越高，但在现实中仍然存在三个突出问题：不愿做、不会做、不敢做。"不愿做"，即思想认识不到位，责任制不落实，对掌握领导权、管理权、话语权重视不够，抓得不紧，摆不上应有位置，缺乏责任感和紧迫感。"不会做"，即理念思路不适应新形势，方法手段跟不上新变化，对苗头性、倾向性问题政治敏锐性不高，辨识不清，缺乏发现力；对趋势动态把握不准，缺乏研判力；对突发事件应对不当，缺乏处置力。"不敢做"，即担当不够，定力不足，缺乏斗争精神、斗争本领，缺少敢于亮剑的勇气，往往表现为"怕"字当头，怕说错话，怕引火烧身，或者"爱惜羽毛"，当"绅士"不当战士，甘当沉默的大多数，等等。因此，要扛起意识形态工作的责任重担，就必须解决好"不愿做、不会做、不敢做"问题，真正做到想做、敢做、善做，做到让党和人民满意。

二、坚决克服"瞒、拖、压"的倾向

意识形态工作是在人的头脑里搞建设，对于稳预期、稳思想、稳人心至关重要。当前我国经济已转向高质量发展阶段，信息传播和舆论生成方式正在加快重塑媒体格局和舆论生态，加上新冠肺炎疫情不可避免会对经济社会造成较大冲击，各种矛盾相互交织、多发易发，各种思潮良莠不齐、多样多变，这些问题最终都会反映在舆论上，尤其是表现在网络上。处理不好，就会影响预期、干扰思想、扰乱人心。从近年来的一些敏感热点问题、突发事件舆情引导处置情况分析，主要存在三个倾向："瞒、拖、压"。

"瞒"就是发生问题不能面对，总想捂着盖着，讳莫如深，隐瞒不报，家丑不外扬，报喜不报忧，希望把大事说小，小事化了。在人人都是自媒体的时代，这种想法不仅做不到，而且十分有害。"瞒"的结果往往会导致"三个变为"：一个问题变为两个问题、基层个别问题变为上级领导机关的问题、客观问题变为主观问题。本来是事件本身的问题，瞒的话就多了一个隐瞒的问题；本来是基层单位的个案、个别问题，瞒的话就变成上级领导机关的问题；本来是一个客观问题，最后变成一个主观的问题。最终结果使问题变得更加复杂，更加被动，更加难以处理。

"拖"就是发生突发敏感事件、热点问题后回避、躲闪，装聋作哑，推诿扯皮，能不说就不说，能少说不多说，希望通过拖延时间来侥幸过关。拖是不作为，是不负责任的表现。拖的结果就是"三个丧失"：丧失最佳处置时间，小事变大事；丧失话语权，民间发声了官方还没有声音，或者是民间声音大、官方声音小；丧失主动权，任凭谣言满天飞，权威声音出不来，最终被舆论牵着鼻子走。"谣言已经跑遍世界，真理还在穿鞋"。等到非说不可的时候，越说老百姓越不信。

"压"就是发生热点问题、突发事件后不去勇于正视问题本身，而是寄希望于用封、堵、删、压等手段解决问题。从现实情况看，有的地方是"防火、防盗、防记者"，引发肢体冲突，抓扣记者的有之，威胁恫吓的有之，打砸拍摄设备的有之，公关收买拿"封口费"的也有之。压的结果就是"三个激化"：激化与媒体的矛盾，激化公众对立情绪，激化事态发展。

因此，必须坚决杜绝"瞒、拖、压"的现象，切实解决不愿说、不敢说、不真说的问题，做到：快说、真说、说好。

三、用心把握"发现早、研判准、处置快"的要领

舆情工作是做好意识形态工作的重要基础。要建立健全意识形态领域分析研判制度，准确把握意识形态领域问题的特殊性，密切关注意识形态领域的新情况、新苗头、新动向，广泛全面搜集数据资料，科学缜密进行分析研判，找准问题背后的深层次原因，预判其发展趋势，研究提出应对处置措施建议，从根源上解决矛盾和问题。对意识形态领域的风险隐患，要冷静观察、客观研判、精准把握、妥善应对，要见微知著，抓早抓小，做到：耳聪目明、反应迅速、处理得法。

"发现早"。即加强意识形态领域预警监测，善于在海量庞杂信

息中捕捉发现可能引发炒作的热点敏感信息，做到见之于未萌，防之于未发。在互联网时代，能不能从爆炸式增长的信息中准确发现一些隐患风险，不仅是一个重大的技术问题，更是一个重大的政治问题。要提高敏锐性、增强鉴别力，有草摇叶响知鹿过、松风一起知虎来、一叶易色而知天下秋的见微知著能力，对潜在的风险有科学预判，知道风险在哪里，表现形式是什么，发展趋势会怎样，及时掌握各种苗头性倾向性问题。要对风险点紧紧盯住不放，运用大数据、云计算等先进技术，加强对重点部位、重要节点、重大事项的全城监测，查找风险隐患和薄弱环节，提高对敏感舆情感知能力，做到发现早，进而为引导、处置赢得时间和主动。

"研判准"。即善于从政治上、大局上看问题，及时组织重大舆情会商，把握舆情演变趋势，增强研判的科学性、精准度。研判是否准确，难在抓住关键要害。要善于从政治上研判，坚持具体问题具体分析，是什么问题就解决什么问题，在什么范围内发生就在什么范围内解决。要正确区分政治原则问题、思想认识问题、学术观点问题，既不能把小事说大，把一般问题政治化，也不能把大事说小，把政治原则问题当作一般学术和思想认识问题来对待；既防止"泛政治化"，又防止"去意识形态化"。要把握重大节点关口，对重大敏感时间节点、重大舆情热点需注意问题进行前瞻性分析研判，对特定领域和群体重要情况随时进行分析研判。

"处置快"。即抢占先机，第一时间发现，第一时间处置，抢占舆论第一落点。对苗头性问题，不能袖手旁观，不能拖沓，有关部门要及时发声、防止被动。这个第一时间就是舆论引导的"黄金法则"，早发声不等于乱发声、发错声，要发权威声音、准确声音。早讲事实，重讲态度，慎讲结论，不能多头发声，不能语焉不详，不能匆忙下结论。实际工作中，一些地方、部门往往要么拖着不发，要么就是仓促之间乱发声，多头发声，甚至造成多头信息之间相互矛盾，而为后面再去发权威声音人为设置了障碍。要坚持和加强先声夺人，正面发声引导，运用主流媒体定调，用事实、法理、道理说话，析事明理，回应关切，增强针对性、有效性，挤压负面舆论空间。

总之，要把握好"时、度、效"，针对突发情况要迅速分析研判，第一时间妥善处置，防止一般性问题演变为政治性问题、局部性问题演变成全局性问题、点上问题演变成大的网络事件，坚决防止和杜绝"茶杯里的水花"演变成一场"舆论风暴"。

四、用好"定期通报、督查考核、巡视巡察"的制度载体

加强意识形态管理应始终坚持制度建设为本。定期通报、督查考核、巡视巡察是做好意识形态工作的重要制度保障，要敢用、会用、善用这些制度安排，切实让制度发威、让责任见效，更好筑牢意识形态主阵地。

1. 建立健全定期通报制度

意识形态领域定期通报制度，主要包括以下四种形式：一是及时通报中央精神和上级党委关于意识形态工作的重要指示精神，原原本本地传达学习文件精神，按照中央、上级党委要求，对本地区意识形态工作进行针对性部署。二是定期向中央和上级党委专题报告本地区意识形态工作，并在本地区进行党内通报，主要涉及当地

意识形态领域的动态动向、面临的舆情挑战、趋势特点和下一步安排等有关事项。三是遇到重大时间节点和重要时间段，由党委宣传部门组织专题通报，提出工作要求。四是加强对失责问责的情况通报，切实增强制度执行的刚性。通过定期通报制度，广大党员、干部能够进一步绷紧意识形态这根弦，在把方向、划底线、守阵地、防侵蚀等方面发挥积极作用。

2. 发挥督查考核的指挥棒作用

督查考核是确保意识形态工作责任制落实的重要条件。各级党委宣传部门每年牵头组织有关部门单位对本地意识形态工作进行专题督查，督查结果向同级党委和上级党委宣传部门报告。专题督查可采取暗访、明查与自查相结合等方式进行。暗访主要是进行实地查看，可以与党员干部群众进行谈话交流，了解本地本部门党委（党组）落实意识形态工作责任制情况和党员干部群众思想状况。明查主要通过座谈交流、个别访谈、查阅资料等方式进行。同时可列出自查要点，组织各级党组织进行自查。

在考核上，各级组织部门要把意识形态工作情况纳入干部考核，作为评价使用和奖惩的重要依据，对领导班子、领导干部考察时，应注重了解落实意识形态工作责任制情况。同时，年度考核工作一般在年底与领导班子、领导干部目标考核以及年度经济社会发展综合考核等结合进行，主要采取查阅档案资料、民主评议等方式进行。年度考核要注意与日常考核结合起来进行，突出效果导向。在考核中，要进一步细化量化完善考核细则，丰富考核内容，确保考核标准科学规范，确保考核公平公正。

3. 纳入巡视巡察安排

巡视是对意识形态领域工作的政治"体检"，其政治性、专业性强。2016 年 10 月，党的十八届六中全会明确提出要把落实意识形态工作责任制纳入巡视工作安排的要求。全会通过的《中国共产党党内监督条例》，要求监督"落实意识形态工作责任制情况"。同年 11 月，十八届中央第十一轮巡视首次将意识形态工作责任制落实情况纳入巡视监督内容。这是巡视工作机制的一次重大创新，对于加强党的领导、深化党管意识形态原则、推动意识形态工作责任制落实具有重要而深远的意义。2017 年 7 月，党中央对《中国共产党巡视工作条例》进行修改，明确将"落实意识形态工作责任制不到位等问题"纳入巡视工作，深化政治巡视，进一步发挥巡视监督、全面从严治党"利剑"作用。

在开展意识形态巡视巡察过程中，要对照责任清单检查，该提醒的提醒，该批评的批评，该问责的问责。要定期开展巡视巡察，形成落实意识形态工作责任制的压力。对发现问题的党组织和党员干部要严肃处理，发挥"问责一人、震慑一片"的警示效应，使责任规定成为硬杠杠、"高压线"。各级党委宣传部门要按照干部管理权限，依据有关规定对党委（党组）领导班子、领导干部进行问责或者提出问责追责建议。问责方式有提醒、批评教育，责令作出书面检查、进行通报批评，给予组织处理和纪律处分等。实施责任追究应当实事求是，分清集体责任和个人责任，主要领导责任和重要领导责任。追究集体责任时，领导班子主要负责同志和直接分管的领导班子成员承担主要领导责任，参与决策和工作的班子其他成员承担重要领导责任。

五、把握好传承与发展、继承与创新的关系

一方面，要善于总结和坚持好那些在长期实践中探索出来、被实践证明是行之有效的已有经验、成熟做法。比如，必须坚持党对意识形态工作的领导，必须坚持宣传思想工作"两个巩固"的根本任务，必须坚持意识形态工作围绕中心、服务大局的基本职责，必须坚持党性和人民性的一致、统一，必须坚持团结稳定鼓劲、正面宣传为主的重要方针，必须坚持以立为本、立破并举，必须坚持敢抓敢管、敢于亮剑，必须坚持全党动手、齐抓共管，等等。不忘本来、善于继承，才能更好开拓创新、引领未来。

另一方面，做好意识形态工作，比以往任何时候都更加需要创新。"不日新者必日退"。随着国内外形势的深刻变化和现代信息技术的迅猛发展，有些做法过去有效，现在未必有效；有些过去不合时宜，现在却势在必行；有些过去不可逾越，现在则需要突破。要重点抓好理念创新、手段创新、基层工作创新，积极探索有利于破解工作难题的新举措新办法，充分运用新技术新应用创新媒体传播方式，占领信息传播制高点。要科学认识网络传播规律，推进传统媒体和新兴媒体深度融合，扩大覆盖面、增强影响力，让党的创新理论"飞人寻常百姓家"，让党的路线方针政策的宣传教育更接地气、更有生气、更有温度，让解疑释惑、思想引导的工作更具针对性、更有实效性。

第四节　意识形态阵地管理

一、各类新闻媒体和有关网络传播平台管理

阵地是意识形态工作的基本依托，守住守好阵地是牢牢掌握意识形态工作领导权的必然要求。意识形态阵地我们不去占领，各种错误思想就会去占领。加强意识形态阵地管理，要切实做到"守土有责、守土负责、守土尽责"。

各类新闻媒体和有关网络传播平台是党的重要宣传阵地，必须始终坚持党管媒体原则不动摇，坚持正能量是总要求、管得住是硬道理、用得好是真本事，把所有从事新闻信息服务、具有媒体属性和舆论动员功能的传播平台都纳入管理范围。

健全法律制度。坚持网上网下管理同一标准、同等要求，统一管理"度量衡"。加快网络立法进程，制定修订网络管理专门法律法规，健全互联网治理的法律体系。将民法典、刑法、著作权法等实体法律向网络领域延伸，把新闻出版、广播电视等意识形态领域现有法律法规在网上网下执行好。在立法周期较长的情况下，用好在意识形态管理方面形成的一整套行之有效的规章制度、惯例做法，先把网上突出问题管住管好。

明确管理责任。落实主管主办制度和属地管理制度，对有明确主管主办单位的，坚持谁主管主办谁负责。对没有主管主办单位但

有明确审批部门的，坚持谁审批谁负责。坚持属地管理原则，各级管理部门要对本行政区域内的各类新闻媒体和传播平台加强管理。强化商业传播平台直接发现、第一时间处理有害信息的主体责任，提出明确的工作标准、时限要求，逾期没有处理或处理不到位的，应予以严肃追责。

严格监督执法。对各类商业传播平台实行准入管理，符合条件的网络平台，授予相关资质；不符合条件的，要求限期作出整改；整改不到位的，坚决予以关停下架。依法用好用足各类处罚手段，该行政警告的明确警告，该经济处罚的处罚到位。对屡次违规、问题突出的网站，计入年检考核，该暂停业务的果断暂停，该注销资质的坚决注销。大力开展网络综合治理和执法专项行动，对网络谣言和有害信息、网络敲诈等网络舆论生态突出问题，持续进行专项整治。

二、各类社科研究机构和有关思想理论阵地管理

社科研究机构是指以哲学社会科学相关领域为研究对象的学术组织，主要包括社会科学院、研究院、研究会、学会、智库等。思想理论阵地主要包括论坛、讲坛、讲座、年会、报告会、研讨会等。这两类阵地是开展理论研究、学术交流、社科普及的重要平台，是研究阐释党的创新理论的重要阵地，必须切实管住管好。

在各类社科研究机构的管理上，坚持马克思主义在哲学社会科学领域的指导地位，把政治方向和学术导向统一起来，用马克思主义立场观点方法指导学术研究，防止出现马克思主义被边缘化、空

泛化、标签化的现象。在课题立项、经费资助等方面树立正确导向，引导哲学社会科学工作者自觉围绕新时代坚持和发展中国特色社会主义的重大理论和现实问题进行研究。加强对学术成果的审核，对政治倾向有问题、思想观念存在错误的作品，坚决予以制止。对所属学术期刊、出版社、网站等的选题和内容进行审核。进一步加强对境外资金和非政府组织资助研究项目的管理。加强对民办社科研究机构的管理。

在思想理论阵地的管理上，按照有关规定进一步加强管理，决不给错误思想观点提供传播渠道。一是坚持正确政治方向、舆论导向和价值取向，遵守党的纪律和国家法律法规，模范践行社会主义核心价值观。二是着力提升论坛、讲坛、讲座、年会、报告会、研讨会等活动的质量和品位，坚持守正创新，强化质量意识，大力推动理念创新、手段创新和工作创新，充分运用新技术新应用创新传播方式，打造更多高品质、高品位、高规格的品牌，让活动更加有思想、有筋骨、有温度。三是全过程把好关口，严格履行审批手续，确保活动全程不出现政治导向问题；对相关活动的报道，坚持正确的舆论导向，严格遵守宣传纪律，避免出现负面舆情。

三、党校（行政学院）、干部学院和社会主义学院以及各类学校管理

党校（行政学院）、干部学院和社会主义学院是进行干部培训教育的重要场所，各类学校肩负着培养德智体美劳全面发展的中国特色社会主义建设者和接班人的重大职责，是意识形态阵地管理的重点。党校（行政学院）、干部学院和社会主义学院以及各类学校必须

坚持正确的办学方向，把习近平新时代中国特色社会主义思想贯穿教学、研究和宣传全过程，成为马克思主义理论教学研究和主流意识形态建设的坚强阵地。

加强课堂教学管理。积极发挥课堂立德树人的主渠道作用，弘扬主旋律、传播正能量，将社会主义核心价值观融入教育教学，着力提高广大领导干部和青年学生的马克思主义理论素养。自觉抵制并坚决批判西方"宪政民主"、"普世价值"、新自由主义、历史虚无主义等错误社会思潮，充分运用马克思主义理论武器，正本清源、针锋相对，帮助广大领导干部和青年学生站稳政治立场，分清是非，切实增强政治警觉性和政治鉴别力，坚决抵制错误思想侵蚀。加强教学管理，严肃课堂纪律，决不允许任何人利用课堂公开散布各种错误思想和错误观点。

规范平台阵地建设。完善学校宣传思想阵地管理制度，强化对校园网站、新闻网页、报纸杂志、广播电视、图书音像电子出版物等的建设和管理，加强对各种讲座论坛、研讨会、报告会、读书会、学术沙龙、社团组织等的引导和管理工作。

四、各类出版发行机构和出版物管理

出版发行机构是各类出版物创作生产的重要场所。出版发行机构主要包括报社、期刊社、图书出版社、音像电子出版社、网络出版单位，以及发行单位，包括新华书店、邮政系统等国有发行渠道、各类非国有发行机构、出版物进出口企业、出版物文献数据库平台等。出版物主要包括报纸、期刊、图书、音像制品、电子出版物、网络出版物（网络文学、游戏、动漫等），以及由出版发行机构所办新媒体等新兴出版传播形式。

对出版发行机构和出版物的意识形态阵地管理，主要包括加强出版内容建设和监管，确保政治方向、出版导向、价值取向正确，服从服务党和国家工作大局，始终把社会效益放在首位；加强出版发行队伍建设，坚持政治家办报、办刊、办社，通过选强配好出版单位领导班子、提升业务本领、弘扬优良作风，建设一支"政治坚定、业务精湛、作风优良、党和人民放心"的出版发行人才队伍；加强出版发行单位内部经营活动把关审核机制建设和监管，确保严格按照相关法规纪律要求运行，对本单位各项出版活动、经营和资本运作等活动、举办评选评奖、论坛报告会、展览培训等按照相关规定报批。

加强各类出版发行机构和出版物阵地管理，要遵循科学有效的工作机制。一是实行准入管理。由符合规定条件的主管主办单位向出版行政管理部门提出申请，按照法定程序审批。未经批准，任何单位和个人不得设立出版单位、从事出版活动。二是通过落实主管主办制度和属地管理制度加强管理。主管主办单位要严格落实党委（党组）意识形态工作责任制，管导向、管队伍、管大事、管资产。属地管理部门要加强对本地区出版发行单位和出版市场的监管，通过完善通气、审读、约谈、督查、质量检查、年度核验、社会效益评价考核等工作机制，了解掌握出版发行机构的出版经营情况，检查"三审三校"、重大选题备案等重要出版制度执行落实情况，及时纠正违规问题。三是进一步完善宏观管理机制。加强出版舆情监测，及时与相关部门和地方加强会商研判，及时发现和处理苗头性倾向性问题；完善有利于主题出版、主题宣传的引导机制，推动出版企业聚焦内容生产，不断推出精品内容；加强出版相关法规制度建设和出版业总量结构布局规划等，完善准入退出机制，规范出版发行市场秩序，为出版业健康发展营造良好制度环境。既坚持行之有效的管理手段，又不断创新完善管理形式，提升管理综合效能。

五、各类文艺创作生产传播机构和文化服务机构等管理

各类文艺创作生产传播机构和文化服务机构是丰富人民群众文化生活，满足人民群众精神文化需求的重要场所，具有明显的意识形态属性。文艺创作生产传播机构包括各类歌舞、戏曲、剧院、电影院线和各类媒体、网站创办的文艺频道栏目节目等，文化服务机构包括演艺场所、图书馆、文化馆、美术馆、纪念馆、博物馆等。在各类文艺创作生产传播机构和文化服务机构创作生产的文艺文化产品背后起支配作用的价值观念，潜移默化地影响社会各类人群的价值理念和思想观念。为此，文艺文化阵地的管理要重点把握以下方面。

做大做强正面宣传。指导各类文艺创作生产传播机构切实提高整体质量水平，努力创作生产传播出更多"思想精深、艺术精湛、制作精良、人民群众喜闻乐见"的优秀作品，弘扬民族精神和时代精神，引领良好社会风尚。依托公共文化阵地，把培育和弘扬社会主义核心价值观作为首要任务贯穿文化文艺工作各领域全过程，全面加强主流意识形态的宣传教育，用先进文化占领网上网下各类文艺文化阵地。

强化内容管理。所有文艺创作生产传播机构，都要健全内容管理机制，加强甄别审核，严把政治方向关、价值导向关、审美取向关，严把主要演员和节目嘉宾关，严格清理内容导向出现偏差、含有法律法规禁止内容的作品，坚决遏制泛娱乐化、泛物质化炒作。

加强文化市场监管。依法严格审批演艺市场演出内容，加大文化市场综合执法和管理力度，抵制低俗庸俗媚俗现象，杜绝违规内容。始终保持"扫黄打非"高压态势，严厉打击各类非法出版物，坚决封堵境外政治性有害出版物向境内渗透，加强引导，严格执法，推动文化市场健康有序发展。

严格公共文化服务机构内容管理。对图书馆、文化馆、美术馆等公共文化服务机构举办的各种讲座论坛、展览、培训等，把好主题关、作者（主讲）关、内容关。

第九章　调查研究和舆情信息工作

2017 年 12 月，习近平总书记在中央政治局民主生活会上指出，调查研究是我们党的传家宝，是做好各项工作的基本功。调查研究和舆情信息工作涉及宣传思想工作各领域、各环节，是具有先导作用、基础支撑、服务保障功能的重要工作，对于制定完善各项政策法规、不断增强工作的原则性系统性预见性创造性具有重要意义。调查研究，是指为了达到一定目的而有意识地对社会现象和客观事物进行考察、了解和整理、分析，以达到科学认识其本质的一种社会认知活动，也是各级宣传思想干部必须掌握的基本功。舆情信息工作，是指有计划有组织地收集、整理、分析、反映社情民意的专门活动。新形势下的调查研究和舆情信息工作，越来越成为宣传思想工作的重要组成部分，越来越成为宣传思想工作守正创新的重要途径。

第一节　调查研究的地位作用

一、调查研究是我们党的传家宝

调查研究是辩证唯物主义的基本工作方法，是我们党在革命、建设、改革的长期实践中形成的优良作风和传统。党的发展历程告诉我们，什么时候重视、坚持和加强调查研究，党的工作决策和指导方针符合客观实际，党的事业就顺利发展。

毛泽东同志在我们党内最早倡导并长期坚持调查研究，鲜明指出"中国革命斗争的胜利要靠中国同志了解中国情况"，响亮提出"没有调查，没有发言权"的论断，并深入县、村、户实地调查研究，撰写了《中国社会各阶级的分析》《湖南农民运动考察报告》《寻乌调查》等名篇，把马克思主义基本原理同中国革命的具体实践相结合，提出了指导中国革命的理论和路线方针政策。邓小平同志通过调查研究世界经济、政治、科技等发展变化和国内经济社会发展状况，打破了思想理论桎梏，重新确立了解放思想、实事求是的思想路线，在改革开放中开辟了中国特色社会主义道路。江泽民同志提出，加强调查研究不仅是一个工作方法问题，而且是一个关系党和人民的事业得失成败的大问题。胡锦涛同志高度重视并深入开展调查研究。强调调查研究是我们的谋事之基、成事之道。

党的十八大以来，以习近平同志为核心的党中央着眼新时代坚持和发展中国特色社会主义，统揽伟大斗争、伟大工程、伟大事业、伟大梦想，把深入开展调查研究作为治国理政的基本环节和重要方式，作为从严治党、改进作风的重要内容，深入研究国际国内形势发生的深刻变化，科学分析人民群众的新需求新期待，有力推进实践创新基础上的理论创新、制度创新。习近平总书记以身作则、率先垂范，坚持一切从实际出发，坚持问题导向，深入基层、深入群众开展调查研究，到改革开放最前沿、到人民生产生活第一线、到集中连片特困地区，听民声、察民情、问民意，谋划治党治国方略，探求改革发展之策，引领党和国家事业取得历史性成就、发生历史性变革，也为习近平新时代中国特色社会主义思想的创立提供了科学依据和坚实基础。

历史证明，正是把坚持和加强调查研究当作重要传家宝，我们党才成功开辟了一条马克思主义基本原理与中国具体实际相结合的正确道路，前赴后继、披荆斩棘，攻克了一道道难关，创造了一个个奇迹。

二、调查研究是正确决策的基本功

调查研究是正确决策的基本功。作决策本身并不难，难的是对情况的准确把握。当前，国内外环境都处于深刻复杂变化之中，新情况新问题层出不穷，新做法新经验不断涌现，需要我们不断加以认识、认真加以总结。

人的正确思想不能从天上掉下来，不能从头脑里冒出来，也不能从书本里直接得出来，只能从社会实践中来，从深入实际的调查研究中来。开展调查研究，是谋划、推动、解决改革开放和现代化建设中一系列矛盾问题的必然要求。无论是制定政策意见，还是出台政策举措，刻舟求剑不行，闭门造车不行，异想天开更不行，必须进行全面深入的调查研究，把调查研究作为必要环节、必经程序。只有经过准确、系统、周密的调查研究，才能促进我们正确认识客观世界、改造主观世界，才能制定执行正确的路线方针政策，创造性地解决前进道路上的各种问题。

当今世界正处于百年未有之大变局，我国正处于实现中华民族伟大复兴的关键时期，既面临重大机遇又面临风险和挑战，一系列重大现实问题亟待深入破解。必须进一步重视和加强调查研究，拓展调查研究的途径、方式和载体，运用调查研究成果，形成符合实际的政策举措，解决好人民最关心、最直接、最现实的利益问题，解决好改革发展稳定的重大问题，解决好宣传思想文化战线的重大问题，解决好党的建设的重大问题，推动中国特色社会主义事业行稳致远。

三、调查研究是干事成事的基础保障

2017 年 12 月 25 日至 26 日，习近平总书记在中央政治局民主生活会上强调："要在全党大兴调查研究之风，推动全党崇尚实干、力戒空谈、精准发力，让改革发展稳定各项任务落下去，让惠及百姓的各项工作实起来，推动党中央大政方针和决策部署在基层落地生根。"

调查研究不仅是正确决策的必经环节，也是推动决策贯彻落实的必要步骤和有效措施。出台政策措施需要深入调查摸清底数，广泛听取意见，兼顾各方利益；政策实施后也需要跟踪反馈，发现问题及时调整完善。通过调查研究，可以发挥督导作用，促使有关方面和有关人员提高思想认识，加大工作力度；可以发挥督促落实作用，促使有关单位和地方看到差距不足，找准短板弱项，奋力比学赶超，把上级决策部署落到实处；可以发挥鼓劲加油作用，为干事成事营造良好的氛围，进一步推动全局工作更好地开展。

当前，宣传思想工作处在新的历史方位、面临新的使命任务，

为了贯彻落实习近平总书记关于宣传思想工作的重要论述、推动党中央关于宣传思想工作的决策部署落地生根，深入开展调查研究，显得尤为迫切和必要。一是摸清实情。深入实际、深入生活看实景、察实情、听实话，准确及时地反映宣传思想工作的事实与规律，帮助领导摸清实情。二是研判形势。着重研判形势中的有利情况和不利因素、重大变化和重要动向，研究苗头性、倾向性问题，有针对性地提出对策建议。三是解决问题。抓住影响宣传思想工作的热点难点问题，关注关系群众切身利益的实际问题，进而发现问题的症结，"对症下药"地提出有效的对策措施或建议方案。四是总结提升。把一些首创、独特的工作经验和具体做法挖掘出来，将典型经验和有益尝试推广出去、覆盖到面。五是探寻规律。把零散的东西系统化，把感性的东西理论化，把表面的东西实质化，弄清事物的内在联系和发展规律，进而找到改进工作的方法和路径。

四、调查研究是转变作风的有效途径

党的十八大以来，习近平总书记多次强调，中央委员会、中央政治局的每一位同志都要以身作则、沉到一线，推动各级干部动起来、深下去，使调查研究在全党蔚然成风。中央政治局关于改进工作作风、密切联系群众的"八项规定"第一项就是"要改进调查研究"，要求领导干部扑下身子、下到基层，察实情、听真话。党中央开展"不忘初心、牢记使命"主题教育，把调查研究作为一项重要措施，目的就是教育引导广大党员干部了解民情、掌握实情，搞清楚问题是什么、症结在哪里，拿出破解难题的实招硬招。

回顾毛泽东同志开展的调查研究，他最擅长同各个阶层人士打交道，特别是与底层群众打成一片，增进了党和群众的感情。如在湖南五县和井冈山两县调查中，找的是各县中级干部；在寻乌调查中，找的是中级和下级干部、穷秀才、破产的商会会长、在知县衙门管钱粮的已经失了业的小官吏；在兴国和长冈、才溪调查中，找的是乡级工作同志和普通农民；在湖南衡山县了解中国监狱腐败情形，找的是一个小狱吏。他后来回顾这段历史时，曾经饱含深情地说："这些干部、农民、秀才、狱吏、商人和钱粮师爷，就是我的可敬爱的先生。"老一辈无产阶级革命家的调查研究实践，为我们今天做好调查研究、走好群众路线提供了丰富经验，树立了光辉典范。

当前，整个宣传思想战线调查研究的氛围日益浓厚，工作作风更加扎实，精神面貌为之一新。但仍存在一些不愿调查研究、不敢调查研究、不会调查研究的问题，存在有调查无研究、有研究无方案、有方案无实施、有实施无效果的现象，非但不能发现问题、解决问题，反而会增加决策失误的风险，影响决策的科学性和工作的实效性。

搞好调查研究，一定要从群众中来、到群众中去，同群众一起讨论问题，倾听群众呼声、体察群众情绪、感受群众疾苦、总结群众经验、汲取群众智慧，真正使调查研究的过程成为保持同人民群众血肉联系的过程。

五、调查研究是成长成才的必备能力

调查研究的过程，是领导干部提高认识能力、判断能力和工作

能力的过程。深入实际、深入基层、深入群众，进行各种形式和类型的调查研究，非常有益于促进领导干部正确认识客观世界、改造主观世界、转变工作作风、增进同人民群众的感情，有益于深切了解群众的需求、愿望和创造精神、实践经验。

愿不愿意调研、善不善于调研，在一定程度上反映了宣传思想干部的综合素质和能力水平。比如，到一个地方深入实践的能力，与调查对象沟通并快速获取信任的能力，观察现实、综合情况、分析问题的能力等。从这个意义上说，一个渴望取得成功的人，需要通过调查研究不断改善自身的知识结构，提高理论联系实际的基本素养，开拓思路和眼界，增长解决实际问题的本领。现在的通信方式越来越便捷，获取信息的渠道越来越多，但都不能完全代替亲力亲为的、原汁原味的调查研究。因为直接与基层干部群众接触，面对面地了解情况和商讨问题，在认识上和感受上所起的作用与间接听汇报、看材料是不同的。领导干部经常深入调研，能够掌握第一手材料，听取各种意见，提高决策水平；发现探索创新，总结典型经验，提高指挥水平；与群众打成一片，密切联系群众，转变工作作风。普通干部经常深入调研，能够激发灵感、接足地气，增强对新事物的好奇心和敏感度；提高研究能力和办事水平，进而锻炼能力、积累成果、培养专长。

第二节　调查研究的基本遵循

一、以习近平新时代中国特色社会主义思想为指导

用科学理论来武装头脑，注重从政治上、全局上观察事物是调查研究的根本指针。习近平新时代中国特色社会主义思想是党和国家必须长期坚持的指导思想，是当代中国马克思主义、21世纪马克思主义。做好宣传思想领域的调查研究工作，必须坚持以习近平新时代中国特色社会主义思想为指导，坚持以习近平总书记关于宣传思想工作的一系列重要论述为标尺。

党的十八大以来，习近平总书记多次在重要会议、重要场合、重要指示批示中，反复强调大兴调查研究之风，并就加强和改进调查研究提出一系列明确要求，从夺取新时代中国特色社会主义伟大胜利的战略高度，深刻揭示了大兴调查研究之风对于新时代展现新气象实现新作为的重大意义，充分反映了党的思想路线、群众路线的本质要求，鲜明体现了坚持以人民为中心的价值理念，彰显了我们党作为马克思主义执政党的实践品格和政治追求。习近平总书记关于调查研究的一系列重要论述，为做好新时代的调查研究提供了思想指引和行动指南。我们必须认真学习、深刻领会，努力掌握贯穿其中的马克思主义立场观点方法，自觉用于指导调查研究的工作实践，认真调查、摸清情况、深入思考、找准症结，提出务实管用的举措办法。

二、围绕中心、服务大局的基本定位

调查研究不是孤立单一的，也不是漫无目的的，是为党和国家中心工作服务的。领导干部要着力围绕全面从严治党问题，围绕贯彻落实党的十九大精神需要解决的问题，围绕人民群众生产生活问题，围绕改革稳定发展问题，开展深入细致的调查研究，提出切实可行的解决思路和方法措施。这就需要把宣传思想战线的调查研究与中央的重大决策部署结合起来，与中心工作和重点任务结合起来，与领导关心和群众关注的重点结合起来，与需要攻克的难题、解决的问题紧密结合起来。

宣传思想战线开展调查研究，要围绕贯彻落实党的十九大和十九届二中、三中、四中、五中、六中全会作出的一系列重大决策部署，紧扣宣传思想工作"举旗帜、聚民心、育新人、兴文化、展形象"的使命任务，从政治上观察、全局上考虑，深入研究影响改革发展稳定工作大局的重大问题，深入研究人民群众反映强烈的热点问题，深入研究宣传思想工作面临的突出问题，真正把功夫下到"察实情、出实招、办实事、求实效"上，以调查研究成果转化为推动宣传思想工作开创新局面。

三、拜人民为师、向人民学习的基本立场

人民群众的社会实践是获得正确认识的源泉，也是检验和深化我们认识的根本所在。调查研究成果的质量如何，最终要由人民群众的实践来检验。习近平总书记一再强调，要把调查研究作为基本

功，深入基层、深入群众、深入实际，了解情况、问计于民。回顾习近平总书记的从政经历，当县委书记时跑遍了所有的村，当市委书记时跑遍了所有的乡镇，当省委书记时跑遍了所有的县市区，始终把人民放在心中最高位置，躬身深入基层、深入群众、深入实际，问情于群众、问需于群众、问计于群众。

为此，谋划工作要坚持从实际出发，使想出来的点子、举措、方案符合实际情况，不好高骛远，不脱离实际。涉及群众切身利益的重要政策措施，要广泛听取群众意见，真心诚意地倾听群众的呼声，实实在在地同群众一起讨论问题，不能嫌麻烦、图省事。搞好调查研究，一定要坚持从群众中来、到群众中去，"眼睛向下""甘当小学生"，放下架子、扑下身子，接地气、通下情，真正把群众面临的问题发现出来，把群众的意见反映上来，把群众创造的经验总结出来。增进同人民群众的感情，不仅"身入"，更要"心至"，设身处地、将心比心地看问题、想问题，带着感情、带着敬畏去求教、去学习，真正能够同群众对得上话、聊得起来。

四、实事求是、唯实求真的基本原则

调查研究是为了把真实情况掌握得更多一些、把客观规律认识得更透彻一些。能不能、敢不敢坚持实事求是、唯实求真，是水平问题，更是党性问题。实事求是就是坚持实践第一的观点，一切从实际出发，了解实际、掌握实情，使思想、行动、决策更加符合客观实际。唯实求真，就是要有追求真理、修正谬误的勇气，有一说一、有二说二，既报喜又报忧，揭示事物的真相，探求事物发展的内在规律。从实际情况出发，从人民群众的实际需求出发，对实际情况做深入系统而不是粗枝大叶的调查研究，把情况摸清楚，把问题摸清楚，把群众所思所盼摸清楚，使思想、行动、决策符合客观实际，确保形成的思路、提出的对策经得起历史、人民和实践的检验。注意用客观的态度观察事物，按照事物的本来面目认识事物，对调研不预设前提、不预设框框、不预设结论，对问题不夸大、不缩小，使结论真正产生在调研之后，而不是调研之前。

在实际工作过程中，要特别注意反对形式主义、官僚主义，不能搞浮光掠影、人到心不到的"蜻蜓点水"式调研，不能搞作指示多、虚心求教少的"钦差"式调研，不能搞自主性差、丧失主动权的"被调研"，不能搞到工作成绩突出的地方调研多、到情况复杂和矛盾突出的地方调研少的"嫌贫爱富"式调研等。坚决防止为调研而调研，防止搞"出发一车子、开会一屋子、发言念稿子"式的调研，防止扎堆调研、"作秀"式调研。

五、发现问题、解决问题的基本导向

问题是事物矛盾的表现形式，奔着问题去，是搞好调查研究的基本前提。党的十八大以来，在改革发展稳定、内政外交国防、治党治国治军等各方面，以习近平同志为核心的党中央都注重通过调查研究发现矛盾和问题，扭住深层次矛盾和重点难点问题精准发力。

当前，我们正处在一个新的历史发展时期，新事物、新情况、新问题层出不穷，宣传思想工作的环境、对象、范围都发生了深刻变化，对宣传的工作理念、工作方式、体制机制都提出了新要求新挑战。做好新形势下宣传思想战线的调查研究工作，必须坚持问题导向、强化问题意识，着力发现制约宣传思想工作的突出问题，系统梳理宣传思想领域出现的新情况、新问题，分析问题存在的主客观原因，提出解决问题的思路和办法。要尽力掌握调研活动的主动权，看一些没有准备的地方，搞一些不打招呼、不作安排的随机性调研，力求准确、全面、深透地了解情况。既要到工作局面好和先进的地方去总结经验，又要到困难较多、情况复杂、矛盾尖锐的地方去研究问题，特别是要多到群众意见多的地方去，多到工作做得差的地方去，既要听群众的"顺耳话"，也要听群众的"逆耳言"，这样才能听到实话、察到实情、收到实效。

面对纷繁复杂的现实情况，善于抓住主要矛盾尤为重要。调查研究要学会"牵牛鼻子""十个指头弹钢琴"等工作方法，既不能"只见树木，不见森林"，也不可"头痛医头，脚痛医脚"，抓不住主要矛盾，犹如"螃蟹吃豆腐"，吃得不多、抓得很碎，头绪满天飞。

六、守正创新、继承发展的基本要求

创新思维理念、方法手段，既善于运用我们党在长期实践中积累的有效方法，又进一步打开调研思路、拓展调研渠道、丰富调研手段、创新调研方式，是做好调查研究的客观要求。在深入研究上下功夫，充分运用辩证唯物主义和历史唯物主义方法，坚持定性和定量结合、宏观和微观结合、静态和动态结合，对调查材料进行思考、分析、综合，透过现象看本质。不能有调查而无研究，只罗列一大堆现象，而分不清主与次、现象与本质，那是得不到正确认识的。坚持和完善走访、蹲点、座谈等调研形式，比如"下马观花"做典型调查，通过下功夫"分析一朵花""解剖一只麻雀"，从个别中找出一般，从特殊中找出带规律性、普遍性的东西来，以取得经验，指导全局。适应当今社会信息化网络化的特点，学习、掌握和运用现代科学技术的调研方法，如统计调查、网络调查等，提高运用互联网、大数据的能力，逐步把现代信息技术引入调研领域，提高调研的效率和科学性。坚持发展地而不是静止地、全面地而不是片面地、系统地而不是零散地、普遍联系地而不是单一孤立地观察事物，准确把握客观实际，通过"交换、比较、反复"，取得真实可信、扎实有效的调研成果。

第三节　调查研究的任务和流程

一、调查研究的基本任务

1. 做好事关全局的战略性、基础性调研。宣传思想战线搞调查研究要坚持胸怀大局、把握大势、着眼大事，向中央的要求看齐、与中央的精神对标，精准聚焦党和国家重大战略安排、重要基础工程，紧密联系宣传思想工作的长远目标、重点任务，找准角度，精准切入，有针对性地深入研究，力求有所创造、有所贡献。一方面，围绕学懂、弄通、做实习近平新时代中国特色社会主义思想开展调研，通过深入研究，全面准确理解精神实质和基本内容，探索如何把党的创新理论渗透到方方面面、覆盖所有人群，更好地融入生活、教化人心，引导干部群众高举"精神之旗"、把稳"思想之舵"。另一方面，围绕贯彻落实习近平总书记关于宣传思想工作的重要论述和中央关于宣传思想工作的重大决策部署开展调研。以此为标尺，逐一对照、认真检视，重视宏观与微观的结合，弄清哪些落实得比较好，哪些没落实到位，哪些还需加强和改进，认真总结经验、及时转化，找准症结、分析原因，研究对策、拿出办法。

2. 做好破解复杂难题的建设性、对策性调研。调查研究的最终目的在于解决问题，有没有价值，关键要看有没有管用、有效的对策建议。毛泽东同志有个很形象的比喻："调查就像'十月怀胎'，解决问题就像'一朝分娩'。调查就是解决问题。"就宣传思想战线来说，工作性、应用性、对策性研究仍是主攻方向，无论是选取题目、收集资料，还是研究分析、形成成果，都要始终坚持问题导向，把发现和提出问题、研究和认识问题、回答和解决问题作为出发点和落脚点，带着问题带着难题去、带着答案带着对策回，力求做到推进工作有思路、破解难题有实招。这就要求围绕当前宣传思想工作面临的突出问题开展调研，深入调查了解干部群众反映的焦点热点问题和工作中的痛点难点问题，弄清从哪些问题入手、抓住哪些关键环节，理清思路、谋划布局，研究确定解决问题的对策建议和工作措施，进一步推动和改进工作。

3. 做好新形势新情况的前瞻性、趋势性调研。调查研究是提高工作针对性、主动性、预见性的方法和途径，只有全面掌握新情况、准确把握新趋势、及时提出新举措，才能在复杂的工作局面中掌握主动，在时代发展的浪潮中立于不败之地。当前，社会条件发生很大变化，工作环境日趋复杂，特别是互联网对传播方式带来深刻影响，既给宣传思想工作带来机遇，同时也提出许多新挑战新课题。要适应新形势、新任务，加强对这些新问题的研究。有的是以前研究过的，但还要不断拓展、不断深化；有的是一些倾向性苗头性问题，需要深入分析、仔细甄别、认真研判；有的是开创性的，需要提前进行思考和论证。需要着重围绕宣传思想文化领域出现的新情况新问题新动向开展调研，着力弄清问题的背景成因、基本状况、发展趋势，研究提出行之有效的应对之策，使宣传思想工作始终符合发展变化着的实践、引领时代风气之先。

4. 做好重要工作和重大项目的跟踪性、反馈性调研。常言道，一分部署，九分落实。精神传达了，文件印发了，方案制定了，工作安排了，但落实情况怎样，实践效果如何，还需要进一步跟踪了解、督促落实。要把调查研究贯穿工作的始终，在重要工作、重大项目推进过程中适时组织开展督查调研，在重要工作、重大项目完成后及时组织开展效果评估调研。通过调查研究，全面具体地掌握工作进展的状态、项目运转的情况，客观清晰地发现存在的问题和不足，有力地推动工作落地落实。比如贯彻落实《中国共产党宣传工作条例》《党委（党组）意识形态工作责任制实施办法》等法规制度的情况，推进新时代文明实践中心建设、县级融媒体中心建设等重点工作的情况，有哪些经验做法、存在哪些困难问题等，都需要认真开展调查研究。

二、调查研究的基本机制

1. 调查研究决策机制。健全决策机制，加强重大决策的调查研究、科学论证、风险评估，在制定工作规划、草拟政策法规、部署重要工作、安排重大项目时，都要以深入的调查研究为前提基础和必经程序，不调查研究不决策，先调查研究后决策。

2. 调查研究规划机制。中央宣传部根据中央精神和宣传工作总体部署，针对面临的突出问题，研究确定重点调研方向，加强规划指导。地方党委宣传部和宣传文化系统各部门单位根据调查研究要点和选题，结合各自实际确定重点课题，制定工作方案，确保任务落到实处。

3. 调查研究合作机制。通过课题发布、委托调研、组织联合公关、开展攻策咨询等，建立统筹协调、相互配合、集思广益、资源共享的工作机制，形成广泛覆盖、深入基层的调查研究工作网络。进一步拓宽调查研究咨询渠道，充分发挥有关党政部门研究机构和社科研究机构的作用，整合社会各方面研究力量，形成"大调研"的工作格局。

4. 调查研究成果运用机制。各级党委宣传部在为同级党委有关决策做好服务的同时，将有价值的调查研究成果及时报送上级部门。中央宣传部加强宣传文化系统调查研究成果的汇集交流，更好地发挥整体效益。各部门各单位在起草文件、部署工作、制定政策时，要注意将有价值的成果充分吸收运用到决策中来。

5. 调查研究评估机制。在工作项目和调查研究课题完成之后，承担有关工作任务的单位要及时组织开展调研效果评估，对工作成效、有益经验、存在问题作出分析评价，为今后调研工作提供借鉴。

三、调查研究的基本流程

1. 精选调研课题。紧紧围绕中央关于宣传思想工作的决策部署、正在谋划和推进的重点工作、领导关注的重大问题和重要事项，突出实情调查、工作思考和对策研究，认真谋划调研选题，做到贴得紧、跟得上、能管用。

2. 做好案头工作。通过查阅文献资料等形式，认真学习与调研课题有关的知识，整理分析已经掌握的材料情况，理出哪些情况还不清楚或者不完全清楚、哪些问题需要深入进行调研，真正抓住抓准问题，增强调研的针对性。

3. 制定调研方案。精心拟定调研大纲与细目，科学设计调研领域、选题、角度，合理布局调研时间、地点、人数等。把广大群众作为调研主要对象，多选择基础较差、问题集中、群众意见大的地方开展调研。组织精干高效的调研队伍，针对调研内容和对象，研究确定调研方法，掌握调研活动主动权。

4. 开展实地调研。采取整体调研与分组调研相结合的方式，真正沉下去、走进去，深入基层生产生活和工作第一线，分层分类开展交流，真实做好观察访问记录，广泛听取群众意见建议，收集第一手资料，真正了解群众所忧所想所盼，在实地调查研究的过程中深入了解民意、广泛集中民智，虚心向群众学习、密切联系群众，多层次、多角度、多渠道了解群众在想什么、盼什么、怨什么。

5. 形成调研报告。充分交流讨论，对调查材料下一番"去粗取精、去伪存真、由此及彼、由表及里"的思索功夫，找到事物的本质规律，找到解决问题的正确办法。按照"观点鲜明、重点突出、对策可行、务实管用"的基本要求，多使用具体翔实的数据和案例，多运用群众的语言和观点，撰写出有真实情况、有独到见解、有具体办法的调研报告。

6. 成果运用转化。及时上报调研成果，为领导机关决策提供参考。在制定政策、起草文件、部署工作时，充分吸收有价值的调研成果，并通过采访报道、公开出版、内部刊发等方式，促进调研成果及时转化为实践成果、制度成果、理论成果，更好地服务于具体实践。

第四节　舆情信息工作的地位作用

一、新时代治国理政的重要咨政参考

掌握社情民意，反映人民意愿是坚持党的思想路线的基本要求。我们党历来重视社情民意，高度重视倾听群众呼声和反映群众愿望。无论是革命、建设还是改革时期，都十分注重对国情民情社情的掌握了解、对人民群众意愿要求的准确把握以及对社会各界意见建议的吸收采纳。舆情信息工作，是我们党体民意、察民情、汇民智的重要渠道，是密切党同人民群众血肉联系的桥梁纽带。

以习近平同志为核心的党中央高度重视舆情在治国理政中的咨政作用，多次作出重要指示批示，提出明确工作要求。习近平总书记明确指出，"社情民意是观察政治问题的晴雨表""问题是时代的声音，人心是最大的政治。推进党和国家各项工作，必须坚持问题导向，倾听人民呼声""找到全社会意愿和要求的最大公约数"。这些重要论述，都强调从治国理政的高度重视社情民意，重视舆情信息工作。舆情信息工作做得好不好、对舆情把握准不准，直接关系各项治国理政实践能否更好体现最广大人民群众的根本利益、得到最广大人民群众的拥护支持，也直接关系到我们党能否不断巩固执政基础、永葆执政地位。

二、牢牢掌握意识形态工作领导权的重要支撑

掌握意识形态工作领导权，是我们党执政经验的深刻总结。始终牢牢掌握意识形态工作领导权，首先要对意识形态领域情况有全面了解、深刻洞察。当前，我国意识形态领域的主流是积极健康向上的，马克思主义在意识形态领域的指导地位更加巩固，全党全国人民团结奋斗的共同思想基础更加巩固。同时也要看到，意识形态领域面临的风险挑战依然复杂，斗争形势依然严峻。从国际看，新一轮大发展大变革大调整席卷全球，大国战略博弈全面加剧，国际经济、科技、文化、安全、政治等格局都在发生深刻调整，我国发展面临的外部环境发生深刻复杂变化。从国内看，决胜全面建成小康社会，乘势而上开启全面建设社会主义现代化国家新征程的任务艰巨繁重，各种思想观念交织交融交锋，统一思想、凝聚力量的任务还很重。在前进道路上我们面临的风险考验只会越来越复杂，甚至会遇到难以想象的惊涛骇浪。意识形态领域的斗争和较量，就是风险考验之一。面对这些情况，只有进一步做好舆情信息工作，不断提高对意识形态领域情况的发现力、研判力、处置力，才能有效驾驭意识形态领域复杂形势，及时防范化解各种意识形态风险，不断增强意识形态领域主导权和话语权。

三、宣传思想工作守正创新的基础性工作

现在，宣传思想工作已经进入守正创新的重要阶段。守正创新，必须在坚守本源的基础上，积极顺应形势发展新变化、事业发展新要求、人民群众新期待，着力创新宣传思想工作思路理念、内容形式、方法手段、体制机制，让宣传思想工作充满生机活力、跟上时代步伐、不断创新绩开新局谱新篇。这就需要我们进一步做好舆情信息工作，准确把握广大干部群众对精神文化生活的新期待新向往，准确把握不同阶层不同群体的接受方式与习惯，准确把握互联网新技术新应用发展及对媒体格局、舆论生态的深刻影响，准确把握境外涉华舆论发展走向。新时代宣传思想工作守正创新，需要我们及时推广各地区各部门宣传思想工作的亮点成效、经验做法。通过舆情信息工作及时把这些好经验、好做法充分挖掘和反映出来，把各种新探索、新创造挖掘和反映出来，有利于推广典型、学习典型，有利于推进对新情况、新问题的研究解决。由此，做好舆情信息工作，已经成为不断增强宣传思想工作战略性、前瞻性、主动性，不断提高宣传思想工作吸引力、感召力、影响力的重要基础性工作。

第五节　舆情信息工作的基本原则

一、坚持正确政治方向和政治立场

舆情信息工作是一项政治性、政策性、敏感性都很强的工作，

讲政治是第一位的要求。做好新时代舆情信息工作，必须坚定自觉地把坚持正确政治方向和政治立场放在首位。要将习近平新时代中国特色社会主义思想作为收集报送舆情的"定盘星""度量衡"，牢牢掌握这个分析研究问题的强大思想武器，始终把牢这个判断是非曲直的根本标尺，不断提高认识问题、分析问题的政治站位，提高思考问题、解决问题的政治能力。要将正确政治方向和政治立场贯穿到舆情信息工作全过程各环节，不论是监测收集、分析研判还是加工处理、报送反馈，都要不断增强政治敏锐性和政治鉴别力，确保舆情信息工作方向正确、立场鲜明。

二、坚持服务大局、服务决策

服务大局、服务决策是舆情信息工作的基本职责，也是衡量舆情信息工作成效的基本标准。明确这一基本原则，就是要解决舆情信息工作为谁服务、提供什么服务的问题。一要为党和国家工作大局服务。当前，统筹推进"五位一体"总体布局、协调推进"四个全面"战略布局，坚定不移贯彻落实新发展理念，着力构建新发展格局，实现"第二个百年"奋斗目标、实现中华民族伟大复兴的中国梦，就是党和国家的工作大局。舆情信息工作必须紧紧围绕这个大局、时时聚焦这个大局、处处服务这个大局，及时把各方面舆情信息收集上来，归纳综合，分析研判，为工作大局提供决策参考。实践经验证明，什么时候对大局认识清晰，看问题、选材料就准确，收集报送的舆情就能对领导决策起到重要作用；什么时候看不清大局或者离开大局来考虑问题，收集报送的舆情信息就流于一般，效用就不高。二要为领导决策服务。科学决策是一项系统工程，是一个动态过程，一项科学决策离不开客观、准确、全面、深入的舆情信息。要"身在兵位，胸为帅谋"，抓住领导考虑问题的关注点、科学决策的支撑点，把握好报什么、不报什么，先报什么、后报什么，多报什么、少报什么的问题，为依法决策科学决策提供有力舆情支撑。

三、坚持全面、准确、及时、深入

"全面、准确、及时、深入"，是对舆情信息工作的基本要求。全面客观，是舆情信息工作发挥作用的基础。要坚持"两点论"，有喜报喜、有忧报忧、喜忧兼报，既反映舆情中积极正面的东西，又反映舆情中消极负面的东西；既反映工作取得的成效，又如实反映工作中存在的问题和不足。要广泛收集各个群体、各个方面、各个层次、各个部门的信息，形成综合性舆情信息材料，切忌以点代面、以偏概全。真实准确是舆情信息工作的生命。信息来源必须准确，反映的情况必须准确。要以事实为依据进行归纳整理，不能主观想象，更不能随意编造。要善于"原汁原味"地反映情况，力求内容真实、数字准确、情况清楚，杜绝假想、推测和虚构。而及时高效直接决定着舆情信息的价值。现在舆情传播很快，很多热点舆情和敏感舆情往往短时间内就迅速扩散，形成大范围、全国性的热点，这就对舆情收集报送速度提出越来越高的要求。要强化时效观念，努力做到"四个即时"——即时发现、即时分析、即时应对、即时反馈，确保快节奏、高效率、不耽误。分析深入是提高舆情信息工作水平的关键。分析越深入、研判越准确，舆情信息的价值就越大。要善于运用科学分析方法，深入挖掘舆情背后隐含的深层次问题，弄清所表达的主要观点、传播范围、影响程度，揭示产生的背景原因和发展趋势，找出其中的特点、本质和规律。

四、坚持统筹好网络舆情与社会舆情

根据舆情传播载体的不同，可以把舆情分为网络舆情和社会舆情两大类，它们既相互联系又相互区别。作为社会存在的集中反映，网络舆情与社会舆情都是人们情绪、态度、意见、看法的体现，本质上都是社会意识的组成部分。网络舆情与社会舆情往往还相互影响，现实社会中关于某一社会问题、社会现象的议论很容易传到网上，网上有关某一社会问题、社会现象的议论也会很快向社会扩散开来，两者实际上互为源头、互相推动。随着互联网的迅猛发展和广泛普及，网络舆情的分量、声量越来越大，但不能把它直接等同于民意。因为网民不能代表所有社会群体和阶层，网民意见也不能代表所有社会群体和阶层的意见。在舆情信息工作实践中，网络舆情与社会舆情不能相互取代，也不能分孰轻孰重。要坚持把网络舆情与社会舆情统筹起来，在重视网络舆情的同时，注重加强社会舆情的收集反映，做到两者相互印证、相互补充，确保全面客观。要注意网络舆情与社会舆情之间的相互影响，分析它们之间的互动情况，深化对整个舆情发展变化规律的认识和把握。

第六节　舆情信息工作的主要任务

一、抓住收集反映重点

1. 围绕深入学习宣传贯彻习近平新时代中国特色社会主义思想收集报送舆情。持续抓好相关舆情的汇集分析，充分反映各地各部门的好经验好做法，为不断把学习宣传贯彻推向深入提供参考。聚焦习近平总书记重要讲话和重要活动，及时对境内境外、网上网下舆情进行跟踪研判，全面收集分析干部群众思想反映和境内外舆论评价看法。

2. 围绕党和国家重大决策部署收集报送舆情。党和国家重大决策部署，往往是境内外舆论关注的重点，也是干部群众关心议论的焦点热点。要把收集报送这方面的舆情动态动向作为一项重要任务。党和国家重大决策、重大举措一经出台，重要会议、重要活动一经发布，要第一时间报送干部群众的思想反映，报送境内外舆论的评价看法。在收集报送中，既要反映主流观点，又要反映不同声音，还要反映建设性意见，做到全面客观、真实深入。

3. 围绕重大突发事件和热点问题收集报送舆情。当前，各种重大突发事件和热点问题易发多发频发。一旦出现重大群体性事件、重大公共卫生事件、重大安全生产事故、重大自然灾害、重大热点事件等，很容易对舆论造成冲击，甚至影响社会稳定、人心安定。一些小的热点问题如果处理不慎，也可能引发连锁反应，形成舆论漩涡。因此，能否正确引导围绕重大突发事件和热点问题的舆论导向，在一定程度上取决于能否准确把握和分析相关舆情。舆情信息工作要及时跟踪重大突发事件和热点问题的发展变化，加强分析研判，提出引导舆论和解决问题的对策建议。

4. 围绕社会思潮发展演变收集报送舆情。从当前我国社会思想领域情况看，在马克思主义指导地位更加巩固的同时，一些非马克思主义思潮有所滋长，思想理论界"杂音""噪音"不时出现。其中，有的是思想认识问题，有的是政治倾向问题。要加强对思想理论界情况的收集分析，及早发现倾向性苗头性问题，注意收集反映境内外敌对势力和别有用心的人散布错误社会思潮和观点主张的新情况新动向，及时进行分析研判。

5. 围绕境外涉华舆论收集报送舆情。现在国际格局和力量对比加速演变，国际舆论错综复杂。进一步把真实、立体、全面的中国形象塑造好展示好，进一步建设具有强大感召力和影响力的中华文化软实力，需要我们客观、全面、精准地分析研判境外涉华舆论态势。在内容上要力求全面，正面舆论和负面舆论都要收集，进行综合研究判断。

6. 围绕宣传思想工作收集报送舆情。舆情信息工作是宣传思想工作的重要组成部分，其直接目的是为宣传思想工作服务。全面收集报送理论武装、新闻舆论、广播影视、文化艺术、思想道德建设、互联网管理、精神文明创建、文化体制改革、对外宣传等工作的舆情反映。要加强全面报送，既要报送各地区各部门推进宣传思想工作重点任务的新进展、新成效、新做法、新经验，又要报送工作中存在的问题和薄弱环节，还要报送加强和改进工作的意见建议等。

二、提高分析研判质量水平

分析研判，是指运用科学分析方法，及时发现值得注意的倾向性、苗头性信息，深入挖掘舆情素材蕴含的特点规律，并提出有针对性对策建议的过程及成果。实践证明，舆情分析得越深入、挖掘得越充分、研判得越准确，对服务大局和服务决策的参考作用就越明显。

1. 敏锐捕捉值得注意的倾向苗头。我们每天都获取大量舆情信息素材，涉及境内境外、经济社会等方方面面，但大部分是零散的、无序的。只有那些带有普遍意义、反映某种倾向的舆情，才是需要关注的内容，才是对领导决策具有参考价值的舆情。这就要求增强舆情分析意识和分析能力，对大量的、分散的舆情素材进行梳理、提炼、概括，透过现象看本质，敏锐捕捉倾向性、苗头性问题。要善于立足全局。着眼于党和国家工作大局，站在宏观和全局的高度，抓取那些有广泛影响的情况问题、有代表性的言论观点，如是，即使收集报送的舆情是具体的、一时一地产生的，也能具备以小见大、见微知著的功能。要善于比较分析。倾向性、苗头性舆情往往潜藏在大量的、散乱的信息素材之中。有些舆情信息孤立地看显示不出其价值，必须把它和一些与之相关联的信息放在一起来考察，或从横向对比中寻找视角，或从纵向对比中挖掘深度，才能发现它带有某种普遍性、倾向性、苗头性特征，进而显现其价值。要善于准确判断。以高度的政治敏锐性和鉴别力关注社会、体察民情，对可能出现的问题早预测、早摸底，对某些流露出的蛛丝马迹早分析、早研究，做到"一叶落而知秋至，窥一斑而见全豹"。

2. 注重分析舆情的规律特点。舆情的形成、演变有其自身规律。只有掌握舆情的规律、特点、趋势，才能全面准确地认识和把握舆情本质，研判舆情发展趋势，进而提出有针对性的对策建议。要善于从群体性角度入手。对舆情进行深度分析，不仅要把握和反映表现明显的那一部分人的心理、情绪、意见和要求，而且要把握和反映相关行业、相关地区、相关社会群体的思想情绪和评价看法，进而分析和反映社会成员的普遍思想认识和意见建议。要善于从阶段性角度入手。一个时间段有一个时间段的舆情，每个阶段的舆情往往有所不同，呈现出阶段性特征。应注重分析研究某个特定时间段内舆情的主要情况、主要特点，并在此基础上对各个阶段的舆情进行对比分析，发现其中的内在联系、趋势特点。要善于从思想性角度入手。舆情不仅是客观事物的反映，更是鲜明价值观念和情感倾向的反映。应在充分把握客观情况的基础上，注重分析背后的情绪波动、观点立场、企盼诉求。这样形成的舆情信息成果，才能有思想、有事实、有判断、有参考价值。

3. 不断提高对策建议的适用程度。提出符合实际、科学合理的对策建议，为领导科学决策提供参考，是舆情信息工作的重要职责任务，也是最见水平、最见功力的地方。对策建议要具备全局视角。只有从全局的角度思考问题、分析舆情，进而从全局的角度研究对策、提出建议，所形成的舆情信息才具有服务领导决策的价值。如果缺乏全局视角，局限于一地一域一事，就难以提出有参考价值的对策建议。对策建议要适应决策需求。舆情信息工作的根本目的就是为上级机关和领导科学决策服务，要站在领导的高度，从领导的角度，以决策者的思维来考虑问题，使提出的对策建议能够转化为实际的决策思想、工作措施。对策建议还要注重可操作性。舆情信息工作的价值主要体现在能否解决实际问题、推动实际工作。所提出的对策建议要具体到位，力求针对性、可操作性强，能够直接转化为决策思想、工作措施。

三、加强网络舆情监测分析

互联网已经成为舆论斗争的主战场、舆情信息的主要集散地。网络舆情酝酿周期大大缩短、热点生成发酵大大提速，网络群体"圈子化""阵营化"现象突出，一些"网红""推手"频频搅动舆论场，舆情燃点低、烈度高、扩散快。要加强网络舆情信息工作，及时监测网上动态动向，准确把握网上舆情生成演化机理，为提高用网治网管网水平提供重要参考。

1. 做好网上动态动向监测发现。能否及时在网上海量信息中发现值得注意的动态动向，是做好网上舆情信息工作的起点。要进一步提高网上舆情监测发现能力，广泛关注网民对各种热点问题的看法和态度，特别是重点关注涉及我国制度体制、路线方针政策、重大决策部署等的评价议论，关注有关经济社会热点、突发性群体性事件、重大灾害事故等的观点看法，关注涉及敏感时间节点、敏感事件、敏感问题等的动态动向。建立健全监测体系，形成覆盖广泛的舆情信息工作网络。充分利用5G、大数据、云计算、人工智能等先进技术，常态化排查网上舆情热点，及时发现倾向性、苗头性问题。

2. 加强对网上舆情生成演化机理的研究把握。网上舆情有其特殊规律，科学认识网络传播规律，准确把握网上舆情生成演化机理，对做好网络舆情信息工作至关重要。要重点研究网上舆情的产生原因、生发载体、传播路径、议题演化、传播周期等问题，把握网上热点的生成、发酵、消退过程。增强做好网上舆情分析研判和应对处置的积极性、主动性、针对性。要做好网上舆情的基础理论研究，为实务工作提供理论支撑。

3. 加强对互联网新技术新应用的跟踪分析。互联网新技术新应用的发展和普及，对媒体格局、舆论生态乃至意识形态安全有着深刻影响。当前，新一代信息技术加速突破和应用，以互联网为基础设施的新技术新应用不断涌现。特别是新技术新业态迅猛发展，可能带来又一次颠覆性革命浪潮。要持续跟踪互联网新技术新应用发展，深入分析其在传播信息、催生舆情、影响舆论方面的作用和特点，分析其给新闻宣传、媒体管理、意识形态安全和国家政权安全带来的影响，提出加强管理和应用的工作建议。要关注国外互联网发展和管理的最新情况和动向，跟踪研究西方国家的互联网发展战略及其对我国的影响。

四、做好舆情信息加工处理

舆情信息的加工处理，是指在深入研究的基础上，以简洁精练的文字、清新平实的文风将舆情内容充分表现出来，最终形成完整的舆情信息成果。它是舆情信息工作的"最后一道工序"，要按照不同要求对拟报送的舆情信息精心加工提炼，去伪存真、去粗取精，形成有情况、有思想、有深度的舆情信息材料。

1. 舆情信息的分类及撰写要求。根据内容、性质和撰写要求等的不同，舆情信息可以大致分为"动态类"舆情、"分析类"舆情、"经验类"舆情、"调研类"舆情等不同类型。

"动态类"舆情要突出时效。"动态类"舆情是迅速准确反映舆情最新动态的信息。一般是反映事物发展变化的面貌和动向，即"什么事""什么情况""结果如何"，通常不需要在"为什么""怎么办"上做文章。信息要以时效性和重要性为主要价值取向，简明扼要，以开门见山、一事一报为原则。

"分析类"舆情要突出深度。"分析类"舆情是针对某个专题性、阶段性或综合性的舆情进行状况态势、原因背景、定性定量等深度分析。一份完整的舆情分析报告通常包括一定时期舆情的主流，值得注意的倾向性、苗头性问题，对今后一段时期舆情发展趋势的预测及相关意见建议。在撰写"分析类"舆情的过程中，要注意提炼总结、归纳升华，把握态势、预测走势，增强深度厚度。

"经验类"舆情要突出特色。"经验类"舆情主要是用来挖掘典型、介绍做法、提供经验的，旨在通过对一些典型事件、活动、做法或存在的问题进行分析，总结经验，剖析原因，提出对策，为领导决策提供参考，为同行工作提供借鉴。写作这类舆情，除了反映"是什么"外，还要回答其"所以然"，总结出一些有特色、可操作、对全局工作具有普遍意义的东西。

"调研类"舆情要突出对策。"调研类"舆情往往是对某一专门问题的信息浓度反映。决策部门在针对某一专题作决策时，"调研类"舆情就能够凸显决策参考的重要价值。"调研类"舆情要有情况、有问题，有原因分析，有对策建议。撰写这类舆情时要注重在对策性上下功夫，所提出的对策建议力争做到务实、管用。

2. 提高舆情信息材料的质量。一篇好的舆情信息材料，应具有突出的主题、鲜明的观点、严密的逻辑。一是论述全面与观点鲜明有机结合。要做到分析透彻、论述深入，必须运用大量丰富的素材，进行多角度、多层次的分析，使该舆情信息的主要内容得到充分体现。同时，要尽可能做到观点鲜明、表述精当。在内容上要主题突出，直指要害，一针见血；在形式上要层次清晰，条分缕析。二是理性概括与素材鲜活有机结合。既要摆事实，又要讲道理；既要观点准确凝练、清晰明了，又要情况真实可信、具体生动。要在材料中将提炼出来的观点结论与生动质朴的百姓话语等舆情素材有机结合起来，在表述中多引用那些来自生活、来自一线的生动素材，"原汁原味"地将群众的情绪、思想、诉求、建议等呈现出来。三是总体态势分析与突出问题分析有机结合。要对一个主题、一个方面的舆情进行整体分析，揭示和概括舆情的总体态势，这样有助于从整体上掌握某一方面的舆情状况。同时，要将舆情中存在的突出问题、主要矛盾、重点难点等表达出来。总体态势与突出问题相结合，就能够全面反映出舆情的好与坏、喜与忧、正面与负面、积极因素与消极因素，在整体把握的基础上准确把握突出问题。

3. 始终坚持良好的文风。一是要准确。舆情信息文稿中运用的概念、表达的观点都应当恰如其分，遣词造句要客观、准确。在轻重缓急、深浅程度、范围大小等方面要有分寸感。二是要简练。撰写舆情信息时，要对多余的文字舍得"动刀子"，努力做到"篇无累句，句无累字"。三是要平实。就是文字平易朴实，多用客观叙述、说明的语言，少用或不用描写、抒情的语言，老老实实地把信息写得通畅明白、干净利落，不用生僻的词语，不刻意雕饰。多用群众的语言，多用生活中的语言，做到清新质朴、生动活泼。

第七节　舆情信息工作的管理

一、舆情信息工作的组织建设

各级党委宣传部门要切实担负起统筹指导职责，把舆情信息工作摆在更加重要的位置，作为意识形态工作巡视巡察工作的一项重要内容。各级党委宣传部门主要负责同志要高度重视，加强指导协调，既出题目、交任务、提要求，又建队伍、解难题、强保障。加强舆论引导工作的总体统筹、部门联动和上下协调，形成宣传部门统筹指导，网信部门和新闻单位为骨干，其他部门和有关单位广泛参与、紧密配合的工作格局，切实把舆情信息工作各项任务落到实处。

二、舆情信息工作的队伍建设

舆情信息工作队伍的强弱、人员素质的高低，直接决定舆情信息工作质量和水平。各级党委宣传部门要按照"政治过硬、本领高强、求实创新、能打胜仗"的要求，着力培养一支"政治强、业务精、能力强"的队伍。加大学习培训力度，把舆情信息工作培训列入宣传干部培训规划计划，开展经常性、多层次培训。舆情信息工作人员要不断加强学习，提高舆情收集分析研判能力、提出解决对策的水平。舆情信息工作是默默无闻的工作，各地区各部门各单位要在政治上、组织上、工作上、生活上多关心爱护舆情信息工作人员，为他们开展工作创造更好的条件。

三、舆情信息工作的机制建设

做好新时代舆情信息工作，离不开科学有效的工作机制。要建立完善统筹指导机制，将舆情信息工作纳入宣传思想工作总体部署，一体谋划、一体推动、一体考核，协调、管理和领导本地区各部门各单位舆情信息工作。建立完善网络建设机制，适应经济社会发展变化要求，根据舆情信息工作发展需要，有序扩大舆情信息网络单位的覆盖面。建立完善分析研判机制，不断提高分析研判的科学性和精准性。建立完善重大突发和热点舆情协调处置机制，实现舆情发现、研判、处置一体化。

四、舆情信息工作的技术建设

要跟上互联网新技术新应用的发展步伐，加大投入力度，积极研发专门的舆情信息工作智能化平台。重视5G、大数据、云计算、人工智能等新技术手段作用，将其运用到舆情发现、分析研判、应对处置、评估反馈全过程和各环节。与此同时，舆情信息工作者也要强化互联网思维，提高网络新技术新手段运用能力，以信息化手段提升工作水平。

第十章　宣传领域人才建设

做好新时代宣传思想工作，关键在人、在队伍。宣传思想文化干部人才队伍，是党的干部人才队伍的重要组成部分，主要包括中央、地方各级党委宣传部门，以及理论、新闻、文艺、出版、外宣、网信、精神文明建设等领域的管理干部和专业人才。宣传思想文化干部人才队伍建设，必须坚持以习近平新时代中国特色社会主义思想为指导，深入贯彻落实新时代党的建设总要求和新时代党的组织路线，始终坚持党管干部、党管人才原则，紧紧围绕新时代宣传思想工作的使命任务，着力培养打造"政治过硬、本领高强、求实创新、能打胜仗"的干部人才队伍，为宣传思想文化事业的繁荣发展提供坚强有力的组织保障和人才支撑。

第一节　人才队伍建设的重要性

我们党历来高度重视宣传思想干部人才队伍建设。在宣传思想工作发展的不同历史时期，干部人才队伍为推动事业的繁荣发展提供了强有力的组织保障和人才支撑。加强新形势下干部人才队伍建设，对于做好新时代宣传思想工作，奋力开创宣传思想工作新局面，具有十分重要的意义。

一、加强干部人才队伍建设是由宣传思想工作性质和地位作用决定的

宣传思想工作是党的一项极端重要的工作，是党领导人民不断夺取革命、建设和改革胜利的优良传统和政治优势，在党的整个工作中具有极其重要的地位和特殊作用。能否做好意识形态工作，事关党的前途命运，事关国家长治久安，事关民族凝聚力和向心力。我们在集中精力进行经济建设的同时，一刻也不能放松和削弱意识形态工作。中国共产党成立以来的长期实践表明，革命也好，建设也好，改革开放也好，要取得伟大的胜利，都离不开宣传思想工作。而宣传思想工作的特殊性质和地位作用，决定了从事这项事业的干部人才必须具有较高的政治素质、较强的业务能力、优良的工作作风和严明的纪律规矩，决定了必须深入贯彻新时代党的建设总要求和新时代党的组织路线，以党的政治建设为统领，把讲政治作为第一位的要求、把忠诚可靠作为第一位的标准，毫不放松地加强干部人才队伍建设。

二、加强干部人才队伍建设是宣传思想工作担当使命任务、开创事业发展新局面的迫切需要

党的十八大以来，在以习近平同志为核心的党中央坚强领导下，宣传思想工作坚持以习近平新时代中国特色社会主义思想为指导，全面贯彻落实党中央决策部署，增强"四个意识"、坚定"四个自信"、做到"两个维护"，实现了意识形态领域形势的全局性根本性转变，为推动党和国家事业新发展作出了重要贡献。宣传思想战线

正本清源的任务取得重大成效，现在进入了守正创新的重要阶段。新形势下宣传思想工作肩负着"一个高举""两个巩固""三个建设"的根本任务，承担着"举旗帜、聚民心、育新人、兴文化、展形象"的使命任务，为夺取新时代中国特色社会主义伟大胜利、实现中华民族伟大复兴的中国梦提供了思想保证、舆论支持、精神动力和文化条件。宣传思想战线坚持和巩固正本清源的成果，在新的历史起点上守正创新，做好新时代宣传思想工作必须毫不放松地加强干部人才队伍建设，深入贯彻新时代党的组织路线，打造一支"政治过硬、本领高强、求实创新、能打胜仗"的宣传思想工作队伍，以适应新形势新任务的要求。

三、加强干部人才队伍建设是推动宣传思想战线强起来的内在要求

习近平总书记围绕推动宣传思想战线强起来作出了一系列重要论述，突出强调宣传思想干部要不断掌握新知识、熟悉新领域、开拓新视野，增强本领能力，不断增强脚力、眼力、脑力、笔力。时代的发展变化，对宣传思想工作提出许多新课题新挑战。从国内看，实现中华民族伟大复兴正处于关键时期，统一思想、凝聚力量的任务之艰巨前所未有；从国际看，世界正处于百年未有之大变局，增强国际话语权、提升国家文化软实力的任务之艰巨前所未有；从意识形态领域看，思想文化相互激荡、价值观念多元多样，建设具有强大凝聚力和引领力的社会主义意识形态任务之艰巨前所未有；从信息化发展及趋势看，新一轮科技革命带来传播格局深刻变革，改进创新宣传思想工作的任务之艰巨前所未有。这"四个前所未有"

给新形势新任务对宣传思想文化干部人才队伍提出了新要求新挑战。要应变局、育新机、开新局、谋复兴，关键是要把党的各级领导班子和干部队伍建设好、建设强。而宣传思想工作立足新方位、开创新局面，必须毫不放松地加强干部人才队伍建设，培养适应新时代要求的专业精神、专业素养和专业能力，切实提高能力水平，推动宣传思想战线强起来。

四、加强干部人才队伍建设是推进宣传思想文化领域治理体系和治理能力现代化的必然要求

要抓好执政骨干和干部人才队伍建设，把提高治理能力作为新时代干部队伍建设的重大任务。党的十九大以来，宣传思想文化领域一系列制度相继建立健全，从颁布《中国共产党宣传工作条例》，到印发《新时代公民道德建设实施纲要》《新时代爱国主义教育实施纲要》，再到党的十九届四中全会对文化制度作出新的部署，构建起"四梁八柱"的制度体系，为推动新时代宣传思想工作守正创新奠定了坚实的制度基础。与新时代党和国家事业发展的新要求、人民群众的新期待相比，宣传思想工作还存在一些薄弱环节，对打造"忠诚、干净、担当"的高素质专业化干部队伍提出了更高要求。这就需要进一步深化宣传思想文化领域治理体系和治理能力现代化，不断提高干部人才队伍治理能力，引导广大干部强化制度意识、提高执政水平，锻造做好新时代宣传思想工作的高素质、真功夫，推动宣传思想工作科学化、规范化、制度化。

第二节　人才队伍的素质要求

一、政治过硬，忠诚可靠

宣传思想工作是政治工作，宣传思想部门是政治部门，政治过硬是做好宣传思想工作第一位的要求。要把用科学理论武装头脑作为终身的必修课，把学习贯彻习近平新时代中国特色社会主义思想摆在最突出的位置，在学懂弄通做实上作表率，力求先学一步、学深一层，做到融会贯通、学以致用，真正用以武装头脑、指导实践、推动工作。要保持绝对忠诚、绝对可靠的政治品质，旗帜鲜明讲政治，带头增强"四个意识"、坚定"四个自信"、做到"两个维护"，自觉在政治立场、政治方向、政治原则、政治道路上同以习近平同志为核心的党中央保持高度一致。秉持"革命理想高于天"的政治情怀，发扬革命传统，传承红色基因，不忘初心、牢记使命，始终坚定对马克思主义的信仰、对中国特色社会主义的信念、对实现中华民族伟大复兴中国梦的信心。善于从政治上看问题，坚持政治家办报、办刊、办台、办新媒体，具备较强的政治敏锐性和政治鉴别力，严守政治纪律和政治规矩，严守宣传纪律和工作纪律，做到有令必行、有禁必止，始终保持忠诚干净担当的政治本色。

二、胸怀大局，把握大势

宣传思想工作同党和国家工作全局紧密相连，把握大势才能找准坐标、立足大局才能有所作为。要深刻认识、准确把握中华民族伟大复兴战略全局和世界百年未有之大变局，具有战略思维，有国际视野和全局站位，胸怀大局、把握大势、着眼大事，始终把围绕中心、服务大局作为基本职责，做到在大局下思考、在大局下行动。对国之大者要心中有数，时刻关注党中央在关心什么、强调什么，深刻领会什么是党和国家最重要的利益、什么是最需要坚定维护的立场，切实把增强"四个意识"、坚定"四个自信"、做到"两个维护"落到行动上，不折不扣抓好中央决策部署和政策措施落实。自觉谋大事、议大事、抓大事，围绕使命任务履职尽责，把统一思想、凝聚力量作为工作的中心环节，更好促进"强信心、聚民心、暖人心、筑同心"。

三、人民至上，为民服务

全心全意为人民服务是我们党的根本宗旨，宣传思想工作说到底是做人的工作、做群众工作。要坚持以人民为中心的发展思想，把人民放在心中最高位置，怀有爱民、忧民、为民、惠民之心，弄清楚"为了谁、依靠谁、我是谁"。尊重人民主体地位，虚心向人民群众学习，真心对人民群众负责，热心为人民群众服务，诚心接受人民群众监督。坚持人民至上、以人为本，扎根人民、贴近人民，多刻画基层的先进典型，多展示一线的普通劳动者，多关注人民群众"急难愁盼"的问题，把更多的镜头、舞台、版面留给人民群众，把更多的优质精神食粮献给人民群众，不断丰富人民群众精神世界、增强人民群众精神力量、满足人民群众精神需求，增强人民群众的文化获得感幸福感。

四、勤于学习，善于调研

我们党依靠学习创造了历史，更要依靠学习走向未来。要有好学勤学、求知若渴的态度，把学习当成一种精神追求、生活态度和工作责任，做到学以修德、学以明理、学以广才。学好用好马克思主义这个看家本领，掌握和运用辩证唯物主义和历史唯物主义，掌握贯穿其中的基本立场、重要观点、科学方法。有开阔的视野、广博的知识，广泛涉猎政治经济、历史文化、法律社会、科学技术等各方面知识，更新知识结构，丰富知识储备，打牢干事创业的根基。调查研究是做好宣传思想工作的基础。要有唯实求真的精神品格，坚持勤勉敬业、求真务实、真抓实干，保持"严、细、深、实"的优良作风，做到言必责实、行必责实、功必责实。坚持眼睛向下、身子下沉，多到宣传思想工作一线、多到基层群众身边，经常蹲点调研，学会"解剖麻雀"，在深入基层中懂基层、接地气、知民情，在研究思考中谋实策、建真言、出实招。坚持问题导向、实践导向、效果导向，大力弘扬实事求是的思想路线，力求原则要求具体化、目标任务项目化、责任举措清单化，把宣传思想工作往深里做、往实里做，坚决摒弃形式主义、官僚主义。发扬钉钉子精神，提高抓落实能力，扭住宣传领域的重要部署、重大任务、重点项目不放松，久久为功、绵绵用力，不断通过化解难题开创工作新局面。

五、本领高强，精通业务

宣传思想工作是专业性很强的工作，没有高素质、好把式、真功夫是干不出漂亮活的。要业务精、政策熟、文字功底好，或者通理论，或者善宣传，或者懂创作，或者能经营，或者会技术，真正练就"几把刷子"，成为专家和行家里手。深入基层向群众学习、向实践学习，不断增强脚力、眼力、脑力、笔力，"脚板子"要硬，躬身基层走得深、走得实；"眼珠子"要亮，观事察势看得清、看得透；"脑瓜子"要灵，谋事析理想得全、想得细；"笔杆子"要挺，撰文讲话文风实、感染人。坚持从实际出发，讲究宣传艺术、注意工作方法，善于具体问题具体分析，在实践中不断总结和积累经验。通过加强专业训练和实践锻炼，全面提升把握正确方向导向的能力、强化意识形态阵地管理的能力、促进文化创新创造的能力、讲好中国故事的能力。要增强风险意识，对意识形态领域存在的各种风险挑战，对经济社会领域可能发生的各种突发事件，要做到心中有数、处置有方、分类施策、精准"拆弹"，不断提高应急处突能力。年轻干部要提高解决实际问题能力，想干事能干事干成事。

六、锐意改革，开拓创新

常言道，"知常明变者赢，守正创新者进"。要把握守正与创新的辩证法，既要守稳方向、守住立场、守好根脉、守牢底线，确保正确的政治方向、舆论导向、价值取向；又要锐意创新、勇于变革、积极开拓，让宣传思想工作更好地体现时代性、把握规律性、富于创造性。保持思想的敏锐性和开放度，准确把握时代发展新趋势，勇于认识新事物、总结新经验、探究新规律，敢于打破思维定式和路径依赖，增强对时代的感知力、对形势的洞察力、对工作的引领力。具有改革创新的勇气和韧劲，统筹推进理念、体制、政策、手段和基层工作创新，善于以新思路谋划工作、新机制整合资源、新举措破解难题，不断提高工作质量、工作效果，使宣传思想工作始终保持生机活力。互联网日益成为主渠道、主阵地、主战场，要紧跟信息化发展潮流，敏锐感知新技术新应用新业态，积极探索信息化条件下宣传思想工作的特点和规律，善于运用网络手段开展工作，善于综合运用法律、技术、信用等手段调控网络秩序，做到"真懂网、勤上网、善用网、会管网"，不断提高网上舆论引导能力和斗争能力，切实将互联网这个最大变量变成事业发展的最大增量。

七、敢于担当，勇于斗争

敢于担当、勇于斗争是我们党的独特政治基因，也是宣传思想战线的优良政治品格。要坚持底线思维、增强忧患意识，有担当精神、斗争精神，在重大政治原则和大是大非面前敢于发声亮剑，以战斗的姿态、战士的担当，积极投身宣传思想领域斗争一线，做到守土有责、守土负责、守土尽责。当战士不当"绅士"，对意识形态领域的敏感问题、新闻舆论的焦点话题、文化阵地管理的复杂难题不躲闪、不回避，敢于站在风口浪尖上进行斗争。讲求斗争艺术，坚持有理有利有节，精准把握时度效，正确区分政治原则问题、思想认识问题、学术观点问题。具有强烈的事业心和高度的责任感，在日常工作中积极作为、尽心尽责，知重负重、攻坚克难，把该担当的责任担起来，把该做好的工作做到位。

八、品德优良，清正廉洁

宣传思想工作是立德铸魂、成风化人的工作，宣传思想文化干部必须在道德品行、廉洁自律上作表率。心胸宽广、作风正派，识大体、顾大局，广交深交朋友，团结一切可以团结的力量、调动一切积极因素，把更多的人团结到我们的事业中来。讲党性、重品行，自觉践行社会主义核心价值观，提升思想政治觉悟，注重家庭家教家风，保持严肃生活作风，培养健康生活情趣，自重自省、慎独慎微，做到明大德、守公德、严私德。牢固树立法治意识、制度意识、纪律意识，带头维护制度权威，带头尊法学法守法用法，带头遵守党纪党规，带头执行中央八项规定，做到懂规矩、知敬畏、存戒惧、守底线。坚守正道、弘扬正气，克己奉公、勤政廉政，老实做人、干净做事，树立新时代宣传思想文化干部的良好形象。

第三节　宣传思想战线领导班子建设

一、领导班子建设的指导思想和基本原则

宣传思想部门工作要强起来，首先是领导干部要强起来，班子要强起来。选拔配备好重要宣传舆论阵地和重要岗位的领导干部，不断提高领导班子建设质量，对完成新时代宣传思想工作使命任务至关重要。

宣传思想战线领导班子建设要坚持以习近平新时代中国特色社会主义思想为指导，贯彻落实新时代党的建设总要求和新时代党的组织路线，坚持政治家办报、办刊、办台、办新媒体，以党的政治建设为统领，突出事业为上配强班子，适应时代需要提升能力素质，持续改进作风，激励担当作为，以改革创新精神全面加强政治、思想、组织、作风、能力、纪律和制度建设，锻造"高举旗帜、绝对忠诚、听党指挥、敢于担当、能力出众、作风优良、廉洁奉公"的领导班子和干部队伍，为更好完成新时代宣传思想工作使命任务提供有力组织保证。

1. 坚持和加强党的全面领导。坚持党管宣传、党管意识形态、党管媒体原则不动摇，以党的政治建设为统领，把讲政治作为第一位的要求，把忠诚可靠作为第一位的标准，不断增强"四个意识"、坚定"四个自信"、做到"两个维护"，始终在思想上政治上行动上同以习近平同志为核心的党中央保持高度一致，确保宣传思想文化事业始终沿着正确政治方向前进。

2. 坚持围绕中心、服务大局。紧紧围绕党和国家事业发展大局，从党的宣传思想文化事业出发，坚持胸怀大局、把握大势、着眼大事，做到因势而谋、应势而动、顺势而为，做到守土有责、守土负责、守土尽责，牢牢把握工作主动权，把党的基本理论、基本路线、基本方略和党中央重大决策部署贯彻到宣传思想工作各方面和全过程。

3. 坚持德才兼备、以德为先、任人唯贤。全面贯彻新时代党的组织路线，坚持党管干部原则，坚持德才兼备、以德为先，坚持五湖四海、任人唯贤，坚持事业为上、公道正派，坚持政治家办报、办刊、办台、办新媒体，选优配强宣传系统领导班子，以正确用人导向引领干事创业导向，把"信念坚定、为民服务、勤政务实、敢于担当、清正廉洁"的好干部标准和中央关于宣传思想战线领导干部的要求落到实处。

4. 坚持依法依规、全面从严。坚持高标准严要求建班子管班子，模范遵守党章党规，严明政治纪律政治规矩，带头贯彻落实《中国共产党宣传工作条例》，严肃宣传纪律，强化纪律执行，把全面从严治党要求贯彻落实到领导班子建设全过程各方面，推动各级领导班子始终做到知敬畏、存戒惧、守底线。

5. 坚持民主集中制。民主集中制是党的根本组织制度和领导制度，是党内生活的基本准则，也是党最重要的组织纪律和政治纪律。要坚持民主基础上的集中和集中指导下的民主，做到集体领导和个人分工负责相结合，完善科学民主决策机制，增强领导班子创造活力、维护团结统一。

6. 坚持分类指导、精准施策。注重体现行业特点和意识形态工作的特殊属性，贯彻管人管事管资产管导向相统一要求，区分中央和地方不同层级，党政机关、事业单位、群团组织、国有企业等不同类别，理论、新闻、出版、文艺、外宣、网信、精神文明建设等不同领域，及时跟踪了解和分析研判领导班子运行情况，统筹"选拔、培育、管理、使用"四个环节，增强班子整体功能，不断提高班子建设质量。

二、领导班子建设的主要任务

宣传思想战线领导班子建设，要立足于推进宣传领域治理体系和治理能力现代化，深刻把握宣传思想文化干部人才的特点和成长规律，把党的政治建设摆在首位，强化理论武装发挥示范引领作用，优化领导班子结构形成整体合力，适应时代发展需要提升能力素质，为宣传思想文化事业源源不断地提供人才支持和组织保障。

1. 把党的政治建设摆在首位。旗帜鲜明讲政治是我们党作为马克思主义政党的根本要求，也是加强领导班子建设一以贯之的要求。加强政治忠诚教育，引导宣传思想战线各级领导班子增强"四个意识"、坚定"四个自信"、做到"两个维护"。加强政治能力训练和政治实践历练，深刻认识"四大考验""四种危险"的长期性复杂性，切实提高把握方向、把握大势、把握全局的能力和辨别政治是非、保持政治定力、驾驭政治局面、防范政治风险的能力。营造良好政治生态，严肃党内政治生活，不断增强党内政治生活的政治性、时代性、原则性和战斗性。

2. 学懂弄通做实习近平新时代中国特色社会主义思想。高度重视思想建党、理论强党是中国共产党的优良传统，宣传思想战线领导干部作为宣传思想战线的"排头兵"，必须自觉掌握马克思主义理论武器，做到学在前、用在前。带头读原著、学原文、悟原理，真正把握习近平新时代中国特色社会主义思想的核心要义、精神实质、丰富内涵、实践要求，做到真学、真懂、真信、真用。要大力弘扬理论联系实际的学风，不断提高马克思主义理论水平和运用能力，自觉用习近平新时代中国特色社会主义思想武装头脑、指导实践，使各项工作更好地体现时代性、把握规律性、富于创造性。

3. 选优配强领导班子。认真贯彻落实干部任用条例、《宣传思想文化系统事业单位领导人员管理暂行办法》等制度，严格执行干部工作程序和机构职数规定，加强综合分析研判，着力打造年龄梯次配备、专业优势互补、来源渠道广泛的领导集体。高度重视一把手配备。注重选拔政治上强、熟悉宣传思想工作规律、能够驾驭全局、善于抓班子带队伍、民主作风好、敢于担当、领导经验丰富的优秀干部担任一把手，解决好班子的"龙头"问题。优化年龄结构。坚持老中青相结合的梯次配备，充分调动各个年龄段干部积极性，增强班子活力和合力。改善知识、专业结构。宣传思想文化工作政策性、知识性、专业性很强，领导班子中既要有精通宣传业务、宣传工作经验丰富的干部，又要有善于做党务、行政工作的干部，还要注意选配适应市场化要求、懂经营善管理的复合型人才以及具有较高专业造诣的名家大家。拓宽选人视野。注重从宣传思想工作一线、高等学校、科研院所、国有企业和社会组织中选拔优秀人才进入领导班子，不断增强班子整体功能。重要宣传舆论阵地和重要岗位领导干部在宣传文化领域具有极其重要的地位和作用，要坚持德才兼备标准，严格工作程序，把好人选政治关能力关品德关。

4. 全面提高领导水平和专业素养。时代的发展变化，既赋予宣传思想战线新使命、新任务，又提出许多新课题、新挑战。宣传思想战线领导干部要不断掌握新知识、熟悉新领域、开拓新视野，强化互联网思维，提高建网、用网、治网、管网水平，提高制度执行力和治理能力。各级领导班子要强化阵地意识，增强斗争本领，精通分管领域业务，熟悉分管领域情况，善于在改革发展中把握正确导向、加强舆论引导、处理复杂敏感问题、壮大主流思想文化。加强领导干部多岗位历练和实践锻炼，推动干部锐意进取、奋发有为，在参与重大任务、应对突发事件、开展舆论斗争中提高领导能力和水平。

5. 大力发现培养选拔优秀年轻干部。习近平总书记强调，培养造就一代又一代可靠接班人，是党和国家事业发展的百年大计。干部特别是年轻干部要提高政治能力、调查研究能力、科学决策能力、改革攻坚能力、应急处突能力、群众工作能力、抓落实能力。要结合宣传思想战线年轻干部特点，健全优秀年轻干部选、育、管、用环环相扣又统筹推进的全链条机制，立足当前，着眼长远，加强培养锻炼，从严管理监督，确保宣传思想战线年轻干部队伍数量充足、质量优良、整体稳定。注重在宣传思想工作一线培养锻炼年轻干部，让他们多经历"风吹浪打"、多捧"烫手山芋"、当几回"热锅上的蚂蚁"，在打硬仗、扛重活、攻难关中练出真功夫。组织上要加强跟踪了解问效，切实关心关爱，对潜力大、后劲足的优秀年轻干部要破除论资排辈、平衡照顾、求全责备等观念，不拘一格大胆任用。

三、强化领导班子管理监督

严管就是厚爱，监督就是保护。在党委的统一领导下，各级党委宣传部门要坚持从严抓班子管干部，把管业务和管干部有机结合起来，会同相关职能部门和单位加强对宣传思想文化系统领导班子建设情况的分析研判，及时发现和解决领导班子建设中存在的问题，共同把领导班子建好管好用好。

1. 加强日常管理。坚持管人、管事、管资产、管导向相统一的原则，落实有关归口领导和代管工作机制，党委宣传部门按照干部管理权限负责宣传思想文化系统领导班子建设管理，同时支持宣传思想文化单位按照相关部署和职责要求做好本单位干部管理工作。加强对领导班子的全方位管理，完善"管思想、管工作、管作风、管纪律"的从严管理机制，落实谈心谈话制度，及时掌握领导干部动态情况，把"工作圈"管理和"社交圈"管理衔接起来，把八小时以内的管理和八小时之外的管理贯通起来。坚持把制度建设作为强化管理的治本之策，既体现共性原则，也兼顾个性要求，坚持和完善领导班子中心组学习制度、培训考核制度、奖惩制度等，增强制度的系统性、规范性、针对性和可操作性，把制度笼子扎紧扎密，不断强化宣传思想战线干部的制度意识，坚决杜绝作选择、搞变通、打折扣的不良现象。

2. 强化精准监督。坚持把政治监督摆在首位，严明党的政治纪律和政治规矩，着力落实"两个维护"要求，保证宣传思想战线领导班子在大是大非面前保持政治定力，坚持正确宣传导向。加强对领导班子履职尽责、担当作为情况的监督，以意识形态工作责任制落实情况、形式主义官僚主义突出问题集中整治情况为监督重点，持续推动宣传系统改进作风、文风，防止和纠治意识形态领域"跑冒滴漏""低级红""高级黑"现象，确保各级领导班子做到"守土有责、守土负责、守土尽责"。做实做细日常监督，紧盯关键人、关键处、关键事、关键时，加强对涉及宣传思想文化系统基金使用、评审评奖、行政审批等权力运行的监督制约，认真执行巡视巡查、经济责任审计、个人事项报告、重大事项请示报告等制度，抓早抓小、防微杜渐。深化选人用人工作监督，认真贯彻落实《干部选拔任用工作监督检查和责任追究办法》，努力营造风清气正的用人环境。

3. 激励担当作为。强化正向激励，树立干事创业导向，坚持能者上、庸者下、劣者汰，旗帜鲜明为担当者担当，为负责者负责，对敢担当善作为的优秀干部，要用当其时、用其所长，对不适合、不适应、不作为、乱作为的要果断进行调整。完善落实精准考核、奖惩分明的激励约束机制，科学合理设置干部考核指标，改进考核方式方法，把考核结果体现到选拔任用、评先奖优、治庸治懒、问责追责等工作中，切实解决干与不干一个样、干多干少一个样、干好干坏一个样的问题。按照"三个区分开来"要求建立完善容错纠错机制，为勇于创新、敢于碰硬的干部撑腰鼓劲，坚持实事求是、具体问题具体分析，该容的大胆容错，不该容的坚决不容，注重容纠并举，帮助干部纠正错误、汲取经验、改进提高。总之，要采取得力措施，增强领导干部干事创业的荣誉感、获得感，进而充分调动和激发广大干部干事创业的积极性、主动性和创造性。

第四节　干部教育培训

一、干部教育培训的基本原则

干部教育培训是干部队伍建设的先导性、基础性、战略性工程。宣传干部教育培训是党的干部教育培训工作的重要组成部分，以宣传思想文化系统领导干部、业务骨干和各类专业人才为重点，以培养造就党和人民需要的好干部为目标，着力推动队伍素质整体提升，打造"政治过硬、本领高强、求实创新、能打胜仗"的干部人才队伍。

干部教育培训始终与时代任务、事业发展、干部成长紧密联系在一起。新时代宣传干部教育培训坚持以马克思列宁主义、毛泽东思想、邓小平理论、"三个代表"重要思想、科学发展观、习近平新时代中国特色社会主义思想为指导，紧紧围绕新时代宣传思想工作的使命任务，把学习贯彻习近平新时代中国特色社会主义思想作为首要政治任务，围绕建立源头培养、跟踪培养、全程培养的素质培养体系，全面提高干部政治素养、理论水平、思想作风和业务能力。

1. 坚持政治统领、服务大局。坚决维护习近平总书记党中央的核心、全党的核心地位，坚决维护党中央权威和集中统一领导为最高政治原则，突出政治训练、政治历练，把提高政治觉悟、政治能力贯穿全过程，紧紧围绕党中央关于宣传思想文化工作的重大决策部署，教育引导宣传干部自觉同党的基本理论、基本路线、基本方略和党中央决策部署对标对表。

2. 坚持以德为先、注重能力。突出理想信念教育和党性党规党纪教育，将能力培养贯穿始终，全面增强新时代宣传思想文化工作要求的专业能力和专业精神，教育引导宣传干部旗帜鲜明地坚持党性原则，真正成为宣传思想文化工作的行家里手。

3. 坚持突出重点、精准施训。按照干部管理权限组织实施干部教育培训，把教育培训的普遍性要求与不同类别、不同层次、不同岗位干部的特殊需求结合起来，对主要领导干部和重点岗位领导干部实行点名调训，分级分类、形式多样地开展培训。

4. 坚持改革创新、注重实效。坚持以需求为导向，贴近干部的所思所想所需，及时更新培训内容，不断改进培训方式，整合优质培训资源，推进教育培训理论创新、实践创新和制度创新，实现教育培训规模和质量、效益相统一。

5. 坚持依法治教、从严管理。依法依规开展干部教育培训，落实意识形态工作责任制，把讲政治贯穿教学、科研、管理全过程，严以治校、严以治教、严以治学，加强教师和学员管理，保持良好的教学秩序和学习风气。

二、干部教育培训的重点工作

没有全党大学习，没有干部大培训，就没有事业大发展。新时代宣传干部教育培训把培养党和人民需要的好干部作为根本任务，紧紧围绕新时期好干部标准，有计划、高质量地组织开展教育培训。

1. 首要任务。深入学习贯彻习近平新时代中国特色社会主义思想，是全党一项长期的重大政治任务，是广大党员干部的基本功、必修课。宣传思想战线肩负着加强理论武装和思想教育的双重职责，新时代宣传干部教育培训始终坚持把习近平新时代中国特色社会主义思想教育培训作为首要任务。

在学懂弄通做实上走在前作表率。着眼打牢思想理论根基，坚持把用习近平新时代中国特色社会主义思想武装头脑，摆在干部教育培训的最突出位置，教育引导广大干部学在前列、作出表率，更加自觉地用以统一思想行动、谋划推进工作，不断提高把握方向导向、把握大局大势的能力，切实增强宣传思想工作的科学性、预见性、主动性、创造性。

建立健全学习教育长效机制。坚持全面系统学、联系实际学、及时跟进学，组织宣传干部认真学习《习近平谈治国理政》《论党的宣传思想工作》等原著原典，把学习党的创新理论同学习马克思主义基本原理结合起来，同学习党史、新中国史、改革开放史、社会主义发展史结合起来，同把握和推进新时代伟大实践结合起来，把握科学思想体系、领会精髓要义，做到学思用贯通、知信行统一，把学习成效转化为增强"四个意识"、坚定"四个自信"、做到"两个维护"的具体行动，转化为应对风险挑战、推动事业发展的能力和水平。

充分发挥示范带动作用。抓好领导干部这个"关键少数"，坚持先学一步、学深一些，紧密联系宣传思想工作实际，多开展调研式、研讨式学习，切实提高学习质量和效果。组织开展多层次、多形式的教育培训，把系统学和专题学结合起来、把理论学习和实践锻炼结合起来，创新学习的方式方法，充分运用"学习强国"学习平台优质资源和主阵地优势，做到全员参与、全面覆盖，把学习新思想、践行新思想不断引向深入。

2. 重点工作。宣传干部教育培训要坚持分级负责、分类培训，紧密结合宣传思想工作需要和干部成长成才需要，处理好重点培训与整体带动的关系。

地方党委宣传部部长培训。着眼于提高履行岗位职责的能力，切实加强各级党委宣传部部长的任职培训和岗位培训，组织举办专题研讨班、地方党委宣传部部长培训班，推动任职培训常态化制度化。

宣传思想文化部门领导干部培训。着眼于提高领导干部政治素质和专业能力，结合宣传思想文化重点工作，对宣传思想文化单位重要岗位和重要舆论阵地领导干部，以及宣传思想文化系统企事业单位领导人员，进行业务培训和专题培训。

哲学社会科学队伍培训。着眼于建设一支"立场坚定、德才兼备、学养精深"的新时代哲学社会科学队伍，组织哲学社会科学教学科研骨干、高校思政课骨干教师，以及理论工作平台骨干等进行培训。

新闻出版队伍培训。着眼于培养造就一支"政治坚定、业务精湛、作风优良、党和人民放心"的新闻出版队伍，深入开展马克思主义新闻观、出版观专题教育，组织举办新闻出版单位重要岗位领导干部和业务骨干培训，加强对采、编、播、管岗位干部和新媒体新业态人员的培训。

广播电视和网络视听队伍培训。着眼于培养造就一支"政治坚定、业务精湛、作风过硬、担当作为、开拓创新"的广播电视和网络视听干部人才队伍，坚持以党的政治建设为统领，以提升思想政治素质和业务工作能力为主线，组织开展广播电视创新创优、宣传创作、媒体融合发展、5G、4K 超高清等新技术新业态培训，加强对编辑记者、播音员主持人、媒体融合专业人才等广播电视和网络视听工作者的培训。

文化艺术队伍培训。着眼于建设一支德艺双馨的文艺队伍，坚持用习近平总书记关于文艺工作的重要论述武装头脑，深化马克思主义文艺观、社会主义核心价值观教育，组织实施文艺业务骨干和管理干部培训计划，加强对文艺工作者特别是新的文艺群体和中青年一线文艺工作者的培训。

对外宣传队伍培训。着眼于提升中国话语的影响力感召力和中华文化软实力，推进国际传播能力建设，推动中华文化走出去，组织举办讲好中国故事"五支队伍"系列培训，重点对新闻发言人、国际新闻评论员等进行专门培训，分领域、分层次加强对外宣传工作者的培训。

基层宣传文化队伍培训。着眼于培养"守信念、讲奉献、有本领、重品行"的高素质、专业化基层宣传文化干部队伍，聚焦基层宣传文化工作热点和难点问题，坚持问题导向、强化实践培训，分级分类对县、乡、村宣传文化干部人才和志愿服务工作者进行培训。

高层次人才培训。着眼于培养"政治坚定、业务精湛、品德优良、成就突出"的宣传思想文化领域领军人才和学术带头人，突出政治引领和思想引导，加强对文化名家暨"四个一批"人才、青年拔尖人才（哲学社会科学、文化艺术类）、新闻出版行业领军人才、宣传思想文化青年英才、广播电视和网络视听行业领军人才和青年创新人才等高层次人才的培训，有计划地对社科理论、新闻出版、广播影视、文化艺术、经营管理、国际传播等领域高层次人才进行培训，精心组织实施高层次人才国情研修和新人选人才专题研修。

年轻干部培训。着眼于培养造就忠实贯彻习近平新时代中国特色社会主义思想、符合新时期好干部标准，忠诚干净担当、数量充足、充满活力的高素质专业化年轻干部队伍，突出理想信念教育、思想道德教育、优良作风教育，有计划地安排年轻干部到党校（行政学院）、干部学院和党性教育基地接受系统理论教育和严格的党性教育。

与此同时，根据宣传思想文化工作需要，组织开展新闻、出版、电影、广播电视等专业技术人员继续教育，逐步将新媒体新业态人才、民营文化企业和民间文化人才等一并纳入培训范围。

三、干部教育培训的主要内容和基本方式

要着力培养造就忠诚、干净、担当的高素质干部，把理想信念教育、知识结构完善、能力素质提升贯穿干部成长全过程。宣传干部教育培训要把提高治理能力作为新时代干部队伍建设的重大任务，针对宣传干部知识空白、经验盲区、能力弱项的实际需求，在推动宣传思想文化领域治理体系和治理能力现代化上下大力气，着力锻造做好新时代宣传思想工作的高素质、真功夫。

1. 主要内容。内容是干部教育培训的核心和关键，是实现干部教育培训目标的重要载体。宣传干部教育培训形成了以政治理论、党性教育、宣传业务知识、政策法规和技能培训为基本内容的培训体系。

党的基本理论教育。系统掌握马克思主义基本理论是宣传干部的"看家本领"。提高宣传干部的政治素质，首先要提高干部的马克思主义理论素养。教育引导宣传干部深入学习马克思列宁主义、毛泽东思想、邓小平理论、"三个代表"重要思想、科学发展观、习近平新时代中国特色社会主义思想，学习掌握马克思主义哲学、政治经济学、科学社会主义，学习掌握中国特色社会主义理论体系，深化党的创新理论教育，掌握贯穿其中的基本原理和科学体系，深化对共产党执政规律、社会主义建设规律和人类社会发展规律的认识，坚定马克思主义信仰，提高运用马克思主义立场、观点、方法分析问题和解决问题的能力。

党性教育。加强理想信念教育，把学习党章作为党性教育的必修课，加强党规党纪特别是政治纪律和政治规矩教育。结合党和国家一系列重大活动、依托党性教育基地，加强党的优良传统、优良作风教育，强化学习领悟"党史、新中国史、改革开放史、社会主义发展史"。加强中华优秀传统文化、革命文化和社会主义先进文化学习教育，引导干部树立正确的历史观、民族观、国家观、文化观，不断提升精神境界。

宣传思想文化工作政策法规和专业化能力培训。切实加强宣传干部履行岗位职责必备知识的培训，加强党的路线方针政策和宪法法律法规学习培训，引导干部深入学习习近平总书记关于宣传思想工作的重要论述，把《中国共产党宣传工作条例》等作为重要学习内容，学习党中央关于宣传思想文化工作的方针政策和重大部署，学习社科理论、新闻出版、文化艺术、宣传教育、国际传播和精神文明创建等宣传业务知识，全面掌握宣传思想文化工作的主要任务、工作布局和基本要求，组织开展务实管用的业务培训，不断提高宣传干部履行岗位职责能力。

新技术新技能新知识培训。组织开展经济、政治、文化、社会、生态文明、党的建设和哲学、历史、国防、外交等各方面基础性知识，以及互联网、大数据、云计算、人工智能等的学习培训，抓好总体国家安全观、形势任务等方面教育培训，努力培养又博又专、底蕴深厚的复合型干部。

2. 基本方式。以什么样的形式组织开展教育培训，对实现干部教育培训目标十分重要。干部教育培训主要采取脱产培训、网络培训和在职自学等方式进行。

脱产培训。主要以组织调训为主。由宣传干部管理部门负责制订干部调训计划，对重要岗位干部实行点名调训，干部必须服从组织调训。按宣传干部类别开展脱产培训，主要包括晋升领导职务的任职培训、在职期间的各类岗位培训、从事专项工作的专题培训、新录（聘）用的初任培训和其他培训等。

网络培训。适应信息化发展趋势的一种新型培训形式，具有覆盖面广、共享性好、灵活性强、成本低廉等优势，较好满足了个性化、差异化学习需求。依托"学习强国"学习平台，统筹整合宣传思想文化系统网络培训资源，建设全国宣传干部网络培训平台，逐步实现各级宣传干部网络培训平台资源共建共享、数据互联互通，打造"兼容、开放、共享、规范"的宣传干部网络培训体系。

在职自学。干部部门应鼓励干部坚持终身学习，在干中学、学中干，为干部自学提供必要的条件，有针对性地推荐学习书目和辅导材料，加强对干部自学的指导和监督。教育引导干部把在职自学各种知识与宣传业务工作结合起来、与研究解决问题结合起来，努力提高工作水平和创新能力。

如是，根据宣传干部培训内容要求和干部特点，创新方式方法，综合运用研讨式、案例式、模拟式、体验式等互动式教学，探索运用慕课教学、行动学习等方法。完善宣传思想文化工作典型案例库，推动建立线上线下相结合的培训方式，增强培训的针对性实效性。

四、干部教育培训的组织实施

各级党委宣传部门和宣传文化单位按照中央的统一部署和要求，

从全局和战略的高度，围绕宣传思想文化中心工作，结合工作需要和职责分工，组织开展干部教育培训。

1. 加强组织领导。宣传干部管理部门按照《干部教育培训工作条例》《中华人民共和国公务员法》和全国宣传思想文化系统干部培训规划的精神，建立干部教育培训领导小组或联席会议，加强统筹协调和工作指导，定期研究培训有关工作，在整体规划、制度建设、宏观指导、协调服务和督促检查方面发挥积极作用。

2. 健全培训制度机制。牢固树立按需培训理念，结合实际制定本地区本单位宣传干部教育培训规划计划，扎实推进宣传干部教育培训规划、年度培训计划等各项目标和任务落实。依托互联网等平台，建立干部培训信息档案，探索对宣传干部学习情况进行测试考核，把学习积分作为干部学习情况考核的重要参考。建立健全调训情况统计和通报制度，加强宣传干部选拔、培养、管理、使用工作的统筹，对主体班次强化跟班考察，为培养、考察、识别干部提供参考。

3. 完善课程教材和师资队伍建设。完善培训内容更新机制，根据形势任务发展变化，及时更新课程内容。有计划地组织编写修订涵盖各门类业务工作的系列教材、通俗读物和多媒体学习材料等，重点开发体现马克思主义中国化最新成果、反映新时代宣传思想工作守正创新的精品课程和教材。健全完善各级宣传思想文化系统领导干部上讲台授课制度，形成由有理论有实践的领导干部、专家学者以及基层一线优秀工作者组成的教育培训师资队伍。加大对革命老区、民族地区、边疆地区、贫困地区宣传干部教育培训的支持力度。

4. 加强学风建设。认真落实中央关于加强学风建设的要求，大力弘扬理论联系实际的马克思主义学风，做到学以致用、用以促学、知行合一。严格教师管理，严肃教师讲课、参加会议、接受采访、发表文章等纪律要求，旗帜鲜明反对和抵制各种错误观点。加强学员管理，严格执行《关于在新时代干部教育培训中进一步加强学员管理的规定》。定期开展学风督查。坚持艰苦奋斗，勤俭办学。

5. 优化培训考核评估。把提高教学质量和培训效果作为加强和改进宣传干部教育培训工作的基本要求，实现教育培训规模、质量和效益相统一。建立完善科学有效的质量评估办法和指标体系，全面推进宣传干部教育培训机构办学质量、项目质量、课程质量评估，提高培训针对性有效性，以高质量教育、高水平培训服务党的宣传事业。

第五节　各类人才队伍建设

一、宣传思想文化人才工作的地位和作用

人才是实现民族振兴、赢得国际竞争主动的"第一战略资源"。新时代宣传思想文化工作承担着新使命新任务，迫切需要建设一支"规模宏大、门类齐全、结构合理、素质优良"的人才队伍，培养造就一大批社科理论、新闻出版、文化艺术、经营管理、国际传播等方面的名家大师和领军人才，统筹推进各类人才队伍建设。

宣传思想文化人才是党和国家人才队伍的重要组成部分，是推

动社会主义文化繁荣兴盛的重要力量。这支队伍主要包括哲学社会科学、新闻舆论、出版传媒、文化艺术、国际传播、互联网宣传等方面人才，涵盖党政机关、国有企事业单位、人民团体、非公有制经济组织和社会组织等不同领域，其中的党政人才、专业技术人才、经营管理人才是主体。

党中央历来高度重视宣传思想文化人才队伍建设。改革开放以来，宣传思想文化事业快速发展，人才队伍建设得到大大加强，人才工作不断改革创新，人才队伍规模不断壮大，整体素质逐步提高，知识化、年轻化、专业化水平显著提升。这支队伍规模大、影响大、发展快，政治可靠、业务成熟、作风过硬，有思想、有活力、有改革创新精神，为推动宣传思想文化事业发展作出了重要贡献。随着社会主义市场经济深入推进、互联网技术迅猛发展、文化与科技深度融合，宣传思想文化人才队伍发展呈现许多新变化，在已有人才队伍基础上，网络作家、签约作家、直播主持、自由撰稿人、独立演员歌手、自由美术工作者等新群体人才大量涌现，以网络服务、数字出版、数字创意策划、游戏动漫、移动应用、音视频制作、网络直播等为主的新媒体新业态人才快速增长。要加强对这支队伍的关心、教育和引导，使他们成为事业发展中的新兴力量。

党的十八大以来，以习近平同志为核心的党中央把人才工作摆在更加突出位置，采取强有力措施加以推进，习近平总书记就人才工作作出一系列重要论述，强调要"聚天下英才而用之，加快建设人才强国"，"确立人才引领发展的战略地位，努力建设一支矢志爱国奉献、勇于创新创造的优秀人才队伍"。宣传思想文化战线深入贯彻人才强国战略，认真落实中央关于人才工作的方针政策，结合实际，科学规划，统筹兼顾，重点突破，人才队伍建设取得新进展新成效。同时，也要看到，与新时代的使命任务相比，宣传思想文化人才队伍结构、素质作风、人才工作体制机制等方面还存在一些不相适应的地方，高层次、复合型、外向型等专业人才还比较缺乏，有的青年人才理论功底还不够扎实，对国情、社情、民情了解还不够深入，创新型人才培养使用和评价激励机制还不够完善，对非公有制经济组织和社会组织中的文化人才、新媒体新业态等方面人才的思想教育、引导培养、联系服务、措施办法还不够多，工作还不够细。这迫切要求我们采取有效措施，加大人才培养力度，促进一大批人才尽快成长。

二、人才工作的总体要求和主要任务

1. 总体要求。各类人才工作坚持以习近平新时代中国特色社会主义思想为指导，深入贯彻落实习近平总书记关于宣传思想工作的重要论述和关于人才工作的重要论述，贯彻新时代党的组织路线，坚持党管宣传、党管人才原则，坚持聚天下英才而用之，遵循宣传工作规律和人才成长规律，加大高层次人才和急需紧缺人才培养开发力度，完善人才工作体系，统筹推进各类人才队伍协调发展，深入推进人才工作体制机制改革创新，努力建设一支"矢志爱国奉献、勇于创新创造"的高素质专业化人才队伍，为推动社会主义文化繁荣兴盛、建设社会主义文化强国奠定坚实的人才基础。

2. 主要任务。宣传思想文化部门在人才工作中担负齐抓共管、协调联动、统筹推进的共同职责，党委宣传部承担宣传思想文化领域人才战略规划、指导协调、重点人才培养、人才工作宣传等职责，主要包括以下任务：

贯彻落实人才工作方针政策。认真贯彻执行新时代党的组织路线，着眼于集聚爱国奉献的各方面优秀人才，结合宣传工作和人才队伍建设实际，创造性地贯彻落实中央关于人才工作的方针政策。制定中长期人才工作规划和年度工作计划，明确工作目标和任务项目。

创新人才工作制度机制。体现宣传思想文化工作特点，加强人才工作制度建设和政策创新，建立健全人才教育培训、选拔使用、激励保障、管理服务等工作体制机制，深化人才分类评价、职称评审、职业资格等制度。创新人才工作方式手段，建立和完善人才推荐评审和信息管理等系统，加强人才工作队伍自身建设，提高为人才服务的能力。

组织实施重点人才工程。把实施重点人才工程作为人才队伍建设的重要载体和抓手，通过推荐选拔、培养培训、项目资助、联系服务、宣传推介等一系列措施，支持重点人才创新创业创优，培养造就一大批高层次人才和急需紧缺人才。

加强人才培养锻炼。针对宣传思想文化人才特点，加强政治理论培训和国情研修，组织和引导人才深入学习习近平新时代中国特色社会主义思想，学习党的宣传思想文化工作方针政策。突出个性化培训，着力提高人才创新能力。加大实践锻炼力度，组织人才到基层一线开展考察调研、志愿服务、挂职锻炼等活动，增进人民情怀、提升素质本领。

开展人才资助扶持。根据人才工作实际需要，设立人才建设专项资金，资助人才开展创作研究、展演交流、出版专著、学习深造等活动，支持人才承担重大课题、重点项目、重要演出，编辑出版人才优秀作品文库。

做好人才联系服务工作。建立健全同专家学者、作家艺术家交朋友工作机制，建立完善代表性人才联系名单，加强沟通交流，努力为人才办实事、办好事，充分调动和发挥他们的积极性、主动性、创造性。

开展人才宣传表彰工作。积极宣传优秀人才的先进事迹和高尚品德，宣传推介人才的优秀作品和成果，不断提高人才的知名度和影响力。组织开展评选表彰活动，对作出突出贡献的优秀人才和团队予以表彰奖励。做好人才宣传报道工作，营造有利于人才发展的良好舆论环境。

三、组织实施高层次人才工程

人才工作点多面广，以重点人才工程带动整个人才队伍建设是人才工作的有效做法。各级宣传思想文化部门坚持围绕中心、服务大局，结合本地区本行业实际组织实施了一系列人才工程和计划，形成了部门协作、上下联动、统筹推进的高层次人才培养工作良好态势。

1. 目的任务。实施高层次人才工程，旨在突出高精尖缺导向，发挥示范引领作用，通过创新体制机制、强化服务措施、营造良好环境，加大教育培训、实践锻炼、资助扶持、激励保障工作力度，培养造就一大批"德才兼备、业绩突出、影响广泛"的名家大师、领军人才和青年英才，引领和带动本领域各类人才队伍建设，为宣传思想文化事业发展提供有力的人才保证和智力支持。

2. 实施原则。坚持党管宣传、党管人才原则，切实加强党对人才工作的领导；坚持公平公正、竞争择优，严格德才条件和推选程序，采取组织推荐、征求意见、专家评审、讨论决定的方式，真正把德才兼备的各类优秀人才遴选出来；注重激励创新，健全完善人才工作体制机制，为他们施展才华、干事创业提供平台和条件；注重统筹兼顾，适应宣传思想文化事业发展需要，统筹本领域各界别、各行业、各地区人才布局，积极促进优秀中青年人才不断涌现、脱颖而出。

3. 重点人才工程。宣传思想文化战线认真贯彻落实人才强国战略，组织实施文化名家暨"四个一批"人才工程、国家"万人计划"哲学社会科学领军人才和青年拔尖人才，全国新闻出版行业领军人才工程、全国广播电视和网络视听行业领军人才工程和青年创新人才工程、文化系统优秀专家评选、中国社会科学院学部委员评选等一系列重点人才工程和计划，发挥其重要的示范引领作用。

文化名家暨"四个一批"人才工程是列入国家人才发展规划的重点人才工程，着眼于培养一批学贯中西、联系实际的理论家，一批坚持正确导向、深入反映生活、受到群众喜爱的名记者名编辑、名播音员名主持人名评论员，一批熟悉党和国家方针政策、社会责任感强、精通业务知识的出版家，一批紧跟时代步伐、热爱祖国和人民、艺术水平精湛的作家艺术家，以及文化经营管理、专门技术、国际传播等方面的优秀人才，采取培训研讨、考察采风、实践锻炼、课题资助、评奖表彰、宣传推介等方式，对入选人才予以重点培养资助，为他们干事创业提供支持和帮助。哲学社会科学领军人才、青年拔尖人才（哲学社会科学和文化艺术类）是国家高层次人才特殊支持计划（简称国家"万人计划"）的重要组成部分，目标是有计划、有重点地遴选支持一批哲学社会科学和文化艺术领域的领军人才、学术带头人和青年拔尖人才。

适应新时代宣传思想文化事业发展需要，在文化名家暨"四个一批"人才工程中，优化支持结构，开展宣传思想文化青年英才选拔培养工作。重点遴选一批德才兼备、发展潜力大的青年英才，予以重点支持、跟踪培养、大胆使用、严格管理，促进本领域高素质专业化的优秀青年人才不断涌现。

四、广交深交朋友，加强专家联系服务工作

专家是党和国家的宝贵财富，是我们党执政兴国的重要依靠力量。特别重视联系服务专家是党的优良传统，也是做好知识分子工作的宝贵经验。加强与本领域专家学者、作家艺术家的联系和沟通，广泛深入地开展交朋友，是新时代加强党对宣传思想工作的全面领导、做好宣传思想文化工作的内在要求，是落实党的知识分子政策、改进工作作风和工作方法的重要举措。

1. 目标要求。专家联系服务工作坚持团结、引领、服务的理念，坚持党的宣传思想工作方针原则，从人才队伍建设需要出发，同有代表性的专家学者、作家艺术家广交深交朋友，政治上充分信任、思想上主动引导、工作上创造条件、生活上关心照顾，进一步创新工作机制，提升联系服务水平，把各方面优秀人才集聚到党的

宣传思想文化事业中来。

健全工作机制。宣传思想文化战线各单位要把专家联系服务工作作为一项重要的经常性工作，紧密结合各自的工作实际，分层分类确定联系服务专家对象，注重党内党外相结合、老中青相结合、不同领域和门类相结合，建立重点联系专家制度，有组织、有计划地广泛开展同专家交朋友。把业务工作和专家联系服务工作结合起来，在制订年度工作计划时，结合业务工作，研究确定专家联系服务工作方案，经常研究工作开展情况，不断总结经验，形成渠道畅通、方法多样、活跃有序、效果良好的交朋友工作机制。

讲究方式方法。坚持思想联系、感情交流、充分尊重、信任各方面专家，有事多商量，无事常来往，虚心向他们请教，发挥他们在各自专业领域中的骨干作用。认真听取专家对宣传思想文化工作的意见和建议，尤其是批评性意见，使他们愿意讲真话、讲心里话。同专家真交朋友、交真朋友，既和意见相同的人交朋友，又和意见不同的人交朋友。把解决思想问题与解决实际问题结合起来，关心专家思想政治上的进步，尽可能帮助他们解决生活、工作中的实际困难，努力为他们解除后顾之忧，使他们能够把更多精力投入工作和事业中。

加强组织协调。领导同志带头联系服务专家，各级宣传思想文化部门的领导，根据分管工作情况，确定若干在全国、全省或本地区有较大影响、较大贡献的专家作为直接联系对象。社科理论、新闻出版、文化艺术、广播影视、对外宣传、互联网宣传等工作部门和单位，确定一些相关界别的有代表性的专家作为直接联系对象，结合业务工作，保持经常性的联系。干部人才工作部门直接联系一批宣传思想文化领域有代表性的专家，加强同有关单位的沟通联系，做好专家联系服务工作的组织协调工作。专家所在单位负责日常联系服务工作，关心他们的思想、学习、工作和生活，及时听取和反映意见建议，帮助解决实际困难。

2. 基本方式。一是建立经常性联系，与专家通过面谈、电话、信函、电子邮件等多种形式保持日常沟通联系，真诚交朋友、结对子，加强思想和感情交流。定期向专家通报宣传思想文化工作情况，利用考察调研、参加有关会议活动等机会与专家进行面对面交流，听取意见建议。创新联系服务方式和内容，积极运用线上线下互动交流平台，加强即时性联系，保持联系经常性。二是发挥专家作用，开展形式多样的沟通交流、座谈咨询，听取专家对宣传思想文化领域重大决策部署、重要政策法规制定和重大项目实施等方面的意见建议。组织专家围绕宣传思想文化工作中的重点、热点、难点问题，提供研究论证和智力服务。注重发挥专家在发现人才、举荐人才、培养人才等方面的作用。三是注重政治吸纳，坚持德才兼备、人岗相适，根据事业需要选拔推荐优秀专家到党政机关、企事业单位、人民团体、社会组织和国际专业组织任职兼职。四是开展走访慰问、体检休假等活动，在元旦、春节等重大节日走访慰问一批影响大、知名度高的代表人物。在专家学者、作家艺术家取得重大成就或因病住院时，进行表彰和慰问。组织部分重点联系专家参加在重大节庆时举办的团拜会、招待会、联欢会、盛典观礼等活动。关心专家身心健康，定期组织专家体检、休假、疗养，为他们提供良好的服务保障。

第六节　宣传队伍作风建设

一、宣传队伍作风建设的重要意义

作风是组织和个人在政治、思想、工作、生活等方面表现出来的态度和行为，包括思想作风、工作作风、领导作风、生活作风和学风、文风等方面。作风建设是党的建设的重要组成部分和永恒课题。打造纪律严明、作风优良的干部人才队伍，是宣传思想文化干部人才队伍建设的基础性工作，是宣传思想战线的长期任务。

我们党历来高度重视作风建设，在革命、建设和改革实践中，形成并坚持发扬了理论联系实际、密切联系群众、批评和自我批评等优良作风。加强宣传思想战线作风建设，持之以恒转作风、改文风、树新风，对于推动干部人才队伍更好适应新时代新要求，更好服务新时代宣传思想工作具有重大意义。

1. 作风问题关系宣传思想战线的形象和战斗力。作风反映政治品格、思想境界、精神状态，好的作风提升凝聚力、激发战斗力。一支能打胜仗的队伍，必定是一支作风过硬的队伍。宣传思想工作承担着宣传群众、动员群众、服务群众的重要使命，干部人才的一言一行代表的不仅仅是整个战线的形象，更关系着我们党的形象。同时，宣传思想工作的源头活水、最鲜活最丰富的资源，来源于基层的火热实践。只有深入群众、扎根基层，宣传思想工作才能饱含生活气息，才能产生真情实感，才会富有现场的温度、清新的文风和动人的力量。党的十八大以来，宣传思想战线坚决纠正"四风"，组织开展增强"四力"教育实践活动，"四个意识"更加鲜明、"四个自信"更加坚定、"两个维护"更加坚决，在举办大事喜事、应对急事难事中展现了过硬的素质、良好的作风和崭新的风貌，为宣传思想工作注入了新的生机活力，为推动宣传思想工作取得历史性成就和历史性变革奠定了重要基础。

2. 作风问题关系宣传思想工作的水平和效果。如今，宣传思想工作进入守正创新的重要阶段，肩负着重要的使命任务。有没有良好的作风，直接影响或决定着宣传思想工作的成效和水平。宣传思想工作的长期实践证明，只有坚持走群众路线，端正思想作风、工作作风、学风文风，才能激发思想火花、激活创造灵感、捕捉生动场景、挖掘感人故事，才能真正汇聚起实现中华民族伟大复兴的强大正能量。比如在新冠肺炎疫情防控斗争中，宣传思想战线用实际行动模范践行"两个维护"、生动诠释对党和人民的忠诚，在讲好抗疫故事、弘扬抗疫精神，强信心、暖人心、聚民心等方面发挥了重要作用，反映了近年来宣传思想战线不断巩固深化作风建设取得的积极成效。

3. 作风问题具有顽固性反复性。新形势下宣传思想战线作风建设依然紧迫艰巨，不可能一蹴而就、一劳永逸。"四风"问题的"变种变异"，形式主义、官僚主义在宣传思想战线仍有所表现，有偿新闻、虚假报道，学术不端、艺德不正等问题仍不同程度存在。在实际工作中，还存在路径依赖、创新不够，贴近群众不紧、了解实际不深，活动组织重声势、轻效果，文风不生动、不鲜活、不接地气的问题等。因此，必须把作风建设摆在突出位置，锲而不舍、驰而不息，坚持一以贯之，把严的要求贯彻到管党治党的全过程、落实到宣传思想工作各方面。

二、宣传队伍作风建设的主要任务

宣传思想战线作风建设，必须准确把握宣传思想工作的特殊属性和政治定位，把继承优良传统、发扬革命精神与培育新风新貌结合起来，端正思想作风、改进工作作风、锤炼清新文风。

1. 坚决破除"四风"特别是形式主义、官僚主义。形式主义、官僚主义问题，是党和人民事业的大敌，也是宣传思想战线作风建设首先要克服和解决的问题。始终保持高压态势反"四风"不松劲，突出抓好精减文件简报、改进新闻报道、减轻基层负担等的落实。增强忧患意识、弘扬斗争精神、鲜明实干导向，自觉到意识形态工作最前沿经受磨砺，到维护政治安全、文化安全斗争第一线迎接考验。

2. 自觉践行党的群众路线。保持党同人民群众的血肉联系是党的作风的核心。宣传思想工作本质上就是群众工作。着眼建设具有强大凝聚力和引领力的意识形态，必须始终坚持以人民为中心的工作导向，站稳群众立场、树立群众观点、增进群众感情，把目光和思路更多地投向群众，把镜头和笔触更多地对准群众，让宣传思想工作的成果和成效更多地服务群众。切实把增强人民群众精神文化生活的获得感幸福感作为出发点和落脚点，精准有效地提供文化供给和服务，为人民群众提供更好更多的精神食粮。

3. 坚持不懈改文风。文风是作风的集中体现。宣传思想工作者是拿"笔杆子"的，改进文风尤为重要。提倡短、实、新的清新文风，反对假、长、空虚浮文风。鼓励行进式、蹲点式采访采风，转变和创新话语表达方式，立足改革开放和新时代中国特色社会主义的火热实践，把讲好中国故事、传播好中国声音作为改进文风的重要抓手和有效方式，把中国故事讲准、讲实、讲活，力求见人见事、见思想见精神，让宣传思想工作更加接地气、聚人气。

4. 大兴调查研究之风。重视和善于调查研究是宣传思想部门始终坚持和发扬的优良传统，也是改进作风、提高本领的基本要求。大力弘扬唯实求真精神，以事关宣传思想工作全局的理论、实践问题和制约改革发展的热点难点问题为重点，多开展蹲点式、跟踪式的调查研究。构建常态化调研机制，推动全战线广泛开展深入细致的调查研究，在深入调研中锤炼优良作风、增进群众感情，形成人人注重调研、人人参与调研的良好风气，推动宣传思想各项工作做深做实做到位。

5. 坚持严明纪律规矩。严明的纪律是党的优良传统，也是宣传思想战线的独特优势。坚持以党的政治建设为统领，把党的纪律规矩立起来、严起来，加强党章党规党纪学习，强化纪律执行，规范领导干部网络行为，把坚决做到"两个维护"作为首要政治纪律、最高政治原则。

三、宣传队伍作风建设的基本途径

习近平总书记强调，"作风建设是攻坚战，也是持久战"，要把刹住"四风"作为巩固党心民心的重要途径，对"四风"隐形变异新动向时刻防范，决不允许死灰复燃。宣传思想战线作风建设，必须以永远在路上的坚定执着，把严的主基调长期坚持下去，巩固拓展落实作风建设成果，不断深化增强"四力"教育实践，用铁的纪律教育约束党员干部，推动全面从严治党向纵深发展。

1. 打牢思想理论根基。思想作风是作风建设的核心和灵魂。必须从思想教育这个基础工程抓起，以习近平新时代中国特色社会主义思想筑牢精神之基，坚定理想信念，牢记党的性质宗旨。深入开展强化政治机关意识教育，建立常态化学习教育机制，不断提高政治觉悟和政治能力，切实把"两个维护"贯穿宣传思想工作各方面全过程。坚持实事求是的思想路线，按照守正创新的要求，筑牢力戒形式主义、官僚主义的思想防线，旗帜鲜明反对形式主义、官僚主义，认真查找形式主义、官僚主义在宣传思想工作中的具体表现，下大决心大气力纠正问题、改进工作。紧紧扭住世界观、人生观、价值观这个"总开关"，注重家庭、家教、家风建设，努力培养高尚的道德品格、培养健康的生活情趣，锤炼忠诚干净担当的政治品格。

2. 压紧压实主体责任。作风既是抓出来的，也是带出来的。领导干部以身作则、以上率下，是党对作风建设的一贯要求。突出抓好领导干部这个"关键少数"，推动各级领导干部增强自律意识、标杆意识，发挥"头雁效应"，带头学习贯彻习近平新时代中国特色社会主义思想，带头严守纪律规矩、严守政德操守，带头改进作风、增强本领，带动本地区本部门作风不断好转。督促落实好"一岗双责"要求，牢固树立抓好党建就是最大政绩的观念，坚持把管党治党作为分内之事，履行好"第一责任人"的责任，做到管事就管人，管人就管思想、管作风，管好下属、家属、身边人。夯实基层组织基础，把加强基层党组织建设与推进业务工作结合起来，以强有力的党组织建设保障宣传思想工作顺利推进。

3. 筑牢防范廉政风险的坚实防线。坚决贯彻落实中央八项规定精神，对包括"四风"在内的不正之风早发现早报告早处置，对享乐主义、奢靡之风等歪风邪气露头就打，对"四风"隐形变异新动向时刻防范，厉行节约、反对浪费，防止不正之风成为滋生腐败的温床，毫不松懈、寸土不让地把改作风、纠"四风"进行到底！针对"灯下黑"、疏于监管等问题，认真对照廉政风险点，加强源头分析，着力堵塞风险漏洞，消除隐患苗头。把纪律和规矩挺在前面，坚持"严"字当头，坚持正面引导和反面警示相统一，深入开展纪律教育警示教育。全面系统学习宣传思想领域的政策法规，严格遵守党的宣传纪律要求，慎用手中的报道权、发表权等，使铁的纪律成为日常习惯和自觉遵循。

4. 深化标本兼治。制度建设是作风建设的根本保障，作风方面的积弊顽疾归根到底要靠健全体制机制予以祛除。针对宣传思想工作特点，把作风建设融入日常学习和工作，突出抓好转作风改文风，多用老百姓、年轻人的语言，采取群众喜闻乐见、便于接受的载体形式，少一些空洞说教、多一些真情实感。健全常态化长效化工作机制，推动全战线深入基层、服务群众、转变作风，持续深入开展"走基层、转作风、改文风"和"深入生活、扎根人民"等主题实践活动，在基层一线增进人民情怀、提升素质本领。切实扎紧制度的笼子，不留"暗门"、不开"天窗"，以最严格的标准、最严厉的措施正风肃纪，一体推进"不敢腐、不能腐、不想腐"机制。坚持正确选人用人导向，营造风清气正的良好政治生态，铲除不良作风滋生的土壤，大力选拔使用作风过硬、敢于担当的干部，夯实作风建设的组织基础，为做好新时代宣传思想工作提供坚强有力保证。